Social Service For Older Adults

이 향 란

新 노인 복지론

Social Service for Older Adults

양 성 원

머리말

21세기는 인구사회학적 요인에서 이른바 고령사회, 장수사회라고 한다. 이는 한국사회뿐만 아니라 전 세계적인 이슈화로 등장하고 있는 추세이다. 모든 장수인의 여망인 건강한 노화, 성공적인 노화, 활동적인 노화, 생산적인 노화 등은 인간의 행복한 삶을 추구하고자 하는 성숙된 요인으로 다가오고 있다.

또한 우리나라는 최근 저(低) 출산 고령화 사회로 급속히 진입하면서 생산연령층의 감소와 고령자들의 비생산 연령층이 증대하고 있으며, 이미 노인복지에 대한 여론들이 삶 속에 자리 잡고 있다고 할 수 있다.

이와 같이 고령에 따른 긍정적인 노화를 추구하고자 하는 노인복지 측면도 있지만 유병 노인들에게는 장수라는 것이 하나의 사치에 불가할 수도 있으며 한 개인의 문제일 뿐만 아니라 전 가족적, 전 국가적, 나아가서는 전 세계적인 문제를 자아낼 수가 있다는 것이다. 이러한 현 사회에서의 노인문제라는 부정적인 영향력은 부양세대로서 부담감과 우리 고유의 충효사상을 멀리할 수도 있을 것이다. 즉, 노인의 4가지 고통인 빈고(貧苦), 병고(病苦), 고독고(孤獨苦), 무위고(無爲苦)를 해결하기 의한 노인복지정책이 양적인 측면뿐만 아니라 질적인 측면으로 양상화되어 가고 있다. 따라서 현대사회에서의 노인문제인 노인인구의 증가와 평균수명의 연장, 산업구조의 현대화에 따른 가족제도의 붕괴와 핵가족화, 고유의 윤리적 가치관의 약화, 각종 노인성 퇴행성 질환의 증가, 조기 은퇴에 따른 역할 상실과 여가문제, 그에 따른 고독감과 소외감으로 노인 우울과 자살 확대 등 심각한 수준에까지 다다르고 있는 실정임을 모두가 인지하고 있다.

이에 전 국가적 노인복지 실현을 위한 노력이 지속되고 있다. 따라서 이와 같이 노인복지에서 요구되는 이론적 기술과 실천론에 대한 기본 이해를 돕고자 본 교재를 집필하게 되었다. 특히 노인복지에 대한 관심과 요구를 증진시키며, 질적인 삶의 자기개발 및 자아실현으로서의 노인여가 및 노인평생교육을 접목한 입문서로 안내역할을 할 것이다.

이 책은 총 4부, 16장으로 구성되어 있다. 즉, 제1부에서는 노인복지의 개관으로 (1) 노인과 노화의 이해, (2) 고령사회와 노인복지의 이해, (3) 고령사회와 노인문제, (4) 노인복지의 역사, 제2부 노인복지정책은 (5) 노인복지법과 이념, (6) 노인복지정책, (7) 노인소득보장정책, (8) 노인의료보장정책, 제3부 노인복지실천에서는 (9) 노인복지시설서비스, (10) 노인복지실천, (11) 노인상담, (12) 사례관리, 제4부 노인복지와 주요 이슈론에서는 (13) 노인문제와 사회적 이슈, (14) 평생학습과 노인여가복지, (15) 장수사회와 케어복지, (16) 실버산업과 노인복지의 전망 등으로 구성되어 있다.

이 책을 발간하면서 가장 염두에 둔 것은 노인복지에 관심이 많은 학도들이나 노인복지의 필요성을 절실히 깨닫는 학우들에게 길잡이가 되고 실천적인 방향이 되게끔 인도하는 것이다. 즉, 사회복지학과 학우들뿐만 아니라 보건학 관련 간호학과, 물리치료과, 스포츠 의학과 등의 학우들에게도 케어복지와 케어매니지먼트를 삽입하여 노인복지를 보다 전문적 영역으로 접근성이 있도록 쉽고 유익하게 터득할 수 있도록 집필하였다.

또한 전문 사회복지사가 되고자 하는 학도들에게 확고한 이념을 심어주고, 다양한 노인복지기관 현장에서 직무에 여념하고 있는 노인복지인들로 하여금 현장에서의 적응과 활용을 위하여 최신의 정보를 제시하는 데 역점을 두었다.

이 책의 머리말을 간단히 요약 소개하고 본 장에 들어가기에 앞서 '사무엘 울만'의 '청춘'이라는 시를 한편 올려 보았다. 이 시를 통하여 노인복지를 접하는 모든 이들에게 나의 미래의 노인을 예측하고 현재의 나를 재발견할 수 있기를 바란다. 이 시에서 '이상을 잃어버릴 때 비로서 늙는다'고 하였다. 꿈과 이상을 심어주는 노인복지 전문가가 되어 있기를 희망해 본다.

이 책이 노인복지를 위해 일생을 바쳐 오신 선임 교수님들의 새로운 이론과 전문적 지식을 지향한, 노인복지 학도들의 기본서로 자리하기를 기원하는 바이다.

끝으로 이 책을 출간하는 데 많은 격려와 조언을 해주신 교수님들께 진심으로 감사의 말씀을 드리는 바이다.

또한 이 책의 출간에 많은 애착과 관심을 주신 양성원의 강철원 대표님과 원고 정리에 많은 도움을 주시고 수고해 주신 임직원 여러분들께 깊은 감사를 드린다.

2016년 7월

이 향 란

청춘 (Youth)

청춘이란 인생의 어떤 한 시기가 아니라, 어떤 마음가짐을 뜻한다.

청춘이란 장미 빛 볼, 붉은 입술 그리고 유연한 무릎을 뜻하는 것이 아니라,
강인한 의지, 풍부한 상상력, 불타는 열정이다.

청춘이란 인생의 깊은 샘에서 솟아나는 신선한 정신이다.
청춘이란 두려움을 물리치는 용기와 안이함을 뿌리치는 모험심을 의미한다.

때로는 스무 살의 청년보다 예순 살의 노인이 더 청춘일 수 있다.
나이를 먹는다고 누구나 늙는 것은 아니다.
이상을 잃어버릴 때 비로소 늙는 것이다.

세월은 피부를 주름지게 하지만, 열정을 상실할 때 영혼이 주름진다.
근심, 두려움, 자신감의 상실은 정신을 굴복시키고 영혼을 한낱 재로 소멸시킨다.

예순이건 열여섯이건, 모든 인간의 가슴속에는 경이로움에 대한 호기심,
아이처럼 왕성한 미래의 탐구심과 인생이라는 게임에 대한 즐거움이 있다.

그대의 가슴, 나의 가슴 한가운데는 이십전십의 무선국이 있다.
그것은 조물주와 사람으로부터 나오는 아름다움, 희망, 생기, 용기,
힘의 메시지를 수신하는 한 당신은 그만큼 젊을 것이다

그대가 기개를 잃고, 정신이 냉소주의와 비관주의의 얼음으로 덮일 때,
그대는 스무 살 이라도 늙은이이다.

그러나 당신의 기개가 낙관주의 파도를 잡고 있는 한,
그대는 여든 살로도 청춘의 이름으로 죽을 수 있는 희망이 있다.

– 사무엘 울만(Samuel Ullman) –

차 례

제1부 노인복지의 개관

제2부 노인복지정책

제3부 노인복지실천

제4부 노인복지와 주요 이슈론

부록

제 1 부

노인복지의 개관

01

노인과 노화의 이해

1. 노인의 정의와 개념

노인복지의 개념에 앞서 노인의 개념을 명확하게 이해하는 것이 필요하다.

모든 인간은 성장과 성숙 그리고 노화의 단계를 거치게 되며, 우리는 보통 생애단계의 어느 시점에서 통용되는 '노인'이라는 용어를 다양하게 지칭하고 있다. 즉, 이와 같이 노인(老人)은 시대와 사회적 흐름에 따라 약간의 의미가 상이하게 표현되기도 한다. 따라서 노인이란 일반적으로 나이가 많은 사람(the aged), 늙은 사람(old persons), 연장자(the elderly), 선배시민(senior citizens), 황금연령층(golden age) 등으로 표기할 수 있는데, 이는 영국권 국가에서 지칭하여 표현한 것이다(양옥남 외, 2014).

한편 일본에서는 실버(silver)라는 용어로 표현을 하며, 우리나라에서는 '나이 드신 분', '연세가 많으신 분' 등으로 쓰여지고 있으나 노인을 존중한다는 의미에서는 보편적으로 '어르신'이라는 호칭을 많이 사용하게 되었다.

또한 고수현 등(2015)은 노인의 정의를 '노화현상에 의한 노인의 정의'와 '노인에 대한 인위적 혹은 조작적 정의'로 구분하여 논하기도 하였다. 이러한 노인의 다각적인 정의나 숫자상으로 명확히 규정해 놓는 이유는 노인복지상에서의 여러 가지 대상자에 대한 수혜기준을 전 국가적 정책에서 보다 체계적인 행정적 제도를 확립해 놓아야 할 필요성에서였을 것이다.

이와 유사한 용어로 '고령자'라고 칭하기도 하는데, 현재 노인복지법상으로 65세 이상을 노인이라고 하며, 내용을 서술하는 데 있어 고령자라는 용어를 경우에 따라 상호 교환적으로 사용함을 정의한다. 즉, 한국의 경우 사회적 및 법률적으로 퇴직 연령이 55세에서 65세이고, 국민연금법상 노령연금의 수혜대상 자격 연령이 60세라는 측면에서 이해되어져야 할 것이다(이향란, 2012).

노인 학자들은 개인의 자각, 사회적 역할 변화, 역연령(chronological age)[1] 및 기능적 연령(functional age) 등 다음과 같이 다각적인 측면으로 제시하였다(박명화 외, 2004; 박선태 외, 2015; 양옥남 외, 2014).

1) 노인의 일반적 정의(Atchley, 1988)

일반적으로 생물학적, 심리적, 사회적인 측면에서 살펴보았을 때 다음과 같이 설명할 수 있다.

(1) 생리적 및 생물학적인 면에서 퇴화기에 있는 사람
(2) 심리적인 면에서 정신기능과 성격이 노인 특유의 보수, 온건, 의존, 경직 성향으로 변화되고 있는 사람
(3) 사회적인 면에서 지위와 역할이 상실된 사람

2) 국제노년학회(International Association of Gerontology, 1951)

(1) 환경의 변화에 적절히 적응할 수 있는 조직기능이 감퇴되고 있는 사람
(2) 생체의 자체통합능력이 감퇴되고 있는 사람
(3) 인체의 기관, 조직, 기능에 쇠퇴현상이 일어나는 시기에 있는 사람
(4) 생체의 적응능력이 점차 결손되고 있는 사람
(5) 조직의 예비능력이 감퇴하여 환경 변화에 적응이 잘 되지 않는 사람

3) 브린(L. Breen, 1960)[2]의 정의

(1) 생리적 및 생물학적 측면에서 퇴화기에 있는 사람
(2) 심리적 측면에서 정신기능과 성격이 변화되고 있는 사람
(3) 사회적 측면에서 지휘와 역할이 상실되어 가고 있는 사람

1) 曆年齡; 생활연령이라고도 하며 출생을 기점으로 한 달력상의 나이를 뜻한다. B. Neugarten이 정의한 생활나이, 햇수로 따지는 연령과 만으로 따지는 연령이 있다.
2) 세계적인 노년학자

즉, 생물학적 · 심리적 · 사회적으로 기능이 감퇴된 사람을 노인이라 정의하였는데, 이는 시간의 흐름에 따른 개개인의 다양한 기능적 변화를 고려한다는 장점이 있다.

4) 노인에 관한 조작적(인위적) 정의

(1) 달력상의 연령에 의한 노인

세월의 흐름에 따라 나이를 먹어가는 것을 말하며, 역연령(曆年齡) 혹은 생활연령이이라고도 한다.

(2) 기능적 연령에 의한 노인

산업노년학 분야에서 특수한 일을 수행할 수 있는 개인능력의 차이를 기준으로 구분하는 경우이다. 즉, 개인의 능력 차이는 외모, 신체기능, 이동성, 정신기능, 자아통제력, 생산성 등에서 나타나므로 이러한 측면의 기능적 수준이 기준이 된다.

(3) 사회적 노인(역할 감소나 상실)

사회적 역할과 관련하여 직업을 갖고 활동하는지의 여부가 기준이 되므로 은퇴 이후부터 노인으로 보는 것이다. 물론 직업에 따라 은퇴기준은 상이하므로 정년의 기준은 각기 달리 이해되어져야 할 것이다. 여기에서 은퇴를 했더라도 지속적인 사회활동을 한다면 그에 대한 역할이 계속되므로 수입의 많고 적음을 떠나 인정해 주어야 한다는 여론도 있다.

(4) 개인의 자각에 의한 노인

노인 자신이 주관적으로 판단하여 스스로 노인이라고 인정하는 경우에 해당된다. 한국의 노인연령 구분에서 주관적으로 규정하는 노인연령은 매우 높은 편에 속하며, 2004년 한국보건사회연구원에 따르면 70~74세 사이를 노인으로 보는 비율이 가장 많았다.

이상을 종합해 보면, 노인이란 나이 들어 신체적 · 심리적 · 사회적인 기능이 감퇴되어 정상적인 사회생활의 수행에 곤란을 겪는 사람으로서 노동능력과 관련해 역연령으로 65세 이상인 자를 말한다(박차상 외, 2002: 20).

〈표 1-1〉 노인의 정의

구분	내용
기능 연령	• 환경변화에 적응할 수 있는 조직기능이 쇠퇴하고 있는 사람 • 생체의 자체통합능력이 감퇴하고 있는 사람 • 인체기관, 조직, 기능이 쇠퇴하는 시기에 있는 사람 • 생체의 적응능력이 점차 약화되고 있는 사람 • 조직의 예비기능이 약화되어 환경 변화에 제대로 적응이 안 되는 사람
역연령	• 노인복지법과 국민기초생활보장법 : 65세 이상 • 고령상 연령차별금지 및 고령자 고용촉진에 관한 법률 : 55세 이상(50~55세는 준고령자) • 국민연금법의 노령연금수급기준 : 60세 • 기업의 정년 : 55세

* 출처: 원석조(2013), p.33.

5) 노인의 연령범위

뉴가르텐(B. Neugarten)은 미국 노인집단을 세 단계로 구분하였는데, 연소노인(55~74세), 초고령노인(very old, oldest old), 85세 이상으로 분류하였다.

한편 브로디(Brody)에 따르면 연소노인은 60~64세, 중고령노인은 65~74세, 고령노인은 75세 이상으로 구분하기도 하였다.

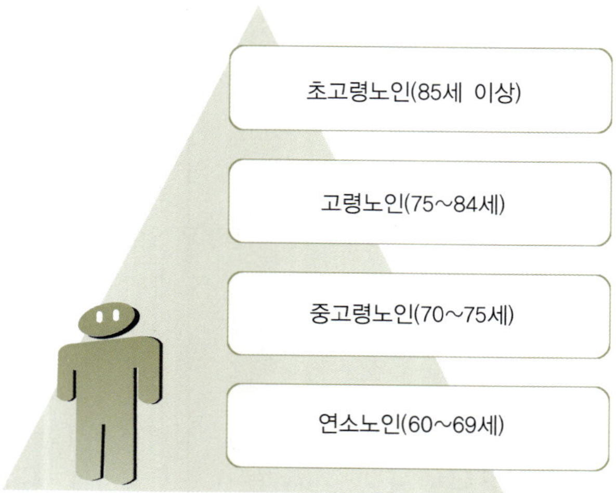

[그림 1-1] 미국의 노인연령구분

2. 노화의 정의 및 개념

노화(老化, aging)란 스탠리 홀(G. Stanly Hall)이 최초로 노년기 규정에서 만들어 낸 개념으로 시간의 흐름에 따라 나타나는 인간의 생물학적·심리적·사회적 변화로서, 성장이나 성숙에 상반되는 퇴행적(退行的) 변화를 말한다. 백과사전의 개념은 '나이가 먹어감에 따라 신체적·정신적 기능이 쇠약해짐'이라고 되어 있다. 이러한 노화과정은 정상적인 신체의 변화로 인해 나타나는 정상적 노화(normal aging)와 각종 질병과 같은 위험에 의해 나타나는 병리적(病理的) 노화가 있다.

따라서 노화는 인간의 정상적인 성장과 발달과정 전체의 한 부분이며, 세 가지 면, 즉 생물학적 노화, 심리학적 노화, 사회적 노화에서 변화과정을 포함하는 것으로 이해되어야 한다(Birren, 1959). 이러한 노화의 일반적 특징을 요약하면 다음과 같다(유정화, 2010; 박선태 외, 2015).

첫째, 모든 생명체와 세포는 노화한다.
둘째, 노화의 속도는 개인에 따라 다르다.
셋째, 연령이 증가할수록 노화의 개인 간 차이가 증가한다.
넷째, 신체적 계통에 따라 노화의 속도가 다르다.
다섯째, 신체적 기관들은 서로 반 의존적으로 노화한다.
여섯째, 노화에 따라 체내의 의학적 조성이 변화한다.
일곱째, 노화로 인하여 질병에 대한 감수성이 증가한다.
여덟째, 노화로 인하여 환경의 변화에 대한 적응력이 감소한다.
아홉째, 나이가 증가함에 따라 기능적 능력이 감소한다.

이와 같이, 노화는 학자에 따라서 다양한 측면으로 분류될 수 있는데, 일반적으로 신체적·심리적·사회적 노화로 구분되며 여기에서도 이러한 세 가지 측면의 상호적인 영향을 먼저 다루고자 한다.

1) 신체적, 생물학적 노화

신체적 노화란 유기체의 기관이나 세포, 조직, 근육, 장기 등 생물 유기체의 퇴화 현상을 말한다. 그리고 생물학적 노화는 신체적 노화와 생리적 노화로 구분되는데, 신체적 노화는 신체구조와 기능의 쇠퇴로 인한 활력의 상실과 질병에 대한 저항력의 소멸을 말하며, 생리적 노화는 유기체의 기관, 조직, 세포, 생체 통제에 대한 기전(메커니즘) 등의 쇠퇴와 기능 저하를 의미한다. 생물학적 노화는 유전적 요인, 세포기능의 저하, 면역시스템의 장애, 생체기능에 대한 통제력 약화, 신경계 기능 저하 등 유기체 내부의 요인에 의해 주로 발생한다.

또한 신체적 노화는 신체구조와 신체기능의 변화를 수반한다. 예를 들면, 체중 감소, 모발과 피부의 변화, 골밀도(骨密度)의 약화(골다공증), 운동능력의 감퇴, 뇌 용량의 감소, 장기(臟器)중량의 감소, 심장중량의 증가(동맥경화로 인한 심장비대 등이 원인), 혈관의 경화(硬化), 폐 조직의 탄력 감퇴, 치아 결손, 소화기능의 감퇴, 신장기능의 약화, 성 기능의 저하 등을 말한다.

스트렐러(Strehler)는 생물학적 노화의 특징을 다음과 같이 네 가지로 제시하고 있다(Atchley, 2000; 현외성, 2015).

첫째는 보편성이다. 이는 모든 사람에게 보편적으로 발생한다는 것이다.

둘째는 내재성이다. 이는 생물학적 노화의 주요 요인은 환경적, 물리적인 외적 요인보다 신체의 내적 요인에 의해 발생한다는 것이다.

셋째는 유해성이다. 이는 노화는 신체적 기능이나 조직에 유해한 영향을 끼쳐 생명의 종식에 기여한다는 것이다.

넷째는 진행성이다. 노화는 출생 이후에 장기간에 걸쳐 서서히 점진적으로 발생한다는 것이다. 이러한 생물학적 노화의 특징은 각 개인의 신체기관(골격, 피부, 근육, 신장, 체중, 모발, 치아, 장기의 무게 등)이나 기능(소화기능, 기초대사기능, 세포 및 장기의 기능, 호흡기능, 혈액순환기능, 배설기능, 생식기능, 수면 등) 간에도 차이가 있음을 이해하여야 한다.

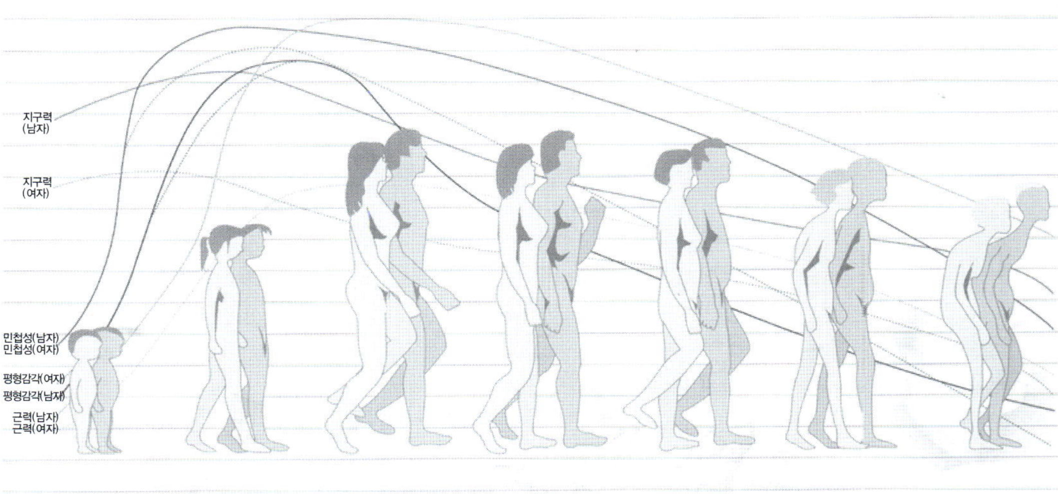

1세	10세	20세	35세	50세	65세	80세
• 의사소통이 시작된다 • 걷기 시작한다.	• 도덕적인 판단을 할 수 있게 된다. • 팔, 어깨 등 근육조절 능력이 빠르게 발달한다.	• 시력이 최고에 달하는 시기이다. • 기억력이 높다. • 직감, 재치가 최고인 시기이다. • 섬세하고 빠른 작업능력이 최대로 발달한다.	• 시력이 떨어지기 시작한다. • 종합적, 시스템적인 창조력이 높은 시기이다. • 육체적, 정신적인 지구력이 강하다.	• 노안이 시작된다. • 귀가 어두워지기 시작된다. • 아침에 일찍 일어나게 된다. • 추위를 잘 타게 된다. • 손의 기능이 떨어진다.	• 백내장 등 눈 관련 질병율이 높아진다. • 노안을 조절하는 안경이 필수적이 된다. • 높은 음을 듣기 힘들어진다. • 욕조 사용시에는 보조손잡이가 필요하게 된다.	• 기력이 쇠해진다. • 큰 소리라야 의사소통이 가능하다. • 둥근 문손잡이나 수도꼭지를 돌리기 힘들어진다. • 지팡이나 벽에 의지해 걷게 된다.

[그림 1-2] **노화의 생물학적 과정(역연령 기준)**

출처; 김기태(2015), p.68.

2) 심리적 노화

심리적 노화는 감각기능, 인지기능, 정서 및 정신기능, 성격 등 심리적 측면의 퇴행, 유지, 성숙 등을 포함한 심리적 조절과정의 변화를 말한다.

이러한 현상으로는 첫째, 감각기능과 지각과정, 심리적 운동의 수행능력, 둘째, 정서 및 정신기능 등의 심리적 기능, 자아의 발달, 셋째, 성격 변화와 같은 발달적 특성, 정신건강과 정신장애 등 세 가지 영역으로 구분된다.

심리적 노화의 양상으로는 첫째, 시각, 청각, 미각, 후각, 촉각의 감퇴, 반응속도의 감퇴, 수면시간의 감소 등과 같은 감각기능의 변화, 둘째, 지능, 학습능력과 적응능력의 감퇴, 사고능력과 기억능력의 감소, 치매 등과 같은 인지 및 정신기능의 변화, 셋째, 감정표현 능력의 감퇴, 내향성 및 수동성의 증가, 조심성의 증가, 경직성의 증가, 우울 성향의 증가, 의존성의 증가 등과 같은 정서 및 성격의 변화 등이 있다.

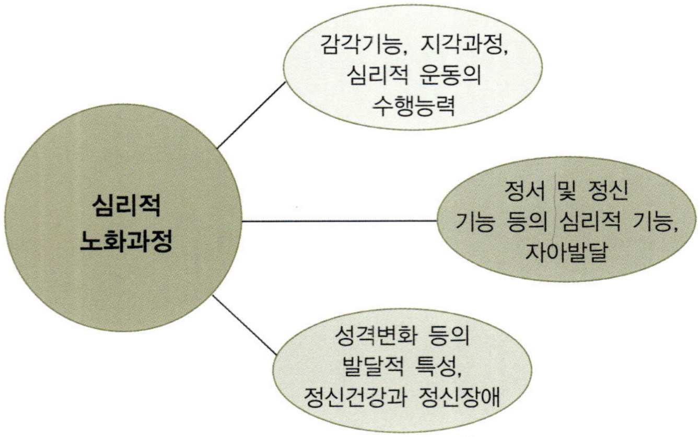

[그림 1-3] **심리적 노화과정의 특성**

3) 사회적 노화

사회적 노화의 특징은 사회생활을 하는 동안 가족, 집단, 지역사회 등의 사회적 관계망 속에서 연령이 증가함에 따라 변화하는 생활과 관련된다. 즉, 노화과정에 겪게 되는 사회적 지위와 역할 등의 제반적인 측면의 변화를 말한다. 일반적으로 은퇴 후 직장동료와 같은 2차 집단과의 관계는 줄어들고, 대신 가족, 친구, 이웃과 같은 1차 집단과의 관계가 강화된다. 예컨대, 남편, 아내, 조부모 등의 역할이 강화되고, 피부양자, 독거노인 등과 같은 새로운 지위와 역할이 형성된다. 따라서 노인의 사회적 지위는 약화되는데, 이로 인해 자아존중감이나 삶의 만족도가 저하되고 소외감을 느끼는 경우가 많다. 즉, 노년기로의 전이에 역할 단절이 생기며 특히 경제적·신체적 역할이 연속성이 단절된다(현외성, 2013).

〈표 1-2〉 **노화의 유형**

유형	내용
신체적 노화	세포, 조직, 장기 등 생물 유기체의 퇴화현상으로 신체구조와 신체기능의 변화를 수반한다
심리적 노화	감각기능, 인지기능, 정서 및 정신기능, 성격 등 심리적 측면의 퇴행, 유지, 성숙 등을 포함한 심리적 조절과정의 변화를 말한다.
사회적 노화	노화로 인한 변화로서 사회적 네트워크의 변화, 상호작용의 변화, 사회적 지위와 역할의 변화를 의미한다.

출처: 원석조(2013), p.42.

3. 노화이론

1) 생물학적 노화이론

쇼크(Shock)는 생물학적 노화이론을 유전적 이론, 비유전적 세포이론, 면역이론, 생리적 통제이론 등으로 구분하고 있다. 혹은 프로그래밍 이론(Programming Theory)과 오류・확률 이론(Error or Stochastic Theory)으로 구분할 수 있는데 내용은 다음과 같다.

(1) 프로그래밍 이론

장기(臟器)의 노화와 신체의 노화는 본질적이고 유전적이며 발전적인 것으로 가정(假定)하며, 노화는 자연적인 것으로서 유전자에 기록된 결과라는 이론이다.

(2) 확률이론

노화비율이 나이가 들어감에 따라 신체를 둘러싼 환경의 변화가 지속적이고 무작위적으로 신체에 영향을 주고 내부기관을 손상시킨다. 이러한 손상이 시작되면서 축적되어 결국 세포와 신체기관을 망가뜨린다는 이론이다.

2) 심리적 노화이론

심리적 노화이론이란 연령이 증가하면서 어떤 심리적 특성을 가지며, 개인과 사회 제반 활동에 심리적 적응을 하게 되는지에 대한 내용과 관련된 이론을 말한다.

(1) 인지이론

인지(認知: Cognition)란 지각, 판단, 이성, 지성, 의사결정 등 모든 정신적 활동을 설명하는 심리적 능력을 말하며, 인지이론은 인지의 변화로 노화를 설명한다. 또한 유기체적 접근, 기계론적 접근, 맥락적 접근, 심리 측정적 접근을 포함한다.

다음은 자아관련 이론이다. 자아이론에서는 개인이 자아일관성 동기(Self-Consistency Motives)를 지니고 있다고 가정한다. 자아일관성 동기란 자아개념에 맞추어 행동하려는 동기를 의미하는데, 동기는 자신의 이미지를 유지하려 하고, 노인은 취약하다는 이미지를 부정하려 한다. 다시 언급하면, 노년기가 되어도 안정적이고 긍정적인 퍼스널리티를 유지하고 싶어하고, 노인에 대한 부정적인 이미지를 극복하기 위해 노력한다는 것이다.

(2) 에릭슨(Erikson)의 심리사회발달단계이론

에릭슨(Erikson, 1950)은 성격의 발달단계를 영아기부터 노년기까지 8단계로 구분하고 성격은 각 단계별로 긍정적 특성을 발전시키지 못했을 때 부정적 특성이 성격으로 발달하게 된다고 하는 이론이다.

이 이론은 최종단계인 제8단계에 발달시켜야 할 긍정적 성격특성을 자아통합으로 정의하고 노년기에 긍정적 자아통합이 발달하지 못하면 절망의 태도가 형성된다는 것이다. 즉, 노년기는 긍정적 자아통합이나 부정적 자아통합의 심리적 노화과정에서 삶을 영위하고 있게 된다.

〈표 1-3〉 Erikson의 8단계 생애발달과정

발달단계	해결 가능한 위기	덕성
1. **유아기**	신뢰감/불신감	희망
2. **아동기**(1)	자율성/수치심 및 의심	의지
3. **아동기**(2)	주도성/죄의식	목적
4. **아동기**(3)	근면성/열등감	유능감
5. **청소년기**	자아정체감/역할혼란	충직성
6. **청년기**	친밀감/자아고립	사랑
7. **중년기**	생산성/침체감	배려
8. **노년기**	**자아통합성/절망감**	**지혜**

출처; 김기태 외(2015), p.88.

(3) 해비허스트(Havighurst)의 발달과업이론

해비허스트(Havighurst, 1972)는 생애 발달단계를 6단계로 구분하고 각 단계에 주어진 과업을 완수하면 행복해지고 다음 단계 발달과업도 잘 수행할 수 있는 반면 그렇지 못한 경우는 불행한 노후를 보내야 한다는 이론이다.

해비허스트가 제시한 발달과업은 다음과 같다.

① 쇠약해진 신체적 여건에 대한 적응
② 퇴직과 경제적 수입 감소에 대한 적응
③ 배우자의 죽음에 대한 적응
④ 동년배 집단과의 유대관계 강화
⑤ 사회적 역할 수행에 대한 적응
⑥ 노후생활에 적합한 물리적 환경의 조성 및 적응

(4) 퀴퍼스와 뱅트슨의 사회적 와해이론

퀴퍼스와 뱅트슨(Kuypers & Bengtson, 1973)은 사회적, 심리적인 면에서 문제가 있는 노인에 대하여 사회적으로 인식된 부정적 환류가 부정적 인식을 강화시키는 순환적 틀이 되어 그 틀에 갇히므로 노인의 사회적 관계와 활동이 더욱 어렵게 된다는 것이다.

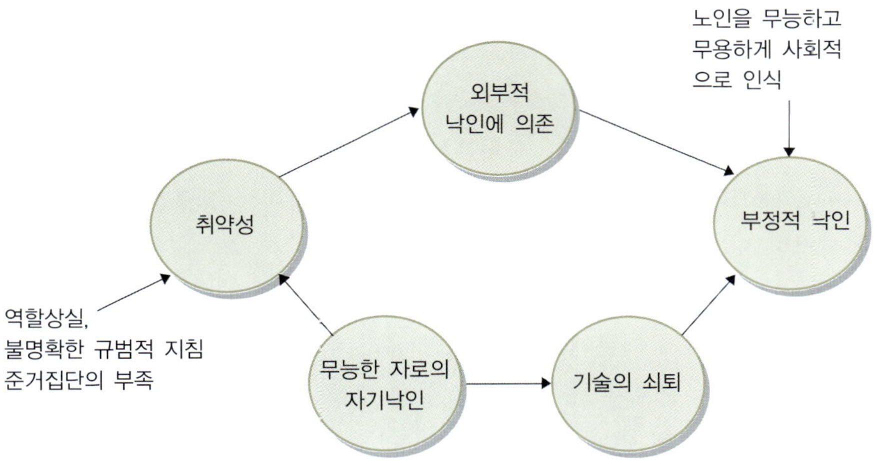

[그림 1-4] 사회적 와해이론의 순환적 틀

출처: 장인협 · 최성재(1994), p.89); 현외성 외(2015), p.34.

3) 사회적 노화이론

(1) 활동이론(Activity Theory)

해비허스트와 그의 동료(1972)에 의해 처음으로 주창된 활동이론은 사회적 활동의 참여 정도와 노인의 생활만족도는 상관관계가 있다는 것이다.

즉, 노인에게 주어진 역할과 노인의 여러 가지 활동 유형에 대해 노인의 심리적 안정과 사회적 행복이 결정된다고 보는 이론이다. 활동이론에 의하면, 은퇴나 노화로 인해 자신의 역할을 포기하게 될 경우, 그동안 자신이 했던 역할을 대신할 수 있는 새로운 역할을 찾으려 한다. 노년기에 들어 할 수 있는 역할이 많으면 많을수록, 노화로 인해 잃어버린 역할의 상실감을 극복하기 쉽고 행복할 가능성도 크다.

(2) 유리이론(Disengagement Theory), 분리이론

노인이 은퇴로 인해 자신의 역할을 상실하고 인간관계의 상당 부분을 잃게 되더라도, 새로운 생활방식과 사회적 관계에 적응을 하게 되면 쉽게 새로운 균형을 찾을 수 있다. 노화에 이르더라도 노인에 맞는 새로운 기술들을 익히고 역할을 찾게 되면 문제가 없다는 것이다. 그러나 이에 실패하면 자신을 사회로부터 유리(遊離)시켜 버린다. 커밍과 헨리(Cumming & Henry, 1961)에 의해 제창된 분리이론은 노인과 사회는 상호간에 분리되기를 원하며 이는 정상적이고 피할 수 없다는 것이다.

이러한 사회적 유리는 남녀 간에 차이가 있는데 남성은 가장으로서 수입을 얻을 수 있는 직업생활이 가장 중요하기 때문에, 이로부터의 유리는 상당한 스트레스를 수반한다. 반면에 여성은 어머니, 아내, 근로자 등 다양한 역할을 수행하는 데 익숙해 있으므로 유리로 인한 스트레스를 남성에 비해 적게 받는다.

(3) 교환이론(Exchange Theory)

호만스(Homance, 1961)에 의해 주창되었으며, 사회적 행동을 대인관계는 '사람들 사이에 보상을 반복적으로 교환하는 것'으로 보는 것이다. 즉, 인간 간의 권력, 명성, 심리적 보상, 욕구 등을 서로 교환하는 데 초점을 둔다. 노년기에 발생하는 수입의 감소, 은퇴 등 경제력의 상실과 사회적 지위의 상실은 노인에게 사회적 교환관계의 재(再)정의를 요구한다.

예를 들어, 노화로 인해 지위를 상실하여 타인에게 도움을 주는 존재가 아니라, 도움을 받는 수혜자가 되면 주도권을 상실하면서 타인의 추종자가 될 수밖에 없다. 가정 내에서 나이가 들면서 여성 노인이 남성 노인 대신 주도권을 쥐게 되는 것이 이 이론으로 설명될 수 있다.

(4) 현대화 이론, 근대화 이론(Modernization Theory)

카우질과 홈즈(Cowgil & Holmes, 1972)에 의해 제창되었으며, 이 이론에 의하면, 노인의 사회적 지위는 산업화 수준에 반비례한다. 즉, 산업화가 심화될수록 노인의 사회적 지위는 하락한다는 것이다. 산업화가 자급자족의 가족을 붕괴시켜 산업화에 종속된 핵가족으로 변환시켰고, 노인을 산업화 과정에서 더 이상 필요 없는 존재, 즉 은퇴자로 만들었기 때문이다. 따라서 현대화의 정도가 높을수록 노인의 지위는 더욱 낮아진다는 것이다.

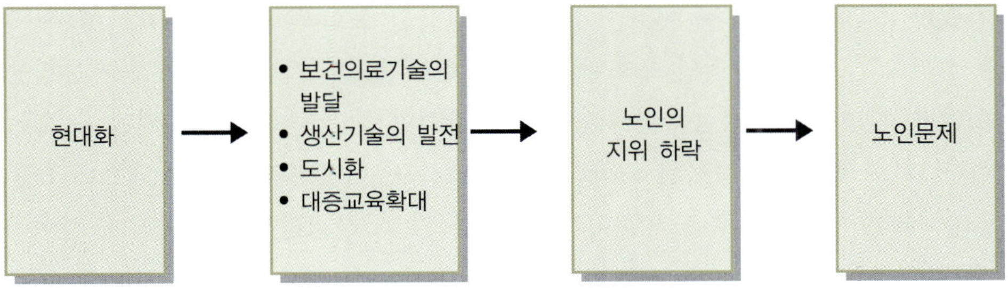

[그림 1-5] Cowgill & Holms의 현대화 이론

4. 긍정적 노화

1) 성공적 노화(Successful Aging)

(1) 성공적 노화의 정의 및 개념

성공적 노화의 개념은 1986년 미국 노년사회학회(Gerontological Society of America)에서 처음 제시된 것으로 알려져 있다. 이후 성공적 노화에 대한 연구가 다양한 학문적 배경으로 이어졌는데, 학자들은 대체로 성공적 노화를 최적의 노화, 즉 생물학적 · 심리적 · 사회적

기능의 수준이 높고, 삶의 만족과 환경 적응의 수준이 높은 상태의 노화라는 데 의견이 동일시되고 있다.

성공적 노화의 핵심적인 정의를 살펴보면, 삶의 질은 그들의 삶과 목표와 기대치, 기준과 관심사가 자리한 문화와 가치체계의 맥락 내에서 개인이 인식하는 삶의 지위로 결정되며 육체적 건강과 심리학적 상태, 독립의 수준, 사회적 관계, 개인적 신념과 관계, 환경에서의 두드러진 특징 등 복잡한 방식들을 혼합한 것이다(WHO, 1994; 이향란, 2013, 재인용).

성공적 노화로 세계적인 학자 중 Rowe & Kahn(1987)은 낮은 질병률 및 질병에 의한 장애의 위험이 없고 높은 수준의 정신적, 인지적 기능과 신체적 기능을 유지하며, 적극적으로 인생에 참여를 유지하는 상태로 정의를 내린바 있다. 또한 이향란(2013) 연구자는 "자기완성을 위한 자율적 삶과 자녀만족, 자기수용 및 타인수용을 총괄한 자기만족감의 상태"로 조작적인 정의를 내렸다.

따라서 생물학적으로 성공적인 노화란, 질병이나 장애가 없거나 있다 하더라도 일상적으로 자립할 수 있는 능력을 보유한 상태, 즉 건강한 노화(Healthy Aging)라 할 수 있다.

또한 심리학적으로 성공적인 노화란, 건강한 인지기능과 자신에 대한 통제능력을 가지고 있으면서, 환경에의 적응능력이 탁월하고 주관적인 삶의 만족도를 유지할 수 있는 상태를 말한다. 사회적으로 성공적인 노화란, 가족과 친구, 이웃과의 사회적 네트워크를 잘 유지하면서, 사회·경제적으로 노후준비가 잘 되어 있고, 사회활동에 활발하게 참여하고 있는 상태를 말한다(권중돈, 2009: 78-79; 원석조, 2013).

지금까지 가장 많은 선행연구로 논의된 성공적 노화를 바탕으로 이 연구에서 추구하고자하는 성공적 노화와 유사한 개념들에 대해 긍정적 노화 유형으로 각 연구자별 개념을 구성해보면 다음과 같다.

〈표 1-4〉 긍정적 노화의 개념 구성

긍정적 노화 유형			
활동적 노화	생산적 노화	성공적 노화	행복한 노화
Havighurst & Albrecht(1953) 사회활동이론 (social activity theory)	Caro et. al.(1993); Strarels 재화, 용역생산	SOC모델 Baltes & Baltes(1990) 보상을 수반한 선택적 극대화 모델	발달과업 Erikson(1963) 자아통합감 (ego integrity)
Hutchison et. al.(2006) 신체적 활동성과 재정적 성공	Butler & Schechter(1995) 자원봉사활동, 가족지원활동, 독립적 관리	Ryff(1989) 자기효능감, self-worth 통제, 독립성	Baltes & Mayer(1999) 성격 특성(외향적 정서적 안정)
		Hilton et al.(2009) 자기통제감	
WHO(2005) 건강, 참여, 안전	Bass & Caro(2001), 홍현방(2005) 공식, 비공식적 노동시장 활동	Heckhausen & Lang(1996) 일상적 활동유지 역량수준 향상	Maslow(1943) 주관적 행복(행복지수) 객관적 행복 (기본욕구 충족)
Bengtson(1969) 긍정적인 자아개념 사회통합		Duay & Bryan(2006) 사회경험, 대처전략 등의 배움, 학습	
Coughlin(2005) 교육, 건강, 복지의 적극적 참여	Estes et. al.(2003) 경제성과 효율성	Neugarten(1968) 성격유형과 역할행동	Guse & Masesar(1999) 신체적, 심리적 복지감

출처: 이향란(2012), p.69.

(2) 성공적 노화의 구성요소

Freund & Baltes(1998)는 성공적인 노화를 긍정적인 또는 바람직한 결과를 가져올 수 있는 것은 최대로 성취하고, 부정적인 또는 바람직하지 않은 결과를 가져올 수 있는 것은 피하는 것으로 정의하면서, 성공적인 노화의 주관적인 지표로서 나이 듦에 만족, 긍정적 정서, 외롭지 않음이라는 세 가지 범주로 구성하였다(이신영, 2010). 즉, 성공적인 노화는 생활에 적극적인 참여와 강한 사회관계망을 가지고 있음을 의미하며, 죽음에 대한 수용과 질병에도 불구하고 대처능력의 발휘 등도 정의에 포함시키는 것을 지지하였다. 또한 이향란(2013)의 연구에서는 성공적 노화로서의 자율적 삶, 자기완성, 자녀만족, 자기수용, 타인수용 등의 5가지 측면을 다루기도 하였다.

(3) 성공적 노화모델

① SOC모델(보상을 수반한 선택적 적정화 모델)

Baltes & Baltes(1990)의 보상을 수반한 선택적 적정화 SOC모델은 유럽적 모델이며, 전 생애 발달관점에서 이루어진 시도로 노인의 강점을 선택한 심리적 개념이다. 즉, 노인은 연령이 들어가면서 자신이 활동의 목표를 선택하고 그와 관련한 자신의 능력을 스스로 최적화함으로써 부족한 능력을 보상한다고 한다. 이와 같이, 보상을 수반한 선택적 적정화(SOC)모델은 노인들이 연령증가로 인해 신체적, 인지적, 사회적 영역 등에서 기능적인 상실과 잠재적 능력 등이 쇠퇴하거나 감소를 경험하더라도 이 책략을 사용하여 변형하거나 필요한 부분을 증진시켜서 효율적으로 삶을 유지할 수 있을 것이라는 결론이다(Baltes, 1997, 재인용).

② Rowe & Kahn(1998)의 성공적 노화모델(적극적 사회참여모델)

Rowe & Kahn(1998)의 모델은 노화에 대하여 적극적인 적응과 활동을 강조한다. 낮은 질병률 및 질병에 의한 장애위험 회피, 높은 수준의 정신적 기능과 신체적 기능, 적극적인 인생참여와 지속적인 인생참여활동 등은 성공적인 노화를 가능하게 하는 가장 중요한 요소라고 한다. 이는 기존의 활동이론에 기초한다고 볼 수 있지만 적극적이고 지속적인 활동을 강조한다는 점이다.

[그림 1-6] 성공적 노화 모델(Rowe & Kahn, 1998)

출처: 이향란(2013), p.52.

③ Crowther et al.(2002)의 성공적 노화모델

성공적 노화를 위험과 무능력을 최소화하기, 적극적으로 생활하기, 신체적·정신적 능력을 최대화하기의 3가지 구성으로 한 Rowe & Kahn(1998)의 모델에 긍정적인 영적 사고를 추가함으로써 내세의 삶도 중요시하는 성향을 볼 수 있다. 즉, 성공적인 노화는 미래의 죽음을 긍정적으로 수용하는 자세도 중요한 요인으로 포함할 수 있다.

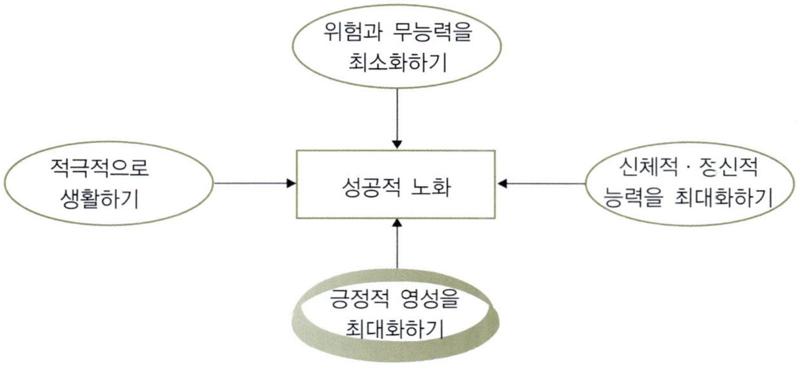

[그림 1-7] 수정된 성공적 노화모델

출처: Crowther et. al.(2002); 이향란(2013), p.53.

학습 실천과제

1. 노인의 개념을 세 가지 측면에서 정의하고 어떤 요인이 속하는지 시사해 봅시다.
2. 성공적 노화의 세 가지 구성요소를 들어보고 구분하여 토론해 봅시다.
3. 본인의 미래의 긍정적 노화를 위한 요인들을 설계해 봅시다.

02 고령사회와 노인복지의 이해

1. 노인복지의 개념

1) 노인복지의 정의

'노인복지(Aged man Welfare)'란 노인이 인간다운 생활을 영위하면서 가족 및 지역사회에 적응하고 통합되도록 필요한 자원을 제공하는 공적 및 사적 차원의 조직적인 제반 활동이다(장인협 · 최성재, 2002; 원석조, 2013). 즉, 노인복지는 노인의 복리적(福利的) 상태를 유지할 수 있게 하는 사회적 활동으로, 사회복지 실천의 한 분야이자 노인의 필요 욕구를 충족하게 하는 사회적인 서비스로 정의된다.

그러므로 노인복지란 노인의 신체적, 심리적 건강 유지와 생활안정을 위하여 필요한 노인생활의 전면적인 보장이자 종합적인 복지서비스라고 할 수 있다. 일반적인 노인복지를 정의해보면, 협의의 뜻으로는 노인의 고통과 빈곤을 완화시키기 위한 공공 및 민간의 사회복지활동이며, 최소한의 생활유지를 의미하는 복지서비스를 말하는 경우도 있다. 한편 광의의 뜻은 노인의 사회적 · 경제적 · 교육적 · 보건의료적 욕구가 충족되도록 돕는 국가의 프로그램, 급여 및 서비스 체계로서 노인의 무지, 질병, 장애, 실업, 빈곤 등과 같은 고통으로부터 노인을 보호하는 데 목적을 둔 제반적인 사회제도들을 포괄한다. 노인복지는 이른바 '노인을 위한 사회복지(Social Welfare for the Aged)'라고 정의할 수 있다. 즉, 노인을 대상으로 하는 각종 사회복지제도가 바로 노인복지이다.

NASW(미국사회복지사협회)의 기준에 의한 노인복지의 개념(김기태 외, 2015, 재인용)

- 노인과 그 가족들에게 노인의 발달능력, 문제해결, 대처능력을 강화한다.
- 노인과 그 가족에게 자원과 서비스를 제공하는 체계의 효과성과 인도적 운영을 증진

한다.

- 자원, 서비스, 기회를 제공하는 체계에 노인들을 연결한다.
- 생애과정을 통해서 노인들에게 지원되는 사회정책의 개발 및 향상에 기여하는 데 있어서 전문적으로 개입할 책임을 갖고 있다.

2) 노인복지의 이념

우리나라 노인복지법은 노인복지의 기본 이념을 다음과 같이 제시하고 있다.

첫째, 노인은 후손의 양육과 국가 및 사회의 발전에 기여하여 온 자로서 존경받으며, 건전하고 안정된 생활을 보장받는다. 둘째, 노인은 그 능력에 따라 적당한 일에 종사하고 사회적 활동에 참여할 기회를 보장받는다. 셋째, 노인은 노령(老齡)에 따르는 심신의 변화를 자각하여 항상 심신의 건강을 유지하고 그 지식과 경험을 활용하여 사회의 발전에 기여하도록 노력하여야 한다. 이 내용을 구체적으로 시사해보면 다음과 같다.

첫째는 노인의 생활보장 당위성을 규정한 것이다. 즉, 후손의 양육과 국가·사회의 발전에 기여한 것에 대한 보상으로 생활보장을 받을 권리가 있다는 것이다. 바꾸어 말하면, 사회는 노인의 생활보장을 기해야만 할 책임이 있다는 것이 된다.

둘째는 노인의 근로와 사회활동에의 참여를 명기한 것이다. 즉, 자신의 능력에 따라 일을 하고 사회활동에 참여할 수 있는 권리가 있다는 것이다. 그러나 근로활동에의 참여는 논쟁의 소지가 있다. 이는 노인은 이미 평생 동안 일을 하고 그에 대한 보상으로 은퇴생활을 향유할 권리를 보유하고 있기 때문이다. 따라서 '일을 하고자 하는 본인의 의사가 있는 노인에게' 근로활동에의 참여권리를 부여하는 것으로 해석하는 것이 합리적이다.

셋째는 노인 스스로 심신의 건강을 유지하고 자신의 경험을 살려, 사회발전에 기여하도록 노력해야 할 의무가 있다는 것을 환기(喚起)시키는 내용이다. 노인으로서 견지해야 할 최소한의 윤리적 덕목을 제시하는 것으로 이해된다.

한편 노인복지의 이념적 근거는 노인복지에 관한 국제기준에서 찾을 수 있다. 그 대표적인 것이 1948년 UN의 노인인권선언(the Declaration of Old Age Rights)과 1982년 비엔나 선언(Vienna International Plan of Action on Aging), 1991년 UN의 노인행동원칙(UN Principles for Older Persons) 등이다(박석돈 외, 2008; 원석조, 2013).

1948년 UN 노인인권선언은 노인의 공공부조 수급권, 주거권, 식품에 관한 권리, 의복에 관한 권리, 신체적 · 정신적 건강에 관한 권리, 레크리에이션에 관한 권리, 노동권, 안정에 관한 권리, 존경받을 수 있는 권리 등을 천명(闡明)하였다.

1982년 비엔나 선언은 노인의 건강과 영양의 보장, 노인소비자의 보호, 주거와 환경의 보장, 가족의 연대, 노인을 위한 사회복지서비스의 보장, 소득보장과 고용보호, 노인교육의 지원 등을 담고 있다. 1991년 UN 노인행동원칙은 노인의 독립, 참여, 케어, 자아실현, 존엄성의 원칙을 천명하고 있다.

■ 우리나라에서의 노인복지 이념

(1) 경로헌장과 노인강령

① 헌법 제34조 : 모든 국민은 인간다운 생활을 할 권리를 지니며, 국가는 국민의 복지 향상을 위한 정책을 실시할 의무를 지닌다.

② 노인복지법 : 노인이 후손으로부터 존경받고, 사회적 활동에 참여할 기회를 보장받으며, 노인은 사회의 건전한 분위기 형성 및 발전을 위해 노력해야 한다.

③ 경로헌장(1982. 5. 8)(배기효 외, 2015)

- 노인은 가정에서 전통의 미덕을 살려 자손의 극진한 봉양을 받아야 하며 지역사회와 국가는 이를 도와야 한다.
- 노인은 의 · 식 · 주에 있어서 충족되고 안락한 생활을 즐길 수 있어야 한다.
- 노인은 심신의 안정과 건강을 누릴 수 있어야 한다.
- 노인은 자신의 능력에 따라 사회활동에 참여할 수 있어야 한다.
- 노인은 취미 · 오락을 비롯한 문화생활과 노후생활에 필요한 지식을 얻는 기회를 가져야 한다고 원칙을 규정하고 있다.

(2) 노인복지시설 인권보호 및 안전관리 강령

① 노인은 존엄한 존재로 대우받을 수 있다.

② 노인은 질 높은 서비스 및 생활환경을 요구하고 받을 수 있다.

③ 노인은 신체, 정신적인 개인의 자기결정권 및 자유를 보장받을 수 있다.

④ 노인은 사생활 및 비밀을 보호받을 수 있다.

⑤ 노인은 사회적 활동 및 관계에 대한 자율성을 보장받을 수 있다.

⑥ 노인은 다양한 정보접근 및 통신에 대한 자율성을 가질 수 있다.

2. 노인복지의 원칙(노인을 위한 UN의 원칙).

(1) 독립(자립)의 원칙(the independence principles)

노인들은 소득, 가족과 지역사회의 지원 및 자조를 통하여 건강보호에 접근, 일을 할 수 있는 기회, 퇴직 결정에 참여, 적절한 교육과 훈련 프로그램에 접근, 개인의 선호와 변화하는 능력에 맞추어 안전하고 적응할 수 있는 환경에서 살 수 있어야 한다는 원칙이다.

(2) 참여의 원칙(the participation principles)

사회에 통합되고 복지에 직접 영향을 미치는 정책의 형성과 이행에 저극 참여, 지식과 기술을 젊은 세대와 함께 공유하며, 지역사회 봉사를 위한 기회를 찾고, 노인들을 위한 사회운동과 단체를 형성할 수 있어야 한다는 원칙이다.

(3) 보호의 원칙(the care principles)

가족과 지역사회의 보살핌과 보호를 받고, 신체적・정신적・정서적 안녕의 건강보호에 접근하며, 사회적・법률적 서비스에 접근, 인간적이고 안전한 환경의 보호와 재활, 적정수준의 시설보호를 이용, 보호시설이나 치료시설에서 거주할 때도 존엄, 신념, 욕구와 사생활을 존중받으며, 자신들의 건강보호와 삶의 질을 결정하는 권리도 존중받는 것을 포함하는 인간의 권리와 기본적인 자유를 향유할 수 있어야 된다는 원칙이다.

(4) 자아실현의 원칙(the self－fulfillment principles)

자신들의 잠재력을 완전히 개발하기 위한 기회를 추구하고, 사회의 교육적・문화적・정신적 그리고 여가에 관한 자원에 접근할 수 있어야 한다.

(5) 존엄의 원칙(the dignity principles)

존엄과 안전 속에서 살 수 있어야 하며, 착취와 육체적・정신적 확대에서 자유로움을 추구하고, 나이, 성별, 인종이나 민족적인 배경, 장애나 여타 지위에 상관없이 공정하게 대우를 받아야 하며, 그들의 경제적인 기여와 관계없이 평가되어야 한다는 원칙이다.

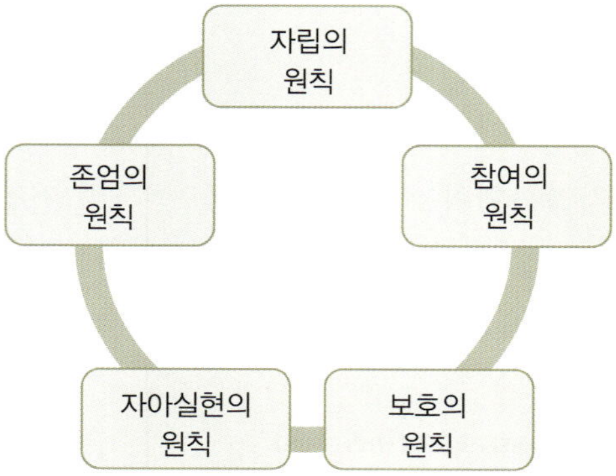

[그림 2-1] **노인을 위한 UN의 원칙**

3. 노인복지의 목적과 필요성

1) 노인복지의 목적

노인복지의 개념적 정의를 기초로 노인복지의 목적은 노인의 신체적, 심리적, 사회적 기능을 최적화하여 노인 스스로 독립적 생활을 유지함으로써 삶의 질을 극대화시키는 것이다. 즉, 노인을 위한 사회복지의 실천적 측면의 서비스 활동은 신체적, 심리적, 사회적 측면의 안녕(well-being)에 대한 상호관련 현상을 이해하여 노인의 삶의 목적, 강점, 욕구, 관심 등에 따라 제공되어야 한다(김기태 외, 2015).

2) 노인복지학의 필요성

노인복지의 목적을 보건복지가족부는 안정적인 노후소득 보장, 건강한 노후생활 보장, 안전하고 활동적인 노후생활 보장을 통해 고령사회의 삶의 질 향상과 성공적인 노후생활의 기반구축으로 설정하고 있다. 최근 다양한 사회적 변화는 노인복지의 정책 및 실천적 측면에서 새로운 패러다임 전환의 욕구에 직면하고 있다. 이러한 노인복지의 패러다임 전환은 노인복지 프로그램 및 전달체계, 각종 노인복지서비스 전달체계에 직접적인 역할을 담당하는 전문적 영역 등에서 노인복지 필요성에 대한 새로운 과제와 도전을 제시하고 있다. 이와 같이 노인복지의 필요성에 대한 새로운 도전에의 측면을 소개하면 다음과 같다.

첫째, 65세 이상 노인인구가 급증하고 있어 그에 따른 노인복지 예산이 동시에 증가하고 있다.

둘째, 노인에 대한 기존 가족부양기능의 약화 현상이 가족문제가 아닌 사회적 문제로 대두시킴으로써 이는 전 사회적, 전 국가적 책임 인식을 확산시키고 있다는 것이다.

이와 같이 노인복지의 새로운 변화와 관련된 사회적 책임은 향후 사회보장의 안정과 과중한 부양부담으로부터 사회를 보호하려는 새로운 방책이라는 논리가 지배적이다. 따라서 노인복지에 종사하는 전문 사회복지사들은 노인부양의 사회적 책임에 적절히 대응하기 위해 이전보다 전문적 직업성이 더욱 필요하게 된다(윤현숙, 2001; 김기태, 2015, 재인용). 이에 양질의 서비스 제공, 사회적 활동참여, 역량강화 등에 대한 표준화된 서비스의 전달을 통해 성과를 가져올 수 있어야 하며, 이러한 전문 영역의 서비스를 전달하기 위한 노인복지학의 필요성을 제고할 수 있다.

노인복지학은 응용학문으로서 개인적 측면에서 신체능력의 쇠퇴 현상으로부터 사회적 측면에서 노인차별이나 학대까지 매우 다양한 노인문제를 해결하기 위해 사회정책과 실천에 초점을 두고 있다. 급변하는 현 시대의 노인문제를 다루기 위해 다학문적 접근을 실시하고 있는 추세이지만, 노인복지학은 '문제지향적 학문'임과 동시에 '문제해결 학문'이므로 기존의 학문적 영역을 기피하고, 다양성과 다원화를 내재하고 있는 노인문제를 해결하기 위해 범학문적 접근이라는 새로운 도전에 직면하고 있는 추세이다(김기태 외, 2015, 재인용).

따라서 노인복지 혹은 노인복지학의 필요성은 성공적인 노후생활, 즉 안정적인 노후소득 보장과 건강한 노후생활 보장, 안전하고 활동적인 노후생활 보장 등을 실천하여 고령사회의 삶의 질 향상을 구축하고자 하는데 그 최종 목적이 있다고 할 수 있다. 이에 따른 전문적 직업성에서 전문 사회복지사로서 가치와 지식, 기술 등을 노인복지학의 다 학문적, 범학문적 접근과 접목시킬 필요성이 있다는 것이다.

3) 노년학과 노인복지학, 노인복지론

노년학(Gerontology)은 노인과 노화에 관련된 현상들에 관한 생물학, 의학, 간호학 등과 같은 자연과학적 접근과 인류학, 사회학과 경제학, 심리학, 법학, 사회복지학 등 사회과학적 접근을 망라한 학문이다. 즉, 노년학은 노령화 현상에 대한 종합과학적인 연구라고 할 수 있다(쇼크; 현외성, 2015, 재인용).

반면 노인복지학(Gerontological Social Work)은 통상적으로 노인복지와 관련된 현상을 연구하는 학문이라고 간단히 정의내릴 수 있으며, 구체적으로는 사회복지학의 학문적 체계를 바탕으로 한 독자적 학문 영역으로서, 노인복지서비스를 전달하는 기관, 프로그램, 인력, 정책 등에 대한 연구와 노인복지시스템 내에서 활동하는 사회복지사를 교육하고 훈련시키는 것을 목적으로 한다. 이미 이전의 본문에서 제시한 주요 노년학 이론들은 분리이론(유리이론), 활동이론, 현대화 이론 등이 있다.

한편, 교육 노년학(Geragogy)은 노인의 학습, 노인에 관련된 교육방법을 연구하는 학문이다.

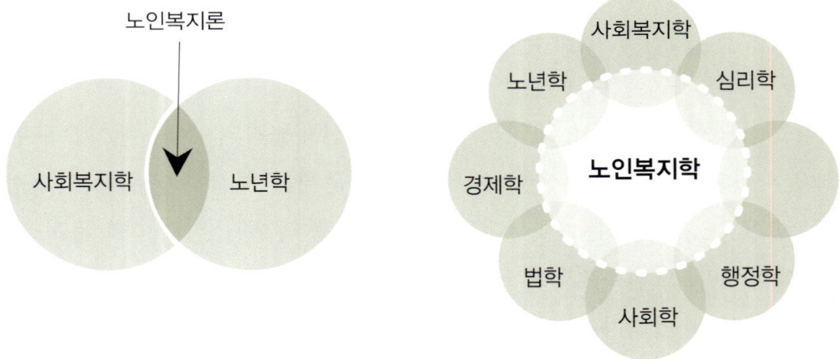

[그림 2-2] 노인복지론과 노인복지학

출처: 현외성(2015), p.62.

학습 실천과제

1. 노인복지란 무엇을 뜻하는지 그 개념적 정의를 시사해 봅시다.
2. 노년학과 노인복지학과의 관계성에 대해 탐구해 봅시다.
3. 노년학 관련 이론에 대해 어떠한 차이가 있는지 탐색해 봅시다.

03

고령사회와 노인문제

1. 노인인구의 변화

현대사회는 경제성장과 의료기술의 발달로 평균수명이 급격히 증가하여 이로 인해 '인구 고령화' 현상이 급속히 진행되고 있다.

UN에서는 만 65세를 기준으로 전체 인구를 세 단계로 나누어 다음 〈표 3-1〉과 같이 사회를 구분하고 있다.

〈표 3-1〉 인구 고령화의 세 단계

구분	전체 인구 대비 고령 인구 비율
고령화 사회(Aging Society)	7% 이상~14% 미만
고령 사회(Aged Society)	14% 이상~20% 미만
초고령 사회(Super-aged Society)	20% 이상

우리나라는 지난 2000년에 노인인구가 7.2%를 초과하여 고령화 사회에 접어들었다. 2019년에는 14.4%가 고령 사회가 될 전망이며, 초(超)고령 사회가 되는 시기는 2026년으로 추산된다. 우리나라가 고령화 사회에서 고령 사회로 이동하는 기간은 18년이며, 고령 사회에서 초고령 사회로 진입하는 기간은 불과 8년에 지나지 않는다.

또한 2002년 기준 전체인구 대비 노인비율을 살펴보면, 한국 7.9%, 일본 18.4%, 미국 12.3%, 프랑스 16.3%, 이탈리아 18.6%, 스웨덴 17.2%로 나타났다. 대체로 서유럽에서는 이탈리아, 동양에서는 일본의 노인비율이 가장 높다. 북한은 2002년에 노인비율이 7%에 달했다.

〈표 3-2〉 **국가별 인구 고령화의 전망**

노령인구비율 / 국가	도달년도			소요년수	
	7% (고령화 사회)	14% (고령 사회)	20% (초고령 사회)	7→14%	14→20%
일본	1970	1994	2006	24	12
프랑스	1864	1979	2019	115	40
독일	1932	1972	2010	40	38
영국	1929	1976	2021	47	45
이탈리아	1927	1988	2006	61	20
미국	1942	2014	2030	72	16
한국	2000	2018	2026	18	8

주 : 노령인구비율=(65세 이상 인구/전체 인구)×100

출처: 통계청(2005); 원석조(2013), p.26.

한편, 우리나라의 인구구조는 1980년까지 피라미드 모형을 이루고 있어, 출산율은 높은데 비해 노인인구 비율은 낮은 수준으로 상당히 안정된 모형이라고 할 수 있다. 그러나 최근 종형으로 변동되면서 저출산, 저사망 현상이 두드러지고 있는 현상이 나타나고 있다. 이런 현상은 노인부양에 문제가 있을 것임을 예측할 수 있으며, 2030년경에는 역삼각형 모형을 보일 것을 예측할 수 있다. 이와 같이 저출산 저사망 현상은 경제와 사회 전반에 영향을 미쳐 생산력과 소비력이 약화되고, 재정과 연금이 부실화되며, 노인빈곤이 심각한 사회문제로 대두될 것이다. 우리나라의 인구구조 변동추이 및 전망은 다음과 같다.

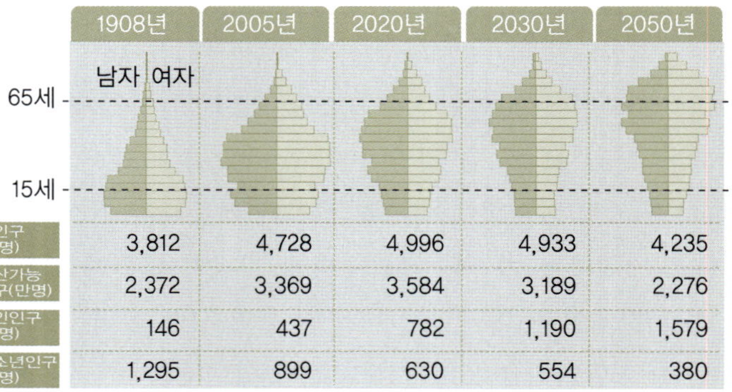

	1908년	2005년	2020년	2030년	2050년
총인구(만명)	3,812	4,728	4,996	4,933	4,235
생산가능 인구(만명)	2,372	3,369	3,584	3,189	2,276
노인인구(만명)	146	437	782	1,190	1,579
유소년인구(만명)	1,295	899	630	554	380

[그림 3-1] **우리나라의 인구구조 변동추이 및 전망**

출처: 통계청(2006); 양옥남 외(2014), p.31.

2. 인구구조에 따른 노인문제

1) 우리나라의 인구구조

우리나라는 20세기 후반에 산업화와 경제발전이라는 급속한 근대화의 물결을 경험하였다. 그러나 가까운 미래에는 급속한 인구 고령화로 인해 사회의 전반적인 거대한 변화와 새로운 도전에 직면하게 될 것이다. 우리나라 고령화 속도는 경제협력개발기구(OECD) 회원국 가운데서 가장 빠르며, 지난 2000년에는 고령화 사회(Aging Society)이면서 인구 노년국으로 진입하게 되었다.

인구 고령화로 인한 영향과 파급효과는 매우 크고 광범위하다. 미시적(微視的) 수준에서 인구 고령화는 노인 자신과 가족생활에 영향을 미치고, 거시적(巨視的) 수준에서 경제・사회・정치적 측면의 문제와 함께 과중한 노인복지 재정의 지출로 복지국가의 새로운 과제에 국면할 수도 있다.

2) 평균수명의 연장과 저출산, 고령화

한국인의 평균 기대수명(期待壽命: Life Expectancy)은 79세(남성 76세, 여성 82세)로, 포르투갈, 코스타리카 등과 함께 세계 28위이며, 북한 주민의 평균수명은 66세(남성 64세, 여성 68세)이다. 여기에서 기대수명이란 출생한 이후부터 생존할 것으로 기대되는 평균 생존연수를 말한다. 우리나라의 평균수명은 2010년에 79.1세로, 성별로 남자 76.2세, 여자 82.6세이다. 가장 평균 기대수명이 높은 국가로는 일본과 산마리노가 82.5세로 최장수(最長壽) 국가이다. 일본의 평균수명은 남성이 79세, 여성이 86세였다.

'2007년 생명표 작성결과'를 통해 기대수명(혹은 기대여명)을 살펴보면, 2009년 기준으로 20세 남자는 63.3년, 20세 여자는 66.6년이고, 30세는 남자 47.1년, 여자 53.5년이었다. 중년기에 속하는 45세의 경우 남자 33.0년, 여자 39.0년이고, 노년기인 65세는 남자 16.3년, 여자 20.5년이었다(통계청, 2008).

〈표 3-3〉 평균수명의 변화

연도	1971	1981	1991	2000	2010	2030	2050
평균수명 계	62.3	66.2	71.7	75.9	79.1	81.9	83.3
남자	59.0	62.3	67.7	72.1	76.2	79.2	80.7
여자	66.1	70.5	75.9	79.5	82.6	85.2	86.6

출처: 통계청(2006); 양옥남(2014), p.32.

우리나라의 고령화는 출산률의 감소와 평균수명이 연장된 결과라고 볼 수 있다.

2020년에는 전 국민의 평균수명이 78.1세에 달할 것으로 추정되고 있다. 2009년 7월 1일 현재 고령자 통계에 의하면 총 인구 중 65세 이상 인구가 차지하는 비율은 10.7%로서 인구 10명 중 1명은 65세 이상이다(통계청, 2009; 원석조, 2013). 즉, 이러한 사회를 고령화 사회라고 한다. 이와 같이 고령화 수준을 검토해보면, 전체인구 중 65세 이상 노인이 차지하는 비율이 7% 이상일 경우를 고령화 사회(aging society), 14% 이상을 고령 사회(aged society), 20% 이상을 초고령 사회(super-aged society)라고 명명한다. 65세 이상 인구 및 구성비는 다음과 같다.

〈표 3-4〉 65세 이상 인구 및 구성비

구분	1980	1990	1999	2000	2009	2010	2018
총 인구	38,124	42,869	46,617	47,008	48,747	48,875	49,340
65세 이상	1,456	2,195	3,224	3,395	5,193	5,357	7,075
구성비	3.8	5.1	6.9	7.2	10.7	11.0	14.3

출처: 통계청(2009); 원석조(2013), p.27.

특이할 만한 사항은 1950년대 중반부터 1960년대 초반에 태어난 베이비 붐(Baby Boom) 세대가 2010년 경 노년기를 맞아 이른바, 에이지 붐(Age Boom)이 발생하게 된다. 이 노인세대는 전후(戰後)의 베이비 붐 세대들이 노년기를 보내게 될 미래의 시대를 일컫는다. 현재의 노인들은 일제강점기와 한국전쟁 등 역경을 겪으면서 국가 경제를 위해 전력 질주해 온 세대로, 아직도 자녀에게 의존하는 가치관을 갖고 있다. 반면 경제적 풍요와 사회의 민주화를 경험하며 자란 에이지 붐 노인세대는 자신의 권리를 적극적으로 요구하는 데 익숙한 세대이다. 또한 이들은 향후 국가나 사회에 대한 복지 기대와 요구 수준이 높을 것으로 예측되며, '늙지 않는 몸과 마음(Ageless Body, Timeless Mind)'을 가진 건강하고 생산적인 노인층이다. 이들은 고령화 시대의 중요한 사회구성원인 '시니어 시티즌(Senior Citizen)'으로 자리하게 될 것이다.

한편 인구 고령화의 원인은 낮은 출산율과 사망률로 인해 평균수명이 연장된 때문이다. 한국 여성의 평균 출산율은 1990년 1.6명, 2000년 1.4명에 이어 계속 낮아지고 있다. 세계보건기구(WHO)의 '세계보건통계 2009'에 따르면, 한국 여성 1인당 평균 출산율은 1.2명으로 193개국 가운데 최하위를 기록하고 있다. 우리나라의 출산율 저하 현상은 미래의 경제활동인구의 축소를 의미하므로 비관적이라 할 수 있다. 아동인구와 청소년인구가 부족해지면 소비인구가 줄어들어 생산성이 하락하는데, 이 경향이 국가의 경제적 성장과 인구 정책에 부정적 영향을 미치게 된다. 즉, 나아가서 개인 중심의 가치관과 노년기의 불확실한 노후 보장에 대한 상황 인식도 저출산에 작용을 하는 요인이라 할 수 있다. 이와 같은 다양한 요소들과 그 외의 여러 이유로 인해, 우리나라의 미혼 남녀들은 혼인을 유예(猶豫)하고 기혼 부부는 저출산을 선택한다. 이러한 모순을 해결하기 위해서는 사회구조적 차원의 근본적인 해결이 우선되어야 할 것이며, 부모의 역할에서 가치관의 발상 전환이 필요할 것이다. 결론적으로 한국은 출산율 수준이 극히 낮으며, 조기퇴직이 확산되면서 40, 50대에 정년을 맞는 사람이 증가하고 있다. 따라서 노후 기간이 30년 내지 40년으로 길어지는 현상이 자주 나타난다. 저출산에 고령화 지수까지 높아지면 우리나라의 인구 경쟁력은 떨어지게 마련이며, 그 결과 생산력과 소비력이 떨어지고, 국가 재정과 사회연금은 부실해지며 노인빈곤 또한 심각한 사회문제로 대두될 것이다. 그러므로 초고령 노인을 포함한 노인세대의 특성을 명확히 파악하고 부양가족의 현황을 세밀하게 분석하는 일이 중요하다.

다음은 저출산의 영향에 이어 고령화의 영향을 재검토해 보기로 하겠다.

고령화는 경제와 사회 전반에 유의미한 영향을 주고 있다(삼성경제연구소, 2002).

첫째, 노동시장에 대한 영향으로 취업구조의 고령화, 경제활동 참가율 하락, 생산성의 둔화 등을 들 수 있다.

둘째, 노인 관련산업에 미치는 영향으로 실버 비즈니스(Silver Business) 등의 고령친화산업 성장(주거, 의료, 레저 등)이 있다.

셋째, 사회복지에 대한 영향으로 의료 및 사회보장 수요 증가와 청년층의 부양부담 증가, 복지 관련정책의 중요성 증대 등이 있다.

넷째, 문화적인 영향으로 빈곤, 소외, 질병, 무위 등 4대 노인문제와 새로운 노인문화의 형성을 들 수 있다.

이와 같이 고령화는 노동시장과 생활양식, 사회보장제도 등에 두루 영향이 미치고 있다. 이를 정리하면 다음과 같다(원석조, 2013, 재인용).

첫째, 인구의 고령화는 국내 노동인력의 부족 현상을 초래할 것이다. 이런 변화는 반면에 새로운 노동수요를 창출할 수도 있다. 즉, 고령화로 인한 경제활동인구의 부족문제를 그간 유휴(遊休)인력으로 되어왔던 여성과 노인, 장애인 등의 고용기회와 근로조건의 개선에 긍정적인 영향을 준다는 것이다.

둘째, 고령화는 국민의 생활양식과 소비패턴의 변화를 수반(隨伴)한다. 그리고 이는 산업구조의 변화와 함께 인력의 수요에도 상당한 영향을 미치게 될 것이다. 특히 고령화 추세에 따라 노인 케어(Care)와 간병(看病), 도우미 등 각종 서비스 상품에 대한 수요가 증대될 것으로 전망되며, 관련 실버산업의 발전과 해당 분야에서의 인력수요 또한 크게 증가할 것으로 예측된다. 이는 또한 노인의 고용기회를 개선하는 긍정적 방향으로 작용할 수 있을 것이다.

셋째, 고령화는 연금수급자 수를 급증시켜 공적연금의 재정에 심각한 압박을 가할 것이다. 그러나 부양 비율은 노령계층의 퇴직형태와 연금수급 연령의 조정 등 제도적 노력을 통해 조절할 수 있는 여지(餘地)가 있다.

넷째, 고령화의 진전에 따라 공적연금제도의 수지(收支) 불균형이 심화될 경우 보험료의 인상이 불가피해질 것이다. 보험료 인상은 기업의 인력수요에 부정적인 영향을 미치게 되어, 생산연령 인구의 근로동기가 감소한다. 나아가 노동 수요와 공급을 모두 위축(萎縮)시켜, 공적연금제도의 재정을 압박하는 악순환을 계속 겪게 된다. 따라서 급여 수준의 하향조정, 연금수급 연령의 상향조정, 국가의 재정보조 확대 등 중장기적인 대책이 필요하다.

다음은 고령화의 영향을 사회 전반과 노동시장, 생활양식, 사회보장, 기업 측면에서 내용을 구성하였다. 또한 노인부양비 전망과 저출산 고령화의 파급효과에 대한 내용을 제시하여 관련성에 대해 제고하고, 그에 따른 대비책을 강구하고자 한다.

〈표 3-5〉 고령화의 영향

구분	내용
사회 전반	- 노동시장: 취업구조의 고령화, 경제활동참가율 하락, 생산성 둔화 - 노인 관련산업: 고령친화산업(실버 비즈니스)의 성장(주거, 의료, 레저 등) - 사회복지: 의료 및 사회보장 등 수요의 증가, 청년층의 부양부담 증가, 복지관련 정책의 중요성 증대 - 문화적 영향: 3다 노인문제(빈곤, 소외, 질병), 새로운 노인문화의 형성
노동시장, 생활양식, 사회보장	- 국내 노동인력의 부족현상을 초래할 것이다. - 국민의 생활양식과 소비패턴의 변화를 수반한다. - 연금수급자 수를 급증시켜 공적연금재정에 심각한 압박을 가할 것이다. - 고령화의 진전에 따라 공적연금제도의 수지불균형이 심화될 경우, 보험료의 인상이 불가피하게 될 것이다.
기업	- 노인의 소비욕구와 노인시장에 대한 마케팅 활동에 영향을 준다. - 기업의 근로자들도 고령화한다. 따라서 기업 또한 피용자(被用者)의 고령화에대비해야 한다. - 고령화는 노인부양의 증가를 가져온다. 따라서 피용자의 근로에도 영향을 미친다.

출처; 원석조(2013), p.29.

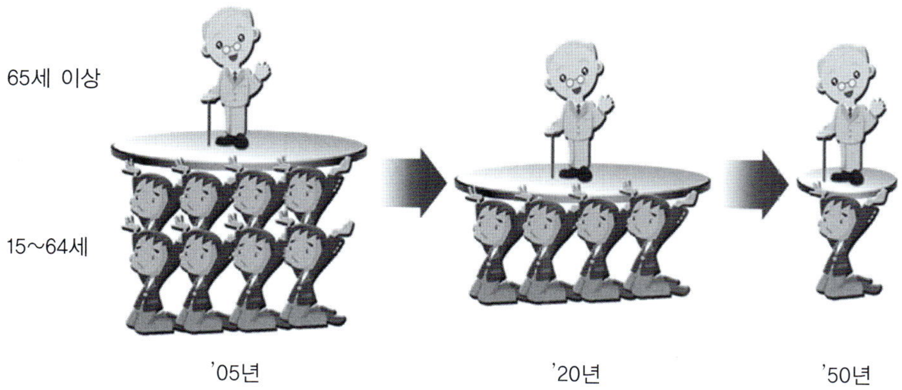

[그림 3-2] 노인부양비 전망

출처; 박석돈 외(2012), 사회복지개론, 양서원.

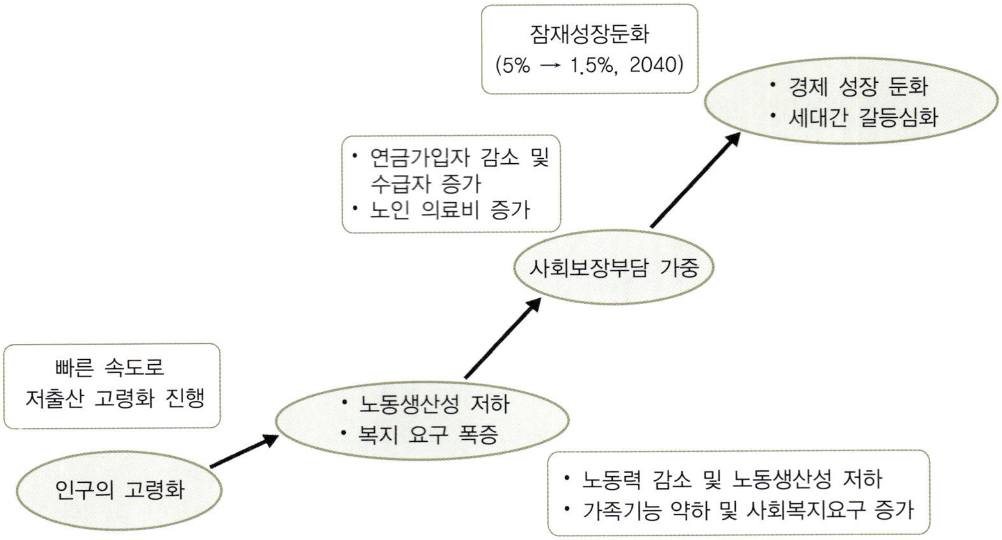

[그림 3-3] **저출산 고령화의 파급효과**

출처: 2011 노인복지과정, 보건복지부, 한국보건복지인력개발원, p.79.

학습 실천과제

1. 저출산 · 고령화가 현 사회에 미치는 영향은 무엇인지 토론해 봅시다.
2. 현재 우리나라의 인구구조의 변화는 어떤 형태로 되어 가고 있는지 탐구해 봅시다.
3. 노인복지 측면에서 고령화가 우리에게 주는 시사점은 무엇인지 추론해 봅시다.

04

노인복지의 역사

1. 전통사회의 노인복지 전개

1) 삼국시대

우리나라 삼국시대에는 이미 유교사상이 유입되어 경로효친사상이 사회적으로 강조되었다.

(1) 신라

삼국시대 노인복지 관련 기록은 〈삼국사기(三國史記)〉를 보면, 신라의 3대 유리왕(琉璃王: 재위 BC 19~AD 18) 때 '환과고독(鰥寡孤獨)'과 병자, 장애인을 위문하고 식량을 주어 부양하게 하였다는 내용이 있다. 환과고독이란 중국의 성인 맹자(孟子)가 제(齊)나라 선왕(宣王)에게 '네 종류의 불쌍한 백성(사궁민: 四窮民)'을 설명한 데서 비롯된 것이다. 이 기사가 우리나라 역사상 최초로 노인을 위해 구빈사업을 시행한 기록으로 보여진다. 또한 신라의 19대 눌지왕은 일종의 노인잔치인 양로연(養老宴)을 베풀고 음식을 직접 집어주었으며, 잔치가 끝날 무렵, 노인들에게 곡물과 비단을 나이에 따라 분량을 달리해 나누어 주었다(신윤희, 1999).

(2) 백제와 고구려

〈문헌비고(文獻秘庫)〉에 의하면 백제(百濟)의 11대 비류왕은 신하들을 보내어 백성의 질고(疾苦)를 살피고 환과고독의 처지에 놓인 이들에게 사람마다 세 섬씩 나누어 주었다. 고구려도 이와 유사하였는데, 제6대 태조왕 때에 지진과 우박으로 농사에 피해를 입은 백성에게 환과고독과 노쇠자를 찾아 음식을 나누어 준 일이 있었으며, 9대 고국원왕(332년) 때에는 진대법(賑貸法)을 제정하여 굶주린 백성이나 노인에게 관곡(官穀)을 풀어 보릿고개를 지나게 하고, 가을에 되돌려 받는 방식으로 구빈사업을 펼쳤다. 백제 또한 2대 다루왕(多婁王: 28~77) 11년(38년)때 임금이 나서서 고령자와 가난한 자를 불러 위로하고 곡식을 나누어 주었다. 660년 의자왕(義慈王) 때에도 양로사업을 실시하였다(지윤, 1987).

삼국시대 또 다른 형태의 노인복지는 오늘날의 노인우대 또는 정년(停年)제도와 비슷한 것으로, 치사(致仕)제도라 하여 어느 정도 정년이 되면 노후를 평안하게 보내기 위해 일선에서 물러나는 제도였다. 이 치사제도는 대략 70세가 기준이었다(신윤희, 1999).

2) 고려시대

고려시대에는 노인복지가 삼국시대보다 훨씬 발전되었는데, 환과고독의 빈민 이외에 일반서민 노인에 대한 부양(扶養), 관직부여, 휴가 및 치사제도 등이 있었고, 특히 시정(侍丁)제도라 하여 나이가 많은 부모를 봉양하기 위하여 군역(軍役)에서 면제시키는 제도가 있었다.

고려시대의 양로(養老)제도는 삼국시대와 마찬가지로 임금과 군주들이 직접 모범을 보인 사업으로, 환과고독과 병약자를 관비(官費)로 부양하였다. 그 대표적인 예가 국경일 등에 양로연을 베풀어 노인복지사업에 힘쓴 일이다. 성종 때에는 연령에 따라 노인에게 쌀과 포목을 하사하였고, 현종(顯宗) 때에도 고령자를 모아 양식과 의복을 제공하였다. 문종(文宗) 때에는 일반노인과 환과고독, 독질자(篤疾者) 등을 모아 향연을 베풀고 금품을 하사한 적이 있다. 또한 인종(仁宗)과 명종(明宗) 때에는 〈효경(孝經)〉과 〈논어(論語)〉를 대량 간행하여 전국에 배포하여 효도정신을 선양(宣揚)하도록 하였다. 또한 고려말 충렬왕(忠烈王) 때에는 개경(開京) 도성에 대비원(大悲院)을 설치하여 무의탁 노인들을 보살폈으며, 아흔 살이 넘은 노인에게는 양곡과 포목을 배급하였다(신윤희, 1999). 또한 노인복지의 일환으로 관직을 부여해 주기도 했는데, 병졸(兵卒)이나 장인(匠人), 악공(樂工)들 중 나이 많은 이에게 이른바 '무산계(武散階)' 제도가 확립되었다.

3) 조선시대

조선시대는 유교 통치이념에 입각한 정치·사회적 기반의 왕조였으므로 이에 노인에 대한 예우(禮遇)는 당연한 것이었다. 이에 조선왕조 국왕들은 경로효친 사상을 미덕으로 하면서 지속적이고 실천적으로 노인 공경과 우대정책을 실행하였다. 이는 삼국시대와 고려시대에 비해 노인복지가 보다 세밀하게 진전된 것으로 볼 수 있다.

(1) 양로연(養老宴)

조선시대 여러 국왕들은 유교적 통치의 핵심적인 내용으로서 노인을 공경하고 어버이에 효도하는 것이 임금의 역할이라는 인식을 가지고 있었다.

세종은 삼강행실도(三綱行實圖)를 편찬하여 백성에게 유포하였고, 남녀의 성별과 신분의 귀천을 막론하고 연령이 80세 이상이면 모두 양로연에 초청되었다고 한다.

(2) 치사제도

관직을 그만둔 일흔 살 이상의 사람을 우대하는 '치사'제도가 법으로 확정되어, 경우에 따라서는 재등용도 하고 술과 고기를 주며 안식과 지팡이를 하사하고 녹봉을 종신토록 지급하여 노후에 평안하게 살아가도록 하였다.

(3) 노인직

세종 때 노인직을 설정하여 100세 이상이면 남자는 7품으로 계수하고 여자도 작위를 봉하도록 하였다. 또 80세 이상 된 노인은 신분여하를 막론하고 노인직이라는 벼슬직을 받도록 하였다(신윤희, 1999; 현외성, 2015).

(4) 기로소

일종의 경로당과 같은 곳으로서 태조 때 임금이 나이가 60세를 넘자 기로소에 들어갔다고 한다. 문신, 재신으로 정2품 실직에 있으면서 나이 70세 이상인 사람을 가려서 기로소에 들어가도록 하였다.

(5) 노부모 부양에 대한 특전

노부모가 있는 자는 특전을 받았는데, 70세 된 어버이가 있는 자는 한 아들을, 나이 90세 이상 된 사람은 모든 아들을, 아들이 없을 경우 손자 1명, 친손자가 없을 경우 외손자 1명에게 병역을 면제하여 부모나 조부모를 봉양하게 하였다.

사형 또는 도형과 유형에 처해진 자의 집에 노병의 부모 또는 조부모를 부양해야 하는데 부양할 자가 없을 때는 특별히 감형 또는 환형으로 집에 머물러 있게 하여 노친을 보호케 하였다. 또한 대명률에 의거해 70세 이상인 사람은 살인강도를 제외하고는 신체구속을 하지 말며, 80세 이상과 10세 이하는 죽을 죄를 범하였다 하더라도 역시 구속하여 고문하지 말고 증인의 증언을 들어서 죄를 결정하라고 하였다(신윤희, 1999; 현외성, 2015).

2. 일제강점기와 미군정시대

1) 일제강점기

(1) 조선총독부

1910년에 가족 및 공로자와 양반유생의 기로(耆老)로서 모범이 되는 자, 효자, 절부(節婦)의 향당(鄕黨)의 수절자 내지 환과고독의 어려운 사람들에게 임시은사금(臨時恩賜金)을 수여했다. 그리고 1916년에는 은사진휼자금(恩賜賑恤資金) 궁민구조규정에 의하여 폐질불구 및 중병자와 연령 60세 이상의 노쇠자에게 은사진휼자금을 지급하기도 하였다.

(2) 기독교사상

일제시대에 서구의 기독교사상이 전파되어 노인복지에 영향을 끼치게 되었다. 1918년에 애린양로원, 1921년에 성가양로원, 1934년에 신망애양로원, 1944년에는 충북양로원이 설치, 운영되었다. 조선총독부에서 발간한 문헌에 따르면 1933년 당시 6개 시설에 58명이 수용보호되고 있었다고 한다. 이들 양로원은 기독교, 천주교 및 불교 등의 종교단체에 의하여 운영되었다(최신, 1989).

(3) 조선구호령

근대적인 노인복지사업은 1926년 일본 구호법을 적용하여 1944년 제정된 조선구호령으로부터 시작되었다고 볼 수 있다.

조선구호령은 일종의 공공부조법으로서 구호의 대상은 65세 이상의 노쇠자, 13세 이하의 어린이, 임산부, 불구폐질 · 질병 · 산병 그 외의 정신 또는 신체장애로 인하여 노무를 하는 데 어려움이 있는 자이며, 구호의 종류는 생활부조, 의료, 조산, 생업부조 등이었다.

(4) 생활보호법

1981년 생활보호법에서 노인복지법은 독자적인 입법체계를 갖추면서 비로소 노인복지 사업이 활성화되었다. 생활보호법은 1999년 새롭게 국민기초생활보장법으로 확대 개편되고, 그 주된 목표는 빈곤해결로 자리 잡았다. 광복 후 조선구호령은 생활보호법의 근거법으로 존속했으며, 1981년 노인복지법 제정 전까지 노인복지의 근거가 되는 법으로서 기능을 다 하였다.

2) 미군정기

(1) 조선총독부

국가 사회적 체제와 정책이 확립되지 못한 상황에서 발생하는 각종 복지문제를 해결하기 위해서는 일제시대의 조선구호령과 민간의 양로원이 중요한 기능을 수행하였다.

이러한 내용은 결국 조선구호령의 내용과 비슷하였으며, 노인복지사업 역시 일제시대의 연장선상에 있었다.

3. 노인복지의 미분화

1) 1950년대 : 정부수립, 한국전쟁과 복구

광복 후 정치 사회적 혼란을 배경으로 남한만의 정부수립을 1948년 8월 15일에 하게 된다. 일제의 조선구호령을 이어받은 군정기의 임시 변통적이고 응급적인 구호행정을 답습하였다. 1950년 6월 25일 전쟁과 휴전 후 발생한 요구호자는 1천만명, 1954년에서 57년 기간 동안에는 3백만명 정도였던 것으로 추산한다(하상락, 1989). 전쟁으로 인한 이재민, 아동, 부녀자 문제를 해결하는 것으로서 외국의 원조에 주로 의존한 형태였다. 특히 북으로부터의 피난민 문제 등이 당시의 핵심적인 문제였다. 민간부문에서 무의탁 노인들을 돌보는 활동이 전국적으로 여기저기 산발적으로 전개되었다.

2) 1960~1770년대 : 빈곤해소, 경제개발계획 및 노인복지

국가가 경제성장을 중심으로 근대화를 추진한 시대로서 흔히 사회복지는 티트머스(Titmuss)가 말하는 '산업적 성취수행모형'에 가까운 특성을 가진 것으로서, 경제성장을 중심으로 하면서 필요한 경우에 사회복지를 활용하였으며, 국가 책임보다는 가족중심의 복지형태를 유지하였다. 1060년 공무원연금법, 1961년 군사원호보상법, 생활보호법, 아동복리법 등이 만들어졌다. 1963년에는 군인연금법, 산업재해보상보험법 등이 그리고 1970년에는 사회복지사업법, 1976년에는 의료보험법, 1977년에는 공무원 및 사립학교교원의료보험법과 의료보호법이 입법화되었다.

선성장 후사회복지정책을 국가정책으로 강력하게 추진하였으며, 산업화, 도시화 등으로 핵가족화가 진행되면서 노인부양문제가 사회문제로 점차 심각해져 갔다.

4. 노인복지의 출현

1) 1980년대 : 노인복지법의 제정과 실행

1981년 노인복지법과 심신장애자복지법 등이 입법화되고, 아동복지법이 전문개정되면서 새롭게 정착되었다. 이 시기에 비로소 생활보호법에서 노인들을 빈곤집단의 한 종류로 구분하여 빈곤대책의 일환으로 노인복지가 수행되던 것에서부터 독자적인 사회복지의 한 영역으로 독립하게 되었던 시기이다.

또한 사회복지서비스 영역이 1980년대 이후 점진적으로 수립, 확대되면서 노인복지가 주요한 사회복지서비스 부문으로 성장하기 시작하였다.

1982년 경로헌장을 공포하여 사회적·가정적으로 노인을 공경하고 효도를 다함으로써 노인들이 안락하게 노후를 보낼 수 있도록 해야 함을 선언하였다. 1980년대 말에는 늘어나는 노인문제를 체계적으로 대응하기 위하여 노인대책위원회를 설치하는 한편 재가노인을 위해 가정봉사원사업을 시도하였다. 특히 노인의 빈곤문제를 해결하고 노인이 사회에 공헌한 점에 대하여 국가 또는 지방자치단체가 노령수당을 지급하도록 하였다. 동시에 유료노인복지시설과 노인복지주택도 설치할 수 있는 길을 열었다.

2) 1990년대 : 급속한 고령화의 대응

1990년에 65세 이상 노인인구 비율이 5.1%, 2000년에는 7.2%로 이미 고령화 사회에 진입하기 직전으로 1990년대는 노인인구가 급속하게 증가했다. 이에 따라 노인복지법을 개정하여 노인유료복지시설을 사회복지법인이 아니더라도 사업으로 시행할 수 있도록 하였다.

1990년대 후반에는 재가복지사업이 실행되는 한편 외환위기로 인하여 노인문제에 대해 근본적인 변화를 모색하는 시기이도 하였다. 이때 인구 고령화로 인해 발생하는 만성질환에 대한 대응책을 마련하고 빈곤노인을 위해 노령수당에 대신하여 경로연금을 지급하는 정책변화를 가져왔다.

5. 노인복지의 성장

1) 2000년에서 2004년까지 : 고령사회에 대비한 노인복지 대책수립과 실행

2000년 '고령화 사회'의 도래와 함께 정부는 1999년 이래 추진되어 오던 노인복지장기발전계획을 수립하는 한편, 노인장기요양보험제도를 시행할 준비를 촉진하였다.

2002년경에는 노인들의 자율적이고 독립적인 활동을 중시하여 지역사회시니어클럽을 지정하여 노인들의 고용과 창업활동을 지원하기 시작하였다.

2003년에는 고령화 사회에 대응하여 기존의 정부종합정책을 통합하는 고령사회대책 및 사회통합기획단을 만들고, 2004년에는 저출산고령사회 대응을 위한 국가실천전략을 수립하였다.

2004년에는 노인학대 문제를 해결하기 위하여 긴급전화 설치와 노인보호전문기관의 설치 운영을 위한 법적 근거를 마련하고, 특히 2004년에 노인복지사업 중 13개 사업이 중앙정부책임에서 지방자치단체로 지방 이양되었다.

2) 2005년 이후 : 저출산 · 고령사회기본법 제정 이후

2005년에는 고령친화산업 활성화 전략이 발표되고 노인수발보험제도 1차 시범사업이 실시되었다. 여기서 강조해야 할 사항은 2005년에 저출산 · 고령사회기본법이 제정되고 9월 1일부터 시행되었다는 사실이다. 특히 2005년 12월에는 한국노인인력개발원을 창설하여 노인

고용과 취업 및 창업을 위한 전문연구 및 교육기관으로서 기능을 할 수 있도록 하였다.

2007년에는 그동안 시범사업과 추진을 위한 준비를 끝내, 마침내 노인장기요양보험법을 제정하여 2008년 7월 1일부터 시행하도록 하였다. 2008년 이래 국민연금의 성숙으로 인해 노령연금 수혜자들이 대폭 늘어나고 평균수명이 연장됨으로써 여유 있고 장수하는 노인들이 많아지고 있다.

향후 노인복지정책은 건강하고 활력 있는 노후, 성공적인 노후, 장수생활 대책으로서 노인복지가 점차로 중요해지고 있다. 바야흐로 21세기 노인복지는 새로운 패러다임을 강구하고 있다.

학습 실천과제

1. 삼국시대의 노인복지역사에 대해 토론해 봅시다.
2. 조선시대의 노인복지의 특징에 대해 논의해 봅시다.
3. 급속한 고령화에 따른 시기의 노인복지의 역사적 전개를 탐구해 봅시다.

제 2 부

노인복지정책

05

노인복지법과 이념

1. 현행 노인복지 관련법

1) 노인복지법

우리나라 노인복지법은 1981년 6월 5일 제정되어 종합적 · 체계적으로 노인문제를 해결하고 노인복지정책을 수립, 실행하게 된 근거로서 자리 잡았다. 노인복지법은 노인복지사업을 실행하는데 필요한 사항을 그 내용으로 규정하고, 노인복지사업의 지침이면서 전체적인 방향을 담은 법률이다.

노인복지법의 내용을 간략하게 살펴보면 다음과 같다.

첫째, 노인복지시설의 종류를 ① 노인주거복지시설, ② 노인의료복지시설, ③ 노인여가복지시설, ④ 재가노인복지시설 및 ⑤ 노인보호전문기관으로 구분하였다.

둘째, 노인을 위한 보건복지조치에는 노인사회참여의 지원, 노인일자리전담기관의 설치 운영, 생업지원, 경로우대, 건강진단, 홀로 사는 노인에 대한 지원, 상담 입소 등의 조치, 치매관리사업, 치매상담센터의 설치, 노인재활요양사업 등이 규정되어 있다.

셋째, 요양보호에 관한 규정이 포함되어 있다.

넷째, 노인보호전문기관의 설치, 긴급전화의 설치 등의 규정이 있다.

다섯째, 노인복지상담원, 지역봉사지도원, 요양보호사, 노인복지명예지도원 등의 인력규정이 있다.

2) 저출산 · 고령사회기본법

2005년에 제정되었으며, 고령자의 증가와 이에 대응한 취업과 고용안정을 기하기 위한 목적으로 만들어진 법이다. 즉, 고령화와 노인관련법의 모범역할을 하는 법으로 제정되었다. 기존의 「고령자고용촉진법」을 2008년 3월에 법 개정을 통해, 명칭을 포함하여 내용을 시대적 요청에 맞추어 조정하였다.

주요 내용은 다음과 같다.

국가는 종합적인 저출산 · 고령사회정책을 수립 · 시행하고, 지방자치단체는 국가의 저출산 · 고령사회정책에 맞추어 지역의 사회 · 경제적 실정에 부합하는 저출산 · 고령사회정책을 수립 · 시행하도록 하였다. 국가 및 지방자치단체는 고용과 소득보장, 건강증진과 의료제공, 생활환경과 안전보장, 여가 · 문화 및 사회활동의 장려, 평생교육과 정보화, 취약계층 노인 등에 대한 특별한 배려, 가족관계와 세대 간 이해 증진, 경제와 산업, 고령친화적 사업의 육성 등을 위한 시책을 강구하도록 하였다.

이에 보건복지부장관은 관계 중앙행정기관의 장과 협의하여 5년마다 기본계획안을 작성하고, 저출산 · 고령사회위원회 및 국무회의의 심의를 거친 후 대통령의 승인을 얻어 이를 확정하도록 하였다.

저출산 · 고령사회기본법의 직접관련법과 간접관련법은 다음과 같다.

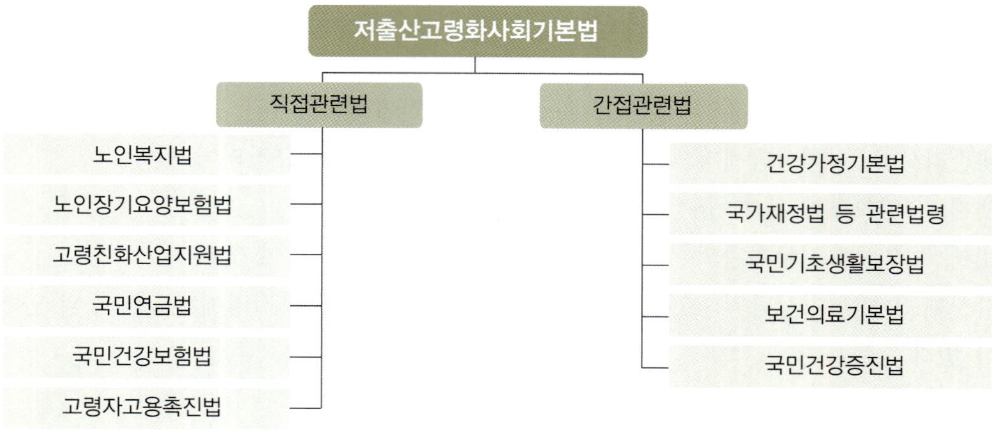

[그림 5-1] **저출산고령사회기본법**

출처: 보건복지부(2004); 김기태 외(2009), p.167.

정부는 저출산고령사회에 대처하기 위한 기본법을 마련하고 이에 대한 국가실천전략을 제시한바 있다. 즉, '건강하고 활력 있는 고령사회'라는 비전을 제시하고 첫째, 가족 친화적 인구대책을 통한 출산안정 도모, 둘째, 고용확대를 통한 성장기반 강화, 셋째, 누구나 안심할 수 있는 노후생활보장, 넷째, 고령친화적 재정, 산업정책이라는 목표 하에 추진전략 및 정책과제를 제시하였다(김기태 외, 2009).

3) 고령친화산업진흥법

2005년 9월에 제정된 법으로 고령사회에서 노인들이 건강하고 활력 있게 노후생활을 영위하도록 종합복지정책을 수립하고 실행하도록 조치한 법이다.

주요 내용은 다음과 같다.

관계중앙행정기관의 장은 저출산・고령사회기본계획 및 연도별 시행계획을 수립・시행함에 있어 고령친화산업발전계획이 포함되도록 하되, 동 계획에는 고령친화산업발전계획의 기본방향 및 고령친화산업의 분야별 발전시책에 관한 사항 등이 포함되도록 하였다. 고령친화제품 등의 표준화 추진과 관련된 것으로서, 고령친화제품 및 서비스의 품질향상과 호환성 확보를 위하여 고령친화제품이나 서비스 등의 표준화를 시도한다. 또한 고령친화산업지원센터의 설립・지정과 연관된 것으로 관계중앙행정기관의 장은 고령친화산업의 발전을 위한 제도의 조사・연구, 고령친화산업의 발전에 필요한 기술 및 표준화 연구 등을 수행하는 고령친화산업지원센터를 설립 또는 지정할 수 있도록 하였다.

고령친화 우수제품 또는 우수사업자의 지정・표시와 관련된 것으로 고령친화산업의 신제품 개발 및 서비스의 개선을 도모하고 소비자에게 질 좋은 고령친화제품 및 서비스를 선택할 수 있는 정보를 제공할 필요가 있어, 관계중앙행정기관의 장은 품질이 우수한 고령친화제품을 우수제품으로, 서비스의 질이 우수한 고령친화사업자를 우수사업자로 지정할 수 있도록 하고, 우수제품의 제조자 또는 우수사업자에게 기술개발 자금 등의 지원을 할 수 있도록 하였다.

4) 노인장기요양보험법

2008년 7월에 시행하여 5번째로 실행되는 사회보험으로 치매, 중풍 등 노인성 질환을 가진 고령자들을 가정에서 요양보호, 수발하였던 것을 정부가 이를 부양하도록 한 법적 장치에 속한다. 즉, 문제를 가진 노인들에게 전문적인 서비스와 돌봄을 제공하는 한편 부양가족에게 부양부담을 해소하려는 목적에서 시행하게 되었다.

주요 내용은 다음과 같다.

장기요양급여에 관한 국가정책방향과 노인장기요양보험제도의 수립과 시행이다. 이를 시행하기 위하여 노인장기요양보험제도를 국민건강보험공단과 연계하여 실행하도록 하였다. 노인장기요양보험제도 운영을 위해 필요한 기관을 설립하고 위원회를 조직하도록 하였다. 국가는 매년 예산의 범위 안에서 당해 연도 장기요양보험료 예상수입액의 100분의 20에 상당하는 금액을 국고에서 국민건강보험공단에 지원하도록 하고, 국가와 지방자치단체는 의료급여수급권자의 장기요양급여비용, 의사소견서 발급비용, 방문간호지시서 발급비용 중 국민건강보험공단이 부담하는 비용 및 관리운영비의 전액을 대통령령으로 정하는 바에 따라 부담하도록 하였다.

[그림 5-2] 노인장기요양보험 지정기관 로고

출처: http://blog.naver.com/pjhs1201/220391955229

2. 노인복지법 제정 및 개정

1) 노인복지법 제정 배경

노인복지법은 노인복지정책이나 노인복지활동에 관해 전반적인 내용과 형태를 규정하고 있는 법률을 말한다. 우리나라는 1981년에 노인복지법(1981년 6월 5일 법령 제3453호)이 제정되었다. 노인복지법의 제정 배경은 1970년대부터 본격화된 사회경제적 여건의 변화로 인하여 사회문제로 등장하게 된 노인문제를 해결하기 위한 조치라고 볼 수 있다. 이러한 노인복지법이 제정된 구체적인 배경을 사회경제적 요인과 관련 제도의 한계에 의한 제도적 요청을 중심으로 살펴보고자 한다.

최근에 가장 중요한 변화는 2008년 7월부터 시행된 노인장기요양보험제도의 실시와 관련되어 있다. 기존의 복지적 성격에서 경영적 특성으로 획기적으로 변화하여 노인장기요양보험제도상의 등급판정에 따라, 그리고 자격요건에 따라 비용부담이 달라지고, 이 비용을 근거로 하여 노인복지사업을 경영 노인복지법이 복지 중심에서 서서히 요양, 혹은 보건이 혼합되는 내용을 담게 되었다.

이러한 노인복지법의 제정과 그 배경을 살펴보면 다음과 같다.

첫째, 사회경제적 요인으로 출생률은 서서히 감소하고 노인인구의 증가를 들 수 있다. 하지만 노인인구 자체가 노인복지법 제정의 직접적인 요인이 되었다고는 볼 수 없다(양옥남 외, 2013). 그 다음으로 노인의 취업문제이다. 노인복지법 제정 당시의 급격한 산업화와 도시화는 노인의 취업에 큰 영향을 미쳤다. 한국갤럽조사의 〈한국 노인의 생활과 의식구조〉(1990)에 의하면 1981년에 노인의 취업률은 20% 정도였다. 게다가 취업하고 있는 대부분의 노인은 농림산업이나 자영업에 종사하고 있으며 자영업 부분에 있어서는 노인이 직접 경영하고 있는 것이 아닌 무급으로 일하고 있는 경우가 많아 실질적인 노인의 취업률은 20%에도 못 미친다고 지적하고 있다. 이와 같이 제정 당시 우리나라는 산업구조 및 기술의 근대화에 의해 노인의 역할 상실과 도시화에 의한 노동력 유동화(流動化)로 노인의 취업은 사실상 어려웠다고 볼 수 있다.

다음은 가족 부양의식의 변화이다. 급속한 산업화와 도시화의 진전은 노인의 지위 하락은 물론, 가족 부양의식에도 많은 변화를 초래했다. 특히 전통적 가치였던 유교는 노부모에 대한 장남의 효(孝)를 최대의 가치로 삼아왔으나, 노부모에 대한 부양의식은 기존의 장남 책임 중심에서 자녀 모두로 변화되었다. 그러나 여전히 자녀에게 의존하는 비율은 높고 노인의 자립이나 사회에 대한 책임의식은 낮게 나타나는 한계를 지니고 있다.

둘째, 관련 제도의 한계에 의한 제도적 요청이다. 먼저 노인복지법 제정 이전의 노인 관련 시책으로서 가장 큰 문제점은 대다수 노인의 노후소득보장에 관한 시책의 부재를 들 수 있다. 1973년에 현 국민연금제도의 모체(母體)인 국민복지연금법이 제정되어 1974년 1월부터 시행될 예정이었으나, 당시 오일 쇼크와 맞물려 경제적 위기와 호응 미비로 연기되었다. 이와 관련하여 당시 공공부조인 생활보호의 급여 수준은 최저생계비에도 미치지 못하는 형편이었다(현외성, 1994, 재인용). 이처럼 보편적인 노후소득보장과 공공부조의 열악한 수준을 개선하기 위해 종합적 시책으로서의 노인복지법 제정이 필요하게 되었다.

이상과 같이 노인복지법은 노인인구의 급속한 증가가 직접적인 요인으로 작용했다고는 보기 어려우나 핵가족화에 따른 부양의식의 감퇴, 노인의 빈곤문제, 노인의 지위와 역할의 상실, 노인복지서비스의 확충과 함께 법적 근거 마련의 필요성 등에 의해 노인복지법이 제정되었다고 볼 수 있다.

2) 노인복지법 개정

2007년 8월 노인복지법은 노인장기요양보험제도의 시행(2008년 7월)과 기초노령연금제도의 실시(2008년 1월)에 대비하기 위한 대대적인 개정이 있었다. 가장 큰 이슈는 기초노령연금제도의 도입으로 인하여 그동안 노인의 소득보장제도로 자리매김해 온 경로연금에 관한 조항이 삭제되었다. 이 외에 '홀로 사는 노인에 대한 지원'(제27조 2항) 조항이 신설되었고, 기존의 노인주거복지시설과 노인의료복지시설의 유형이 변경되었다. 노인주거복지시설은 양로시설, 노인공동생활가정, 노인전문병원으로 구분되었다. 재가노인복지시설 역시 가정봉사원 파견시설을 이용자 중심의 '방문요양서비스'로, 주간보호시설을 '주·야간보호 서비스'로 개편함으로써 방문요양서비스, 주·야간 보호서비스, 단기보호서비스, 방문목욕서비스 등으로 분류하게 되었다.

이상과 같이 노인복지법의 개정은 정치·사회·문화 및 관련제도의 신설 등 환경 변화에 따라 점차 세분화되고 구체화되었으며, 다양한 노인복지서비스 욕구를 충족시키는 내용으로 법 개정이 이루어져 왔다.

3. 노인복지법의 내용 및 이념

1) 노인복지법의 주요 내용

노인복지법은 사회복지법의 한 영역으로서 사회보험 및 공공부조와는 다른 사회복지서비스법에 속한다. 이는 노인복지법의 주 대상인 노인의 욕구 중에서 비(非) 화폐적 욕구에 속하는 부분에 대한 대응을 주된 법 내용으로 하고 있기 때문이다. 그러나 2007년 개정 이전의 우리나라 노인복지법의 특성은 비화폐적 욕구에 대응하는 노인복지서비스 이외에, 관련 정책인 소득보장, 의료보장, 주거보장까지 포함한 종합적 내용으로 구성되어 있었다. 즉, 노인의 일차적인 경제적 빈곤을 해결하고 예방하기 위한 대책으르서 경로연금과 같은 소득보장제도와 취업주거 보장에 관한 내용이 담겨 있고, 노인의 질병과 장기요양보호 문제, 여가 및 소외문제 등을 해결하고 예방하기 위한 보건과 의료, 그리고 노인복지서비스의 내용이 포함되어 있었다. 그러나 2007년 기초노령연금법의 제정으로 노인의 소득보장인 경로연금이 삭제되면서 노인복지서비스와 보건증진이 주 내용으로 되어졌다.

노인복지법은 총 7장 62조(2008년 3월 21일 기준)로 구성되어 있으며 주요 내용은 다음과 같다.

〈표 5-1〉 **노인복지법의 주요내용**

장	내 용	
제1장 (총칙)	제1조: 목적, 정의 제3조: 가족제도의 유지, 발전 제5조: 삭제 제7조: 노인복지상담원	제2조: 기본이념 제4조: 보건복지증진의 책임 제6조: 노인의 날 등 제8조: 노인전용 주거시설
제2장 (경로연금)	삭제	
제3장 (보건 · 복지조치)	제23조: 노인의 사회참여지원 제30조: 노인재활요양사업	제29조: 치매관리사업
제4장 (노인복지 시설의 설치 · 운영)	제31조: 노인복지시설의 종류 제33조: 노인주거복지시설의 설치… 제44조: 청문	제32조: 노인주거복지시설 제43조: 사업의 정지 등

제5장 (비용)	제45조: 비용의 부담 제47조: 비용의 보조 제49조: 조세감면	제46조: 비용의 수납 및 청구 제48조: 유류물품의 처분
제6장 (보칙)	제50조: 심사청구 등 제52조: 삭제 제54조: 국·공유재산의 대부 등	제51조: 노인복지명예지도원 제53조: 권한의 위임 및 위탁 제55조: 건축법에 대한 특례
제7장 (벌칙)	제56, 57, 58조; 삭제 제60조: 양벌규정	제59조: 벌칙 제61호: 삭제

출처; 법제처(2008); 김기태 외(2009), p.170.

2) 노인복지법의 목적

우리나라 노인복지법은 노인성 질환을 사전 예방 또는 조기 발견하고 질환 상태에 따른 적절한 치료 및 요양으로 심신의 건강을 유지하고, 노후의 생활 안정을 위하여 필요한 조치를 강구함으로써 노인의 보건복지 증진에 기여함을 목적으로 하고 있다(동법 제 1조). 이와 같이 노인복지법에서 명시하고자 하는 목적은 크게 세 가지로, '노인의 복지'와 '심신의 건강' 그리고 '생활의 안정'이라는 광범위한 분야에 걸친 법적 조치를 목표로 제시하고 있다. 즉, 노인복지법의 목적은 노인들의 인간다운 생활의 유지와 삶의 질을 높이기 위해서 필요한 욕구에 대응하고 있음을 표명하고 있다.

3) 노인복지법의 기본이념

동법 제2조에 규정된 노인복지법의 기본이념은 다음과 같다.

첫째, 노인은 후손의 양육과 국가 및 사회의 발전에 기여하여 온 자로서 존경받으며 건전하고 안정된 생활을 보장받는다(동법 제2조 제1항).

둘째, 노인은 그 능력에 따라 적당한 일에 종사하고 사회적 활동에 참여할 기회를 보장받는다(동법 제2조 제2항).

셋째, 노인은 노령에 따르는 심신의 변화를 자각하여 항상 심신의 건강을 유지하고 그 지식과 경험을 활용하여 사회의 발전에 기여하도록 노력하여야 한다(동법 제2조 제3항).

이와 같이, 노인복지법에서는 첫 번째 내용에서처럼 노인헌장(老人憲章)과 같은 노인복지 이념을 규정하고 있다. 그 반면 두 번째와 세 번째에서는 노인 스스로 건강을 유지함과 동시에 가능한 한 취업과 사회적 참여활동을 통하여 자립과 사회에 기여하고 봉사할 수 있도록 노력하는 것을 기본원칙으로 하고 있다.

이러한 기본 이념을 바탕으로, 노인복지법에서는 국가 및 지방자치단체가 노인의 보건 및 복지증진의 책임 주체가 된다(동법 제4조 제1항). 실제로 이러한 법적 규정은 보건복지부 장관, 특별시장, 광역시장, 도지사 또는 구청장, 시장, 군수가 이를 구체적으로 실시한다. 한편 보건복지부 장관 또는 시・도지사는 노인복지법에 의한 권한의 일부를 각각의 시・도지사 또는 구청장, 시장, 군수에게 위임할 수 있다(동법 제53조 제1항). 이것은 현재 사회복지 전달체계가 확립되어 있지 않으므로 보건복지부의 노인 담당 부서에서 지방자치단체로 업무가 전달되는 과정에 행정자치부 소관의 조직으로 위임되기 때문이다. 또한 노인의 일상생활과 관련되는 사업을 경영하는 자에게도 노인복지의 증진에 노력해야 할 의무를 부과하고 있다(동법 제4조 제3항). 이 내용은 노인복지 관련 사업이 국가의 책임으로 무료로 서비스를 제공하던 것에서부터 유료의 다양한 노인복지서비스가 제공되고 있음을 염두에 둔 조치라고 판단된다. 그러므로 개인 사업이라 할지라도 노인복지 관련 사업인 경우에는 사회복지적 특성을 살려서 공익성을 중시해야 한다는 의미이다(현외성, 2001).

4) 노인복지법과 노인복지 시책

노인복지법에 규정되어 있는 핵심적인 보건복지 조치사항으로 노인의 사회적 참여 지원, 생업지원, 경로우대, 건강진단, 상담 및 입소 등의 조치, 치매관리 사업, 노인재활의료사업 등이 규정되어 있다. 이에 따른 노인복지시설에 대한 서비스 시책은 대상자에게 보다 건강하고 활기찬 노후를 보낼 수 있도록 원조하는 공적・사적 서비스 시설이라 할 수 있다. 제5차 개정을 통하여 보다 세분화, 전문화되어 18개의 유형으로 분류되었다.

〈표 5－2〉 **노인복지법에 의거한 노인복지 시책**

노인복지서비스 시책				관련 시책
입소시설체계		이용시설체계		
주거복지시설	의료복지시설	재가노인복지시설	여가복지시설	
제32조 제1항 • 양로시설 • 노인생활공동가정 • 노인복지주택	제34조 제1항 • 노인요양시설 • 노인요양공동 생활가정 • 노인전문병원	제38조 제1항 • 방문요양서비스 • 주 · 야간보호서비스 • 단기보호서비스 • 방문목욕서비스 • 그 밖의 서비스	제36조 제1항 • 노인복지회관 • 경로당 • 노인교실 • 노인휴양소	• 생업지원 • 경로우대 • 노인취업알선 • 건강진단 • 치매관리사업

출처; 양옥남 외(2014), p.91.

학습 실천과제

1. 저출산 · 고령사회기본법의 취지는 무엇인지 논의해 봅시다.
2. 노인복지법의 목적은 무엇인지 함께 토론해 봅시다.
3. 노인복지 시책의 실천을 위한 우리들의 역할에 관해 토론해 봅시다.

06

노인복지정책

1. 노인복지정책의 개념

1) 노인복지정책의 개념

노인복지정책이란 고령에 의하여 일어나는 사회생활상의 어려움과 문제를 사회적 차원에서 해결하고자 대응책을 마련하는 것을 의미한다. 고령화와 관련된 정책의 형성과 집행은 각 국가의 권리와 책임이며, 개별국가의 특수한 상황과 여건에 근거를 두고 수행된다. 노인복지정책도 이와 마찬가지로 사회적 여건과 국가정책의 맥락 내에서 형성된다고 볼 수 있으며, 노인복지정책의 주체도 노인 개인의 책임과 가족의 역할, 시장의 참여가 강조되고 있다. 즉, 개별 노인뿐만 아니라 가족과 지역사회 또한 노인복지정책의 대상이 된다는 것이다.

따라서 정부와 시민사회의 협력과 연대에 기초한 정책적 방식을 마련하는 데 있어 노인의 욕구 충족과 노인문제 예방 및 해결, 노인의 삶의 질 향상, 사회적 서비스 등의 형태를 국가의 책임 하에 수행되는 사회적 복지기능을 가리키며, 궁극적으로는 노인의 생활안정과 삶의 질 향상을 위한 정책으로 개념화할 수 있다.

2) 노인복지정책의 이념

한편 노인복지정책의 이념의 기본적 이해를 위해 고령화 사회에 대비한 노인복지정책의 7개 원칙(OECD)을 제시하고자 한다. 첫째, 조기퇴직자에 대한 인센티브 제거와 노동가능인구의 취업기회 보장 및 기술습득 지원을 들 수 있으며, 다음으로 국가재정의 확보, 비용대비 효과성 제고 그리고 개혁에 대한 국민들의 이해 및 지지 확보 등을 들 수 있다.

즉, 노인복지정책의 목표로서 생활유지와 사회적 통합, 개인의 성장에 대한 욕구 충족을 내포할 수 있으며, 노인복지정책 추진의 타당성으로서 경제적 타당성, 심리적 타당성, 윤리적 타당성 등을 제시할 수 있다.

또한 노인복지정책 이행 시 숙지해야 하는 원리들은 첫째는 노인의 존엄성 및 개성존중 원리와 둘째는 자기 선택의 원리, 그리고 셋째는 노인의 권리와 책임부여의 원리, 넷째는 노인에 대한 총체적 서비스 원리, 다섯째는 시대적 욕구 반영의 원리 등을 들 수 있다.

2. 노인복지정책의 체계

1) 노인복지정책의 기본 체계

노인이라는 특성상 사회적 존재가 사회의 각 영역에 걸쳐서 다양한 사회적 관계망 내에서 존재하듯 노인복지정책 또한 보편적인 사회복지제도 내에서 개별적인 제도와 체계를 가지고 존재한다. 그러므로 사회복지정책으로서의 노인복지정책은 노년기에 인간이 가질 수 있는 다양한 욕구에 대응하고, 노년기의 각종 위험과 문제를 예방하거나 해결하기 위해 착안된 것이다. 일반적으로 노인복지정책에 포함되는 분야로는 소득보장, 의료보장, 주거보장, 사회적 서비스 등의 네 가지를 들 수 있다(장인협 · 최성재, 2003). 이에 따른 노인의 기본 욕구에 대응하는 노인복지정책을 살펴보면 다음과 같다.

〈표 6-1〉 **노인의 기본욕구에 따른 노인복지정책**

노인의 기본적 욕구	기본욕구별 노인복지정책
• 경제적 안정	• 연금 등 소득보장정책
• 고용 및 직업의 욕구	• 중 · 고령자 직업안정 및 고용정책
• 의료, 보건, 보호, 영양의 확보	• 의료보장, 공중보건, 장기요양보호
• 가족적 안정 및 주거안정	• 가족지원정책, 공공주택정책
• 사회적 참여와 통합의 욕구	• 정치조직, 지역단체 참여 및 자원봉사활동 프로그램
• 교육의 욕구	• 사회교육정책
• 문화, 여가, 오락의 욕구	• 공공여가 및 문화정책

출처: 고수현 외(2006), p.122; 김기태 외(2009), p.153.

이와 같은 맥락에서 노인복지정책의 기본적 개요를 살펴보면 다음과 같다.

첫째, 공공부조 측면에서는 노인의 1차적 욕구에 대응하는 것이며, 둘째, 사회복지서비스 측면에서는 노인의 대인서비스 욕구에 대응하는 것, 셋째, 사회보험(연금제도)서비스 측면에서는 경제적 안정이 목적이며, 넷째, 국민건강보험 및 사적 건강보험 측면에서는 건강유지 목적이라고 할 수 있다. 즉, 노인복지정책은 보편적 사회보장제도에 잔여적 제도를 포함한 것이라 할 수 있다.

따라서 노인복지정책의 영역을 체계적으로 도식화해 보면 다음과 같이 크게 사회복지부문과 노동부문으로 분류할 수 있다. 하위체계요인은 사회복지부문은 소득보장정책, 의료 및 장기요양보장정책, 주택 및 주거보장정책, 교육, 여가 및 문화정책이 속하며, 노동부문에서는 취업 및 고용보장정책과 사회참여 및 자원봉사활동정책으로 구분되어질 수 있다.

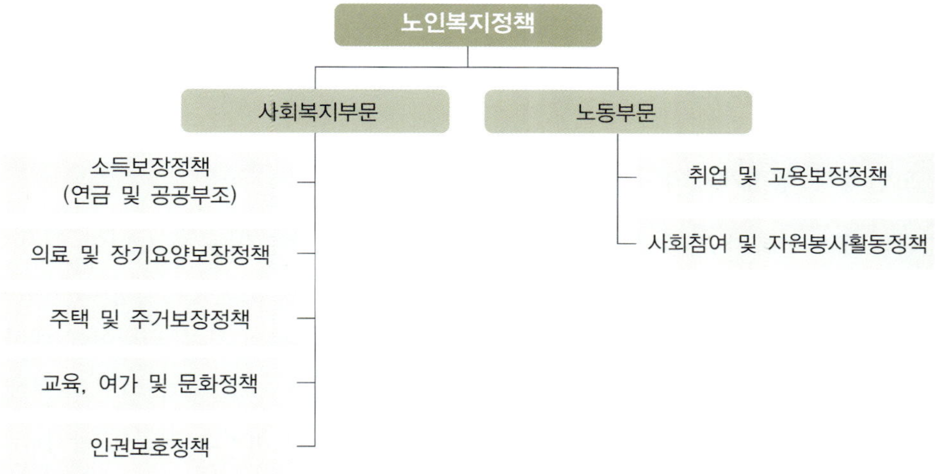

[그림 6-1] **노인복지정책의 영역**

출처: 김기태 외(2009), p.154.

2) 노인복지정책의 행정체계

(1) 노인복지행정의 개념

노인복지행정의 협의적 개념은 노인복지조직의 목표 달성을 용이하게 하기 위하여 관리자에 의해 수행되는 상호 연계된 과업과 기능 및 관련 활동 등의 체계적 개입과정을 의미한다. 광의적 개념은 노인복지정책을 노인복지서비스로 전환시키는 데 필요한 노인복지조직에서의 총체적 활동을 의미한다.

(2) 지방정부의 노인복지서비스 전달체계

노인복지정책의 행정체계는 노인복지급여 및 서비스의 전달과 관련되는 조직적인 체계로서, 중앙정부와 지방정부, 노인복지기관 및 시설을 포함하는 모든 공공 및 민간조직의 서비스 전달망을 의미한다. 보건복지가족부는 우리나라에서 노인복지와 관련된 중심적인 역할을 하는 부서이다. 그리고 지방정부의 노인복지 행정체계는 중앙의 보건복지부의 해당부처의 지도와 감독을 받아서 실행된다.

따라서 서울특별시, 광역시, 도 등 광역자치단체에서의 노인복지를 담당하는 부서는 노인복지과, 사회복지과, 노인장애인복지과, 가정복지과, 복지정책과 등이며, 시, 군, 구의 기초자치단체에서는 노인복지팀, 경로복지담당, 노인복지 업무총괄 등의 명칭을 사용하고 있다. 그리고 행정자치부는 읍, 면, 동사무소의 사회복지전담 공무원에 의해 최종적으로 노인에게 서비스가 전달된다.

(3) 노인복지 행정체계의 문제점과 향후 방향

우리나라의 노인복지 행정체계는 독자적인 전달체계를 갖추지 못하고 있어 행정자치부의 지방행정전달체계를 중심으로 전달됨으로써 일관성 있는 노인복지행정이 이루어지기 어렵다는 문제점을 안고 있다. 그러므로 노인복지 관련 전문성의 문제로 노인에 대한 직접 서비스 제공에 있어서는 많은 한계가 있다. 또한 노인복지 관련 업무가 여러 부처에 분산되어 있어 업무협력이 이루어지지 않아 통합적이고 포괄적인 서비스 제공이 불가능하다는 문제점을 함께 안고 있다. 이와 같은 문제점을 해결하기 위해는 노인복지 전달체계의 개편이 필요한데 그 내용은 다음과 같다.

지역사회복지협의체와 사회복지사무소의 역할에서 첫째, 독자적 공적 전달체계의 구축이 필요하며, 둘째, 지역 특성을 반영한 전달체계의 수립, 셋째, 수요자 중심의 정책 추진, 넷째, 공공부문과 민간 간의 유기적 협력체계 구축으로 통합적 서비스 제공 등이다.

학습 실천과제

1. 노인복지정책의 필요성은 무엇인지 논의해 봅시다.
2. 우리나라의 노인복지 행정체계는 어떻게 구축되어있는지 토론해 봅시다.
3. 현 노인복지 행정체계를 개선하려면 우선시 되어야 할 부분이 무엇인지 생각해 봅시다.

노인소득보장정책

1. 노인의 경제적 욕구

1) 노인의 경제생활 실태

2008년 고령자 통계에 의하면(통계청, 2009), 65세 이상 노인들이 겪고 있는 가장 어려운 점은 '건강문제'가 43.6%로 가장 높았고, 그 다음으로 '경제적 어려움'이 38.4%로 두 번째로 밝혀졌다. 성별로 볼 때 남자는 '경제적 어려움'으로 응답한 수가 40.7%로 가장 많았고, 여자는 '건강문제'가 47.9%로 가장 높았다. 이는 우리나라 노인들의 경제생활이 매우 어려운 상태임을 잘 보여주는 수치이다. 우리나라 노인의 경제생활 실태는 전체 노인의 절반가량이 본인의 경제적인 상태를 부정적으로 평가하고 있으며, 이는 객관적 경제 상태와도 관련이 있음을 알 수 있다. 이러한 결과는 현세대 노인들이 과거의 어려운 생활여건과 자녀에 대한 무조건적인 투자 등으로 인해 노후를 제대로 준비하지 못했기 때문인 것으로 판단된다.

한편 65세 이상 노인의 소득원을 보면, 본인 및 배우자 부담이 52.3%, 자녀 또는 친척 지원이 42.1%, 정부 및 사회단체가 5.5%의 순으로 나타났는데, 남자는 본인 및 배우자 부담이, 여자는 자녀 또는 친척 지원이 더 높았다. 이를 2005년 조사결과와 비교해 볼 때 본인 및 배우자 부담 비율이 높아진 반면, 자녀 또는 친척 지원이 줄어들어 노인들의 소득원이 자립형태의 방향으로 바뀌고 있음을 알 수 있다.

따라서 노인가구의 경우 수입이 대체로 감소하므로 갑작스런 특별한 지출이 생기면 생계의 위협을 받을 가능성이 크다. 특히 노년기의 의료비 지출은 노인가구의 지출에 치명적인 부담을 줄 수 있다. 또한 독거노인가구와 노인부부의 경우, 의료비는 생활비 다음으로 높은 수준을 보여준다. 이것은 노인가구의 의료비 지출부담이 매우 크다는 것을 보여주는 것으로, 노인에 대한 의료비 경감대책이 절실히 필요하다는 것을 알 수 있다.

2) 노인빈곤과 소득보장의 필요성

현 산업사회에서 노인의 빈곤은 자연적인 현상의 결과가 아니라 사회적 요인으로 보아야 한다. 즉, 노인빈곤은 노인이라는 특정 인구집단이 가진 특성에서 초래된 것이 아니라, 이들을 둘러싼 노동시장의 조직화와 재조직화, 노동시장에서의 변화와 연관된 사회복지제도 속에서 현상화되고, 그 성향이 규정된다. 즉, 노년기의 상실된 소득을 사회적으로 보장하는 소득보장제도는 노동시장에서 형성된 개인의 경제적 지위를 유지함과 동시에 불평등과 박탈을 완화한다는 의미를 가지고 있다. 따라서 자본주의 산업사회에서 노동기회를 상실한 후 소득보장제도에 의해 생활을 보장받지 못한다면 노후에 빈곤해지게 된다.

우리나라의 국민기초생활보장제도의 노인 수급자들 중 여성노인이 80% 이상을 차지하며 여성노인의 빈곤율은 전체 노인빈곤율의 세 배나 달하는 것으로 나타났다. 또한 2000년을 기준으로 빈곤 여성가구주의 연령별 분포로 볼 때, 65세 이상 여성노인의 빈곤율은 무려 73.6%로, 모든 연령계층 중 가장 높은 것으로 나타났다(석재은, 2004; 김기태, 2009).

이와 같이 노인빈곤의 원인에 대한 여러 노년학 이론의 관점은 개별적 원인과 대처를 강조하는 기능주의적 노년학의 관점과 사회구조적 원인과 제도적 개혁을 강조하는 관점으로 다원화할 수 있다.

첫째, 기능주의적 노년학의 관점에서 볼 때 노인빈곤의 원인은 생물학적 노화과정으로서의 부산물인 고령 그 자체이다. 즉, 인간의 경제적 상태와 사회적 지위는 노인이 되면 신체적 기능이 약화되어 노동력을 상실하게 되고 사회에서의 기여 및 참여 그리고 역할이 감소하기 때문에 경제상황이 악화된다고 보는 것이다.

둘째, 사회구조적 원인을 강조하는 관점에서는 사회구조 및 경제적 관계 속에서 노인의 지위와 경험이 사회적으로 구성된다고 보는 것이다. 이러한 구조화된 자본주의 경제체제의 계층적 결과(Alcock, 1993, 재인용)라고 보는 견해는 퇴직 후 재취업의 기회가 제한되어 삶이 길어지는 반면 공적 및 사적 보상률이 낮아진다는 것으로 이해되어질 수 있다.

따라서 노인빈곤은 공적연금제도의 실시에도 불구하고 빈곤위험이 가장 높고 빈곤인구 중 가장 큰 비중을 차지하는 대표적 빈곤집단으로 형성될 수 있다.

이와 같은 노인빈곤의 절실한 해결책인 노후 소득보장의 필요성은 절실하다고 볼 수 있다. 이는 생계유지가 불가능한 노인에 대한 국가적 책임으로 볼 수 있어 다음의 세 가지 측면에서 노인소득보장의 필요성이 제시될 수 있다.

첫째, 생존권과 사회권의 실현이다. 우리나라 헌법(제34조 제1항)에서 '모든 국민은 인간다운 생활을 할 권리를 갖는다'라고 규정함으로써 생존권의 보장을 명시하고 있다. 한편 생존권을 마샬(Marshal. V. W. 1999)은 사회권(Social Right)의 측면에서 사회구성원 간의 소속감과 상호의존에 기반함을 제시하였다.

둘째, 사회적 보상 측면에서는 연금제도와 사회적 차원의 합당한 사회적 제도 구현의 필요성을 제시할 수 있다. 즉, 사회구성원들의 연대감과 소속감을 가진 통합된 사회구성을 의미한다.

셋째, 사회적 부양과 세대 간 계약 측면이다. 이는 노인의 소득보장을 비롯한 사회적 부양은 세대 간의 연대와 계약에 기반하고 있다는 것이다.

따라서 앞으로 산업화된 국가들의 연금제도가 당면한 공통된 과제는 사회적 자원을 어떻게 적절히 재분배하여 사회통합과 세대 간 유대를 재정립할 것이냐이다.

2. 노인소득보장제도

1) 노인소득보장제도의 체계

소득보장이란 다양한 사회적 위험에 의해 상실된 소득의 일부 혹은 전부를 보상해주는 제도를 말한다. 노인소득보장제도는 '노령'이라는 소득 상실 위험에 대비한 소득보장제도로 연금제도, 공공부조제도 혹은 노령수당제도를 들 수 있다. 이에 해당되는 프로그램은 비기여・비소득/자산조사(보편적) 프로그램, 비기여・소득/자산조사(공공부조) 프로그램, 기여・비소득/자산조사(사회보험) 프로그램 등으로 그 방법에 따라 구분되어진다(김기태, 2009, 재인용).

우리나라의 노인소득보장제도는 크게 직접소득보장제도와 간접보장제도로 분류할 수 있다. 여기서 사회보험과 공공부조 및 사회적 수당 등이 직접적인 공적 소득보장제도에 해당된다. 한편 간접보장은 경로우대, 취업증진, 생업지원, 세제혜택 등이 해당된다고 할 수 있으며, 노인의 취업과 고용을 보장하기 위한 제도로 고령자 고용촉진법과 노인인력은행,

공동작업장, 고령자 취업알선센터(시니어센터) 등이 있다.

[그림 7-1] **노인소득보장제도의 체계**

2) 국민연금제도

(1) 목적과 대상

우리나라의 국민연금제도는 국가가 법령에 의하여 운영하는 대표적인 공적연금제도를 말하며, '모든 경제활동계층을 대상으로 가입자가 노령, 장애, 사망 등으로 인한 소득의 상실이나 중단에 대비하여, 노동능력이 있을 때 가입자가 납입한 보험료를 주된 재원으로 하여 연금을 지급함으로써 생활을 보장해주는 사회보험제도'로 정의할 수 있다(박석돈 외, 2008).

즉, 국민연금법 제1조에서는 '사회적 위험에 처해 소득이 감소되거나 상실되는 경우, 본인이나 유족에게 경제적으로 안정적인 생활을 보장할 수 있도록 연금형태의 급여를 제공함'으로써 노후의 소득보장과 빈곤예방을 위한 사회복지제도로 명시되어 있다.

이러한 국민연금의 필요성은 다음과 같다.

첫째, 노령인구의 급속한 증가이다.

둘째, 평균수명의 연장이다.

셋째, 출산율의 저하이다.

넷째, 핵가족화의 급속한 진행이다.

다섯째, 노인부양의식의 상대적 약화이다.

여섯째, 사회적 노인부양비의 증대이다.

일곱째, 소득이 있을 때 스스로 노후준비성의 필요이다.

이러한 국민연금제도는 1986년 12월 31일 입법된 국민연금법에 따라 1988년에 도입되었으며, 법인체인 국민연금관리공단이 운영한다. 노·사의 공동부담에 의한 재원을 조달하며 국민연금법 제45조에 규정된 급여의 종류에 따라 노령연금, 장애연금, 유족연금, 반환일시금을 확정급여방식으로 지급하게 되어 있다.

다음으로 가입대상은 국내에 거주하는 18세 이상 60세 미만의 국민들을 의무가입대상으로 한다(국민연금법 제6조). 다만 공무원 연금, 군인연금, 사립학교 교직원 연금에 가입하고 있거나 국민연금의 노령연금을 받고 있는 국민은 가입대상에서 제외된다. 가입대상의 구분은 의무적으로 가입해야 하는 당연적용 가입대상과 본인의 선택에 맡겨지는 임의적용 가입대상으로 나누어지며, 당연적용 대상은 다시 사업장 가입자와 지역가입자로 구분된다. 사업장 가입자는 보험료를 노·사가 50%씩 나누어 부담한다. 임의적용가입 대상자는 가입대상에 포함이 되나 사업장 가입자나 지역가입자에 해당되지 않는 자로서 가입을 신청한 임의가입자와 60세에 달했으나 가입기간이 20년 미만인 가입자로서 본인의 희망으로 계속하여 보험료를 낼 수 있도록 하는 임의계속 가입자로 구분된다.

(2) 급여와 전달체계

한편 국민연금의 급여는 노령연금, 장애연금, 유족연금, 반환일시금, 사망일시금 등으로 되어 있다.

전달체계는 보건복지가족부의 위탁에 의한 국민연금관리공단이 운영하며, 자격관리, 징수관리, 연금급여관리, 기금관리 등으로 체계화되어 있다.

국민연금제도에 소요되는 재원은 원칙적으로 가입자, 사용자, 정부가 부담하도록 되어 있으며, 지역가입자의 경우 가입자가 사용자 몫까지 부담하여야 한다. 현재 사업장 가입자의 연금보험료는 근로자와 사용자가 각각 소득월액의 4.5%씩을 부담한다. 1999년 4월 도시지역까지 확대된 지역가입자는 소득월액의 9%를 부담하도록 되어 있다. 한편 2007년에 개정된 국민연금법에 따르면, 국민연금 보험료율은 현행 9%로 유지하되, 현행 60%인 소득대체율을 2008년부터 50%로 낮추고, 2009년부터 2028년까지 매년 0.5%씩 낮춰, 2028년 이후부터는 40% 수준을 유지하도록 하였다.

(3) 국민연금제도의 쟁점

우리나라의 국민연금제도의 문제점으로는 급여의 비적절성을 들 수 있다. 주요 선진국의 소득대체율이 40~60% 적정금액이지만 우리나라의 경우 22.5% 수준밖에 되지 않아(보건복지부, 2006b), 현행 국민연금은 제도의 미성숙으로 가입자의 평균가입기간이 짧아 실질적인 급여수준이 매우 낮다는 문제점을 가지고 있다.

그 다음으로 재정적 불안정성을 들 수 있다. 제도 도입초기 '저부담－고급여' 구조에 의하여 2036년 이후부터 수지적자로 2047년 적립기금 소진이 예상된다고 한다. 그리고 베이비 붐 세대가 한꺼번에 은퇴하는 시기가 맞물려 재정적 불안정이 더욱 가속화되었으며, 저출산 현상으로 노인부양부담비가 점점 더 증가하게 되어 재정적 위기는 더욱 악화될 것으로 전망된다.

향후의 연금개혁은 이러한 인구 고령화를 충분히 고려하여 대안을 마련해야 한다. 이를 위해 국민연금 사각지대 해소, 연금보험료 납부율 제고, 연금의 소득재분배 기능 강화를 통하여 재정 안정화를 꾀하는 것이 필요할 것이다.

〈표 7－1〉 주요국가의 연금제도 현황

구분	한국	스웨덴	일본	미국
수급 시기	60세	61~67세(64세)	65세	66세
월평균 급여액	- 20년 납입자 80만원(전체 2%) - 20년 비납입자 25만원 내외(98%)	232만원	국민연금・후생연금 합계 2만엔 내외(354만원)	최대 2366달러 (238만원)
장점	소득이 일정하지 않은 자, 영업자도 가입 가능	- 국민 99% 국가연금 수령 - 국민83% 직업연금도 수령 - 연금액수 세계최고	- 65세 이상은 전업주부・외국인 등 누구나 수령할 수 있음	- 연금재정 탄탄 - 공무원전업주부 등 지급대상범위가 넓음
단점	사각지대 많고, 급여수준 낮음	근로소득 50~60%를 세금으로 납부	급격한 고령화로 재정 부담	급여수준 낮음

출처: 한국연금학회, 강용규 외(2015), p.114. 재정리

3) 국민기초생활보장제도

(1) 목적과 대상

국민기초생활보장제도는 1961년 도입되어 2000년 10월 1일부터 실행된 약 40년간 존속했던 생활보호제도를 대체한 우리나라의 대표적 공공부조제도이다. 이 제도는 근로능력 여부와 상관없이 빈곤 여부만으로 대상자를 선정하고 급여를 제공한다. 이는 우리나라 헌법 제43조 제5항의 '생활능력이 없는 자에 대한 국가의 보호책임에 대한 국민의 권리'를 구현하기 위한 것이다. 즉, 소득과 급여를 합한 소득수준을 최저생계비 수준으로 보장함으로써 헌법이 명시하고 있는 모든 국민의 인간다운 생활을 할 권리와 생존권적 기본권을 보장하고자 함이 목적이다.

한편, 국민기초생활보장 수급자의 선정기준은 소득인정액이 최저생계비 이하이면서 동시에 부양의무자 기준을 만족시켜야 한다. 소득인정액이란 개별가구의 소득평가액과 재산의 소득환산액을 합한 금액을 말한다. 즉, 소득인정액이 매년 정하는 선정기준(최저생계비) 이하이고, 부양의무자가 없거나, 있어도 부양가족이 부양능력이 없거나 미약하여 부양을 받을 수 없는 사람이 수급권자로 선정된다.

(2) 급여와 전달체계

국민기초생활보장제도의 급여는 보충급여제를 원칙으로 가구단위로 제공된다. 급여의 종류는 생계급여, 교육급여, 장제(葬祭)급여, 해산(解産)급여, 의료급여, 주거급여, 자활급여 등 일곱 가지이다. 생계급여는 해마다 산정되는 최저생계비에 준하여 지급된다.

다음으로 전달체계는 보건복지가족부가 기획기능을 담당하고, 행정자치부가 집행기록을 담당하는 이원적인 구조를 가지고 있다. 즉, 기획·예산(보건복지가족부) → 지방행정조직의 집행(행정자치부) → 시, 도 → 시, 군, 구 → 읍, 면, 동 → 수급대상자에게 급여와 서비스가 전달된다.

한편, 국민기초생활보장제도의 재원은 정부예산으로 중앙정부와 지방자치단체가 분담하여 마련한다. 서울특별시의 경우 중앙정부가 총액의 50% 이하를 부담하고, 나머지의 50% 이상을 광역자치단체인 서울시가, 나머지의 50% 이하는 기초자치단체인 구가 부담하도록 규정하고 있다.

이러한 국민기초생활보장제도의 노인소득보장 기능을 살펴보면, 2007년 65세 이상 인구 중 국민기초생활보장 수급자는 38만 6천명으로, 수급률은 8.0%이다. 총 수급자 중에서 노인수급자의 비율은 26.4%로 연령대 중 가장 높은 수급비율을 보여주는데, 이는 우리나라의 절대빈곤층 중 노인집단의 비율이 가장 높다는 것을 의미한다. 또한 성별 수급률을 보면 남자가 5.3%(10만 1천명), 여자 9.9%(28만 5천명)로, 여자의 수급률이 남자의 두 배 가까이 높다.

〈표 7-2〉 65세 이상 노인인구의 기초생활보장 수급자 현황

(단위 : 명, %)

구분	총 수급자 (일반수급자)	65세 이상	구성비1)	수급률2)	남	수급률	여	수급률
2007	1,463,140	386,157	26.4	8.0	101,228	5.2	284,929	9.9
2008	1,444,010	382,050	26.5	7.6	100,772	5.0	281,278	9.4

주: 1) (65세 이상 수급자/총수급자) × 100
2) (65세 이상 수급자/65세 이상 추계인구) × 100

출처: 보건복지가족부(각 연도), 보건복지통계연보, 국민기초생활보장 수급자 현황; 현외성(2015), p.173.

4) 기초노령연금제도

(1) 목적과 대상

기초노령연금이란 65세 이상 전체 노인의 70%(2009년 기준)에게 매월 일정액의 연금을 지급하여, 국가발전과 자녀양육에 헌신해 온 노고에 보답하려는 제도이다(현외성, 2015). 우리나라의 기초노령연금은 이전에 실시된 경로연금의 폐지에 따라 2008년 1월 1일부터 실행되었다. 이 제도는 현 세대 노인들의 노후생활 보장이 어려운 문제를 해결하기 위하여, 65세 이상 노인 중 본인가구의 소득인정액이 일정 금액 이하인 자에게 국가 및 지방자치단체가 비용을 분담하여 최소한의 생활보장을 지원하고 복지를 증진하기 위한 보충적 소득보장제도이다.

지급대상은 65세 이상인 자로서 소득인정액(재산과 소득을 합산한 금액)이 대통령령으로 정하는 금액 이하인 자, 법 시행 당시 노인복지법에 따라 경로연금을 지급받고 있는 자, 그리고 65세 이상인 자로서 국민기초생활보장법에 따른 수급자인 자가 포함되었다. 기초

생활보장 수급을 받는 노인들의 경우 기존의 생계비에 기초노령연금을 추가로 수령할 수 있다.

(2) 급여 및 재원

기초노령연금 급여는 국민연금가입자의 평균소득 월액의 5%로, 2008년 기준으로 월 89,000원으로 책정되었다. 다만, 부부가 각각 연금을 받을 때는 각각 16.5%씩 감액 지급된다. 재원은 국가가 부담하되, 지방자치단체의 노인인구 비율 및 재정여건 등을 고려하여 '대통령령'이 정하는 비율을 부담하도록 한다. 지방자치단체는 국가부담금액을 차감한 액수에 대하여 시 · 도 및 시 · 군 · 구(자치구)가 상호 분담한다.

한편, 기초노령연금과 타 공적 연금수급권(국민연금법, 사립학교교직원연금법, 별정우체국법, 군인연금법, 기타 대통령령이 정하는 법률에 따른 연금)이 같이 발생한 때는 선택에 의해 하나만을 지급하고 다른 연금급여는 정지된다.

기초노령연금의 선정기준액은 다음과 같다.

〈표 7−3〉 2009년 선정기준액

구분	선정기준액	해당여부	
		소득기준	재산기준
노인단독	680,000원	680,000원 이하	1억 6,320만원
노인부부	1,08,00원	1,088,000원 이하	2억 6,112만원

출처; 현외성(2015), p.174.

이상과 같이 노인소득보장제도와 관련된 공적제도 외에 사적 보장제도로 퇴직연금제도, 주택연금제도 등이 있다.

5) 노인소득보장의 정책방향

우리나라의 현 노인소득보장제도는 안정된 경제생활을 보장하는 데 한계를 가지고 있다. 따라서 현행 제도의 문제점과 개선방안을 위한 과제를 제시할 필요가 있다.

먼저 현행 노인소득보장정책의 문제점을 간략히 제시해보면 다음과 같다(강용규 외, 2015).

첫째, 공적 노후소득보장의 역할이 미흡하여 공공부조를 통한 수급노인들은 41%에 불가하여 국민연금 수급률이 현저하게 낮다.

둘째, 국민연금제도의 지속 가능성과 안정적인 노후소득보장 가능성과 관련된 문제로 재정의 불안을 들 수 있다.

셋째, 차상위계층의 보호문제와 생계급여가 최저생계를 보장하는 데 있어 수급기준을 완화하고 기초연금제도를 실시하여야 하며 생계급여수준을 상향조정해야 한다는 것이다.

넷째, 간접적 소득보장제도의 보조수준이 취약하여 다양한 문화활동의 업종이 제한되어 있다.

다섯째, 사적 노후소득보장을 위한 노력이 미흡하여 노후 경제생활의 어려움은 더욱 가중될 것으로 전망된다.

이상과 같이 현행 노인소득보장정책의 문제점을 간략히 살펴보았다. 이에 다음과 같은 정책의 방향성을 제고하고자 한다(김기태, 2009).

(1) 사회적 부양의 확립

지금까지의 국가 노인정책의 흐름은 노인에 대한 소득보장제도를 통해 가족의 노인부양 부담을 경감하기보다 오히려 가족부양 책임을 극대화함으로써 국가의 책임을 최소화하려는 것이었다. 이에 노인부양의 전통은 현대의 노인복지정책에서 가족의 부양을 규범화하는 '가족 이데올로기(Ideology)'로 변화되어 반영되었다고 할 수 있다. 특히 기초생활보장제도의 부양의무자 기준은 저소득층 가족에게 노인의 경제적 부양을 강제화함으로써 저소득층 가족의 생계비 부담을 가중시켜 빈곤을 가속화시킬 위험마저 크다. 이러한 문제를 극복하기 위해서는 소득보장제도상의 비합리적인 가족부양 기능 관련 조항들을 현실화해야 하며, '노인부양의 계층화'를 극복하기 위해 노인에 대한 사회적 부양제도를 확립하여 보편적 부양을 제공함과 동시에 가족의 부양부담을 덜어주어야 할 것이다.

(2) 지속 가능한 소득보장체계 수립

① 사회적 적절성

이 원칙은 모든 고령계층이 연금권을 획득할 수 있도록 하고, 최저수준의 소득을 보장하도록 하는 것이다. 이런 원칙을 달성하기 위해서는 무엇보다 노인이 빈곤의 위험에 더 이상 노출되지 않도록 하여 최소한의 인간다운 생활을 보장해야 한다. 이를 위해 실업이나 임금 액수와 상관없이 기본적인 최저수준의 연금권을 제도화해야 한다.

② 재정적 지속 가능성

고용수준 증대는 경제활동 참가율 및 고용률을 증가시킴으로써 연금 보험료를 납부하는 과세대상을 확대하고 동시에 부양비를 낮춤으로써 연금의 재정적 지속 가능성을 높이는 것이다. 공적 연금 지출이 국가재정에서 차지하는 비중을 적정선에서 유지하기 위해서는 보험료 상승과 연금 지출을 억제하여 근로세대나 미래세대의 과도한 부담을 줄이려고 노력해야 한다.

③ 제도의 현대화

소득보장제도의 현대화 원칙은 변화하는 사회·노동시장의 환경에 적절하게 대응하여야 한다는 것이다. 이를 위해서는 소득보장제도가 정규직뿐 아니라 비정규직 및 근로 경력의 중단이 잦은 직종, 탄력적인 고용 및 직업형태에 적응할 수 있도록 설계되어야 한다는 것이다.

(3) 고용을 통한 소득보장

고령화로 인한 노동력 감소, 실업이라는 새로운 사회적 위기에 대응하기 위해서는 이러한 위험들을 사회적으로 분산시키고, 위험부담 비용을 개인과 가족, 사회가 적절히 분담하는 것이 필요하다. 각 개인은 장기적 계획 하에 노후 생계수단을 준비하여야 하며, 노년기까지 직업과 활동에 참여함으로써 경제적 안정을 도모해야 한다. 한편 정부는 다양한 방식의 연금제도를 확충하여 노년기의 소득안정을 보장하여야 한다. 따라서 노인복지비용 부담을 줄이는 한편, 노인의 소득 안정을 도모하기 위해 노인의 경제활동 참여기간을 늘이고 노동시장 재진입과 사회적 일자리 창출 등을 통해 경제활동인구 감소를 보충하여 경제적인 생산성 증대를 구축할 필요가 있다(이승협, 2006; 김기태 외, 2009).

3. 노인고용보장제도

1) 노인의 노동력 참여의 의미

우리나라 65세 이상 인구의 경제활동 참가율은 2007년 기준 1.3%이다. 성별로 보면, 남성노인은 42.8%, 여성노인은 23.3%로, 남성노인이 여성노인에 비해 높은 경제활동 참가율을 나타내었다(통계청, 2008). 이런 비율은 일본 21.8%, 미국 13.1%, 독일 5.0%, 영국 4.8% 등 다른 국가들과 비교할 때 낮은 편은 아니다. 그러나 노인들의 높은 취업률은 노인에 대한 소득보장제도가 미비하므로 노인의 경제활동 참여가 절박한 현실을 반영하는 것이다. 노인취업의 가장 주된 이유가 생활비(생계비) 마련을 위한 것이고, 일자리 선택의 가장 중요한 요건으로 임금수준을 우선시해서 볼 때 우리나라 노인들의 취업은 주로 생계비 마련이라는 절박한 이유 때문임을 짐작할 수 있다.

또한 노인취업률이 높기는 하지만 노인들의 직업별 구성비를 살펴보면 노인들의 취업의 질이 높지 않다는 것을 알 수 있어 대부분의 임금이 불안정한 비임금 근로자인 것으로 나타났다(통계청, 2007).

더불어 우리나라 노인의 높은 경제활동 참가율은 자영업부문과 농림어업부문의 비중이 크다는 특징을 나타내고 있다. 따라서 향후 우리나라에서 농업부문과 자영업부문의 감소는 분명한 추세가 될 것이므로 노인의 경제활동 참여율을 촉진하고 취업을 통한 소득보장이 가능하도록 하기 위해서는 임금노동 부문에서 노인 고용이 더욱 적극적으로 활성화되어야 할 것이다.

즉, 고령자 고용촉진 지원을 위한 임금피크제 도입과 고령자고용안정컨설팅 비용 지원, 고령자고용촉진시설 지원, 고령자직업능력개발 지원, 고령자 우선고용직종 권고(2008년 노동부) 등을 시도하고 있다. 이 중 고령자직업능력개발 지원 프로그램 예시를 소개하고자 한다.

〈표 7-4〉 **고령자 뉴스타트 프로그램 예시**

중소기업에서 50세 이상 고령자에게 중소기업에서의 현장연수 기회를 제공하여 재취직, 창업을 지원함과 동시에 인력이 부족한 중소기업에는 고령인력활용기회를 제공하려는 프로그램(현장연수+취업능력향상 프로그램) 제공 • 현장연수 : 제품조립, 생산, 연구개발 · 신제품 개발 · 디자인 개선 등 단기 프로젝트 직접 참여, 행사 기획 및 진행보조, 창업성공업체 현장실습 등 다양한 방법으로 실시 • 취업능력향상 프로그램 : 직장생활에 쉽게 적응하게 하고 진로선택과 취업준비에 도움이 될 수 있는 동종 분야 취업정보 및 트렌드 제공, 조직의 비전, 가치관, 문화, 조직생활의 노하우 등을 전수

출처; 현외성 외(2015), p.181.

2) 노인일자리 사업

노인일자리 사업은 보건복지가족부와 지방자치단체가 주관하며, 지역사회 시니어클럽, 노인복지관, 종합사회복지관, 지방자치단체, 대한노인회 등이 사업의 수행을 위탁받아 진행된다. 노인복지법에서는 노인일자리사업에 대한 법적 근거로 제2조에서 노인이 능력에 합당한 일자리와 사회참여 기회를 보장받는 것이 노인인력 운영과 관련한 기본 이념임을 제시하고 있다.

노인일자리사업의 참여 대상연령은 65세 이상으로 6~7개월 간 주 12시간을 근무하며, 1인 월 20만원 이내의 인건비를 지급받는다. 사업추진체계를 보면, 정부의 책임부서인 보건복지가족부가 정책결정을 하고 예산을 지원하며, 한국노인인력개발원이 전국 노인일자리사업 추진 총괄 및 지원을 담당한다. 일자리 유형은 공익형, 교육형, 복지형, 시장형, 인력파견형의 다섯 가지 유형의 일자리로 구분되어 있으며, 그 유형과 예시는 다음과 같다.

〈표 7-5〉 노인일자리사업의 일자리 유형분류와 예시

구분		정의	일자리 예시
공익형		지방자치단체의 교육사업(환경, 행정, 교통 등) 영역 중 노인에게 적합한 일자리를 창출·제공하여 공공의 이익을 도모하는 일자리	자연환경 정비, 거리환경 개선, 교통질서 계도, 산불예방, 문화재 보호, 공공시설 관리, 행정기관 보조 등
교육복지형	교육형	특정 분야의 전문지식, 경험 소유자가 복지시설 및 교육기관 등에서 강의하는 일자리	- 숲 생태 및 문화재 해설사 사업 - 교육 및 학습지도 강사파견 사업 - 복지시설 및 교육기관 강사, 건강관리(상담사) 등
	복지형	사회활동이 어려운 소외계층의 생활안정과 행복 추구를 지원하는 일자리	독거노인, 고령 및 중증 노인, 장애인 등 보호, 주거개선사업, 아동청소년, 결혼이주여성 지원사업
자립지원형	인력파견형	지역사회 내 수요처를 발굴하고, 인력풀을 구성하거나 맞춤형 교육을 실시·파견하는 일자리로, 보수는 수요처에서 지급	주유원, 판매원, 운전원, 경비원, 급식지도원, 주례, 가사도우미, 공원관리인, 매표원, 주차관리원, 식당보조원, 학교관리 등
	시장형	소규모 사업을 공동으로 운영하거나 기업을 공동으로 창업하여 자체 수익이 일부 창출되는 일자리	지하철 택배, 세탁방, 도시락 사업, 지역특산물 제조·판매사업, 재활용품점, 통번역사업, 유기농사업, 실버용품점 운영, 실버대리운전 등

출처: 보건복지가족부(2008), 2008 노인복지사업안내; 김기태 외(2009), p.208.

3) 지역사회 시니어클럽

지역사회 시니어클럽은 지역사회의 실정에 적합한 노인적합 직종을 개발하고 보급하여 50세 이상 퇴직자를 포함한 노인들에게 소득창출과 사회적 활동을 도모하기 위하여 2001년 도입되었다. 시니어클럽 운영의 참가자격은 사회복지법인과 같은 비영리법인이나 단체이다. 2005년 기준, 정부에서는 운영지원금으로 개소당 1억 5천만원을 지원하고 있으며, 노인일자리사업을 위하여 개소당 3천만 원을 추가로 지원하고 있다(보건복지부, 2006).

4) 노인고용정책의 개선방안

지금까지 노인고용정책에 따른 제도에 대하여 살펴보았다. 단계별 노인고용정책의 개선방안을 제시해보면 다음과 같다.

첫째, 1단계(60세 미만)는 연령차별 금지법을 제정하고 임금피크제를 도입하여 정년제도를 보편화한다.

둘째, 2단계(60~65세)는 점진적 퇴직제도와 시간제 취업, 업무의 공유화로 계속 고용촉진을 시행한다.

셋째, 3단계(65세 이후)는 사회복지적 측면에서 재취업의 제도화와 사회기여적 측면에서 자원봉사활동의 활성화를 꾀하는 선택적 일자리 창출을 시행한다.

앞으로 노인들의 건강과 교육수준이 향상되고 노인인구의 증가에 따른 연금재정의 불안정화에 따라 노인들의 은퇴를 연장하는 계속고용제도를 활성화하는 선진국형 노인고용정책이 더욱 필요하다. 따라서 노인들의 다양한 욕구와 근로능력, 교육수준과 건강 등을 고려하여 다양한 노인고용정책이 실시되어야 할 것이다(김기태 외, 2009).

학습 실천과제

1. 우리나라의 노인소득보장정책의 기본방향은 무엇인지 논의해 봅시다.
2. 노인고용정책의 효율성을 위한 개선방안은 무엇인지 함께 토론해 봅시다.
3. 노인일자리사업의 유형을 분류하여 설명해 봅시다.

노인의료보장정책

1. 노인의료보장의 개념과 필요성

1) 의료보장의 개념과 의의

의료보장(medical security)은 의료 안전망(health care safety net), 건강 안전망(health safety net), 건강보장, 보건의료(health care), 의료를 위한 사회보장(Social Security for Medical Care) 등처럼 다양하게 혼용되어 사용되어 왔다(임병우, 2007).

의료보장은 국민의 질병, 부상, 분만 또는 사망 등에 대하여 보험급여를 실시함으로써 국민보건을 향상시키고 사회보장의 증진을 도모하려는 의료보험제도이다. 또한 생활유지의 능력이 없거나 생활이 어려운 자에게 공적부조의 1종인 의료보호를 실시하여 국민의 보건향상과 사회복지증진을 도모하려는 의료보호제도라고 할 수 있다. 그리고 국가가 국민보건의 향상과 질병의 예방을 위하여 각종 의료서비스를 제공하는 국민보건서비스 등이 모두 포함된 개념이라 할 수 있다(고재욱 외, 2010; 박선태 외, 2015).

따라서 노인에게 있어 의료보장의 필요성은 노년기의 의료욕구 증가와 소득 감소, 노인 의료권이라는 세 가지 측면에서 의의가 있으며, 노인들의 개인 지불능력과 무관하게 적절한 수준의 의료서비스 제공은 국민의 권리 또는 인간의 권리라는 규범적 인식에 기반을 두는 데 의의가 있다. 또한 노인을 위한 의료보장은 고령인구의 급속한 증가에 비례하여 의료서비스를 필요로 하는 노인들의 의료비용의 경제적 부담을 경감 또는 해소시킴으로써 노인들이 의료 이용에 쉽게 접근하도록 하여 사회통합 및 사회정의를 실현하는 데 그 의의가 있다 하겠다.

한편 공공의료보장제도는 국가마다 고유한 가치와 문화적 배경에 따라 다양한 방식을 택하고 있으며, 일반적으로 국민보건서비스 방식과 사회보험방식 이 두 가지로 구분하고 있으며 다음과 같이 제시할 수 있다(임병우, 2007).

국민보건 서비스방식

국민의 의료문제는 정부가 책임져야 한다는 관점으로 정부가 일반조세를 통한 재원으로 모든 국민에게 무상 의료서비스를 제공하는 방식을 의미

사회보험방식

국가 관리 하에 보험가입자가 보험료를 각출한 재원으로 의료서비스를 제공받는 방식을 의미하며, 우리나라는 사회보험장식을 채택하고 있음

[그림 8-1] **공공의료보장제도의 구분**

출처: 임병우 외(2007).

2) 의료보장의 필요성

노년기는 노화로 인해 각종 질병에 대한 저항력이 떨어져 건강상의 요구가 증가하게 된다. 이에 반해 이런 욕구를 충족시키는 재원은 상당히 부족한 시기이다. 노인의 네 가지 고통(4苦) 중 빈곤과 질병에 대한 고통이 가장 많이 차지하여, 가장 선호하는 서비스로는 건강검진(40.5%), 간병서비스(23.6%)로 나타나 보건의료서비스에 대한 노인들의 욕구가 크다는 것을 알 수 있다(통계청, 2008).

이러한 노인의료보장의 필요성을 구체적으로 살펴보면 다음과 같다(김기태 외, 2009).

첫째, 노인의 삶의 질과 수명에 직접적으로 영향을 미치기 때문이다.

둘째, 노인은 다른 연령집단에 비해 유병률이 2~3배로 높을 뿐만 아니라 질병 자체가 만성적이고 합병증이 발생하는 경우가 많아 장기적인 치료와 요양을 요하는 경우가 많기 때문이다.

셋째, 노년층의 의료서비스 이용 빈도는 다른 연령집단에 비해 매우 높고, 진료비용이 높은 경우가 많기 때문이다.

넷째, 의료서비스의 주목적 중 하나인 건강의 유지와 향상을 보장하는 것은 사회적·심리적 차원에서 노인을 가족과 사회로 통합시키는 주된 기능을 담당한다.

3) 노인의료보장의 정책적 원리

(1) 적용대상의 보편성의 원리로, 그 대상과 기회의 측면에서 전체 노인에게 공평하게 의료기회가 제공되어야 한다.

(2) 재원부담의 형평성의 원리로, 그 재원조달에 있어서 정부재원에 의한 부담과 국민상호 간의 능력에 비례하는 부담을 원칙으로 하고 있다. 이는 사회계층 간의 소득재분배 효과를 가져온다.

(3) 급여수준의 적정성의 원리로, 질병이라는 사회적 사고에 대하여 예방급여와 적정수준의 치료를 함으로써 건강하고 문화적인 생활수준을 유지하도록 급여수준의 적정성의 원리에 충실해야 한다.

(4) 의료서비스와 개호서비스의 병행원리로, 예방적·전문적 중심이 되고 동시에 간호와 개호서비스를 중심으로 한 제반적 사회적 서비스를 병행해야 한다.

이와 같이 건강은 삶의 질에 있어서 주요한 국면이며, 가장 소중한 개인의 자원이라는 측면에서, 그리고 예측이 불가능한 사고와 질병에 따르는 고액의 의료비는 개인적인 차원에서 해결이 어렵다는 점, 노인의 건강유지는 노인 개개인에 있어 생활의 만족감을 느끼게 할 뿐 아니라 나아가 사회 전체의 통합에 기여한다는 요인에서 그 필요성은 다분히 있다고 하겠다.

2. 국민건강보험

1) 개요

국민건강보험제도는 사회보험방식을 통하여 국민의 건강을 확보하고 소득유지와 생활의 안정을 도모하는 사회복지제도이다. 노인은 다른 연령계층에 비하여 질병이환율이 높고 노인성 질환이 만성적이고 퇴행성 질환인 관계로 상대적으로 더 많은 의료서비스 이용이 필요하다.

국민건강보험제도의 목적은 '국민의 질병·부상에 대한 예방·진단·치료·재활과 출산·사망 및 건강증진에 대하여 보험급여를 실시함으로써 국민건강을 안정시키고 사회보장을 증진함을 목적으로 한다'(현외성, 2015).

국민건강보험은 1989년 7월 1일부터 전 국민 의료보험 시대를 맞이하게 되었다. 그 이후 기존 의료보험제도를 실시하는 과정에서 나타난 문제점들을 개선하고 건강진단과 재활 및 예방 범위를 포함한 국민건강보험법을 1999년 2월 8일 제정, 공포하여 2000년 7월 1일부터 국민건강보험제도를 실시하게 되었다.

국민건강보험의 기본 운영원리는 다음과 같다(임병우, 2007).

첫째, 계층 간 또는 질병 고위험군과 저위험군 간의 위험분산이라는 사회적 상호부조의 특성을 지니고 있다.

둘째, 국가가 법률에 따라 운영하는 사회제도이므로 국민 누구나 가입을 해야 하는 의무가입의 특성이 있다.

셋째, 국가가 국민의 건강증진을 위해 운영하는 목적적 특성을 가진다.

넷째, 보험료 결정기준은 집단률을 적용한다. 체가입자가 경제적 부담능력에 따라 일정률을 균등 부담한다.

한편 우리나라의 의료보장제도 현황에서 국민건강보험과 사적 의료보험을 비교해 보면 다음과 같다.

〈표 8-1〉 **국민건강보험과 사보험 비교**

구분	국민건강보험	사 보험
보험가입 (강제성 여부)	당연가입(강제성)	임의가입(자율적)
국가부양성 유무	유	무
소득재분배 효과 유무	유	무
급여결정 근거	법률로 규정	계약에 의해 결정
운영주체	국가/공공기관 (국민연금관리공단)	민간보험회사
운영방식	단일보험자 방식	자유경쟁방식
운영취지	사회적 형평성	개인별 적정성
급여수준	균등급여	차등급여

출처: 국민건강보험공단(2015)

2) 보험료 및 급여

국민건강보험의 급여는 현물급여 중심이고, '국민건강보험법'에 따라 요양급여, 요양비 지급, 임의지급, 건강검진 급여가 제공된다.

첫째, 요양급여는 가입자 및 피부양자의 질병 또는 부상에 대해 요양을 제공하는 현물급여로 진찰, 검사, 약제, 수술, 기타의 치료, 재활, 간호, 이송 등이 해당된다.

둘째, 요양비는 질병, 부상 등으로 인해 지정의료기관에서 요양을 받을 경우 금액이 지급된다.

셋째, 임의급여는 급여 종류는 정해져 있으나, 실시 여부는 보험자에게 위임되는 급여를 말한다.

넷째, 건강검진은 질병의 조기발견과 그에 따른 요양급여를 위해 실시하는 현물급여에 해당된다(고재욱 외, 2010).

구체적인 재원내용은 다음과 같다. 국민건강보험제도의 보험료는 직장 및 공무원 등은 월보수액의 5.08%를, 지역주민은 소득·재산 등에 따라 보험료를 부과한다. 보험료를 기금으로 하면서 국민건강보험제도 수혜를 받을 경우 본인부담이 일정 부분 부과된다. 종합전문요양기관의 경우, 진찰료 총액과 나머지 진료비의 60%를 본인이 부담하며, 종합병원은 요양급여비용 총액의 45~50%를 부담한다. 병원의 경우는 요양급여비용 총액의 35~40%를 그리고 의원의 경우는 요양급여비용 총액의 30%를 부담하기로 되어 있다. 다만 약국조제료는 요양급여비용 총액의 30%를 부담한다(현외성 외, 2015).

3) 전달체계

국민건강보험의 감독 및 책임은 보건복지부 장관이며, 운영주체로서 보험자는 국민건강보험공단과 국민건강보험심사평가원이 된다. 이에 국민건강보험공단은 가입자 및 피부양자의 관리, 보험료 부과징수, 가입자의 건강유지·증진을 위한 예방사업, 보험급여비용의 지급, 자산의 관리·운영 등의 업무를 수행한다. 또한 국민건강보험심사평가원에서는 요양급여비용의 심사, 요양급여의 적정성에 대한 평가, 심사 및 평가기준의 개발 등의 업무 수행을 한다(고재욱 외, 2010).

국민건강보험제도의 65세 이상 노인 및 진료비 점유율을 살펴보면 다음 그림과 같다.

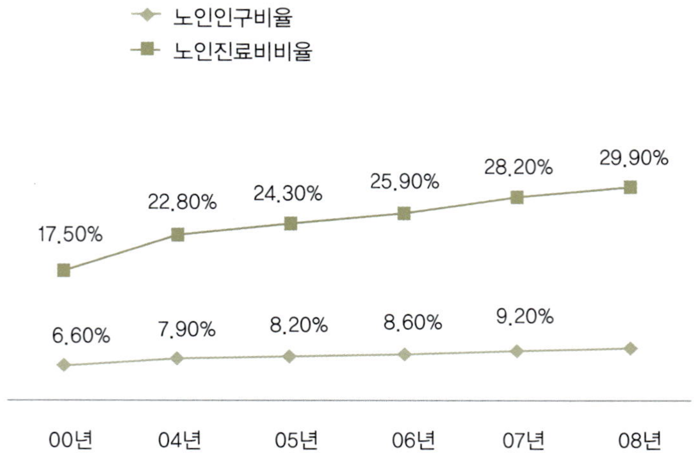

[그림 8-2] **65세 이상 노인 및 진료비 점유율**

출처: 현외성 외(2015), p.188.

3. 노인장기요양보험제도

1) 개요

장기요양보호의 개념인 만성적인 신체적, 정신적 기능제한이나 장애를 가진 사람에게 진단, 예방, 치료, 재활, 지원 및 건강유지를 위하여 반복적이고 지속적으로 제공하는 각종 서비스를 의미한다.

노인장기요양보험제도의 도입배경은 급속한 핵가족화와 부양의식 약화, 노인단독가구 증가, 간병비용 부담 증가의 사회적 배경에, 저소득층 위주로 되어 있는 제한적 재가복지 서비스와 취약한 노인요양시설 인프라로는 노인요양에 대한 욕구와 사회변화에 대응할 수 없기 때문이다. 선진국 운영사례로는 독일의 수발보험이나 일본의 개호보험이 해당된다.

이 제도는 2007년 4월 '노인장기요양보험법'이 국회를 통과하여 2008년 7월부터 실시하였다. 노인장기요양보험의 가입자는 국민건강보험의 가입자이며, 노인장기요양보험료는 국민건강보험료액에 노인장기요양보험료율을 곱하여 산정, 장기요양급여는 재가요양급여, 시설요양급여, 특별현금급여로 구성된다.

우리나라 65세 이상 노인의 약 30.9%인 3만여 명이 일상생활 기능상의 문제로 타인의 도움을 받지 않으면 일상생활이 어려운 것으로 나타났다. 그 중에서도 허약 노인을 제외한 사회적 지원서비스가 절실한 대상자는 14.8%인 59만 명으로 추계되었다. 향후 고령화 진전에 따라 2020년에는 159만 명으로 늘어날 전망이다(보건사회연구원, 2001; 김기태 외, 2009).

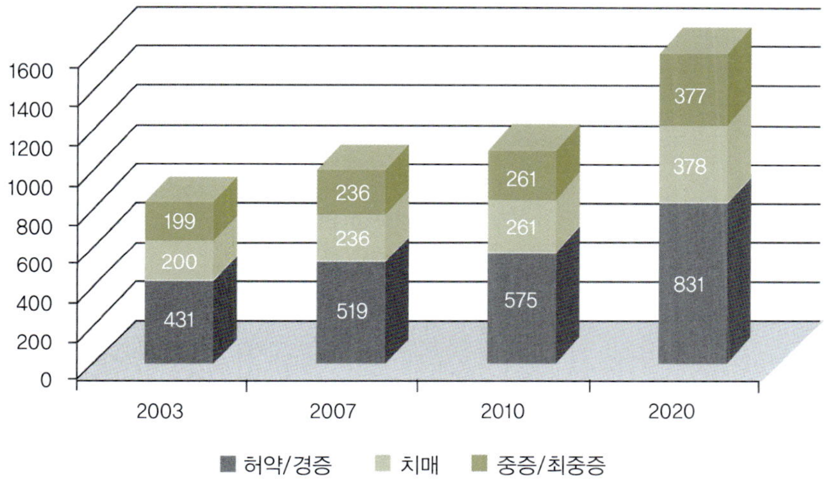

[그림 8-3] **장기요양서비스 대상자 노인상태 및 증가추이**

출처: 정경희 외(2001); 김기태 외(2009), p.236.

다음은 2013년도 국민건강보험공단에서 조사한 노인장기요양보험 만족도 조사에 대한 내용이다. 전반적인 만족도와 가족들의 부양부담 감소, 그리고 주변추천 의향도가 꾸준한 상승 수준으로 나타났다. 하지만 노인장기요양보험의 개선방향도 있을 것이다. 이에 대한 내용은 후반부에 다루기로 하겠다.

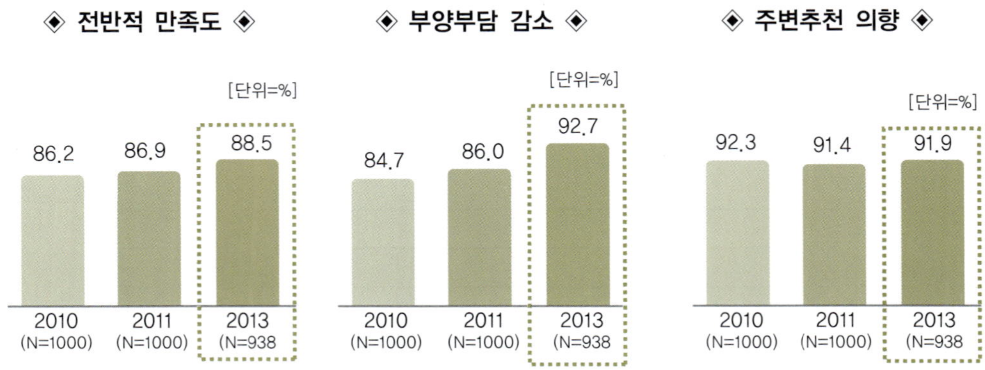

[그림 8-4] **노인장기요양보험 만족도 조사**

출처: 국민건강보험공단(2013).

한편 우리나라 노인장기요양보험제도의 목적은 첫째, 노인을 대상으로 건강증진 및 생활 안정을 도모하는 것이고, 둘째, 노인을 수발하는 가족들의 부담을 경감시키게 하는 것이다.

다음은 건강보험과 노인장기요양보험과의 차이를 제시하여 검토하기로 하겠다.

그림에서처럼 건강보험과 노인장기요양보험의 공통적 서비스는 각종 케어서비스이며, 다른 점은 평소 의료기관에서의 진찰, 검사, 약제비, 처치, 수술, 치료, 이송 등은 건강보험에서만이 해당이 되며, 노인장기요양보험은 간병, 수발 등 일상생활 지원, 복지지원서비스가 해당이 된다는 것을 알 수 있다.

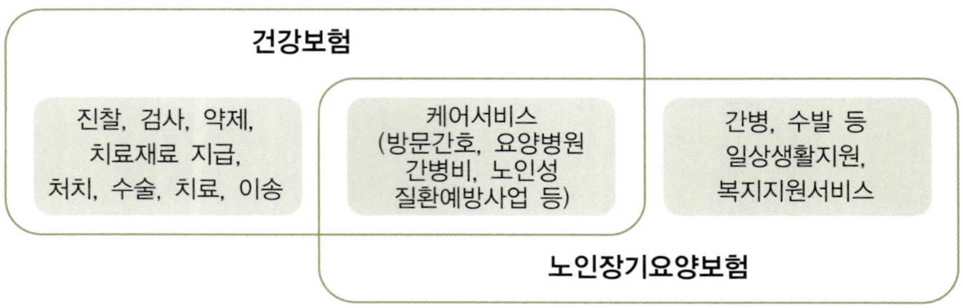

[그림 8-5] **건강보험과 노인장기요양보험의 차이**

출처: 현외성 외(2015), p.189.

2) 급여 및 적용대상

노인장기요양보험의 재가급여의 등급별 월 한도액은 다음과 같으며, 장기요양이 필요한 기능상태와 수준도 등급별 제시하고자 한다.

〈표 8-2〉 재가급여의 등급별 월 한도액

구분	1등급	2등급	3등급
월 한도액	1,140,600원	971,200원	814,700원

〈표 8-3〉 장기요양이 필요한 기능상태와 수준

등급	기능상태 수준
최중증(1등급) **95점이상**	와상상태로서 거의 일상생활이 불가능한 상태 - 하루 종일 침대 위에서 생활하는 자로 스스로 움직일 수 없는 와병상태 - 일상생활활동의 식사·배설·옷 벗고 입기의 모든 활동에선 전적으로 다른 사람의 도움 필요
중증(2등급) **75점~95점 미만**	일상생활이 곤란한 중증의 상태 - 휠체어를 이용하지만 앉은 자세를 유지하지 못함 - 식사·배설·옷 벗고 입기 등에서 다른 사람의 완전한 도움이 필요 - 하루 중 대부분의 시간을 침대 위에서 지내는 경우가 많음
중등증(3등급) **55점~75점 미만**	상당한 장기요양보호가 필요한 상태 - 식사·배설·옷 벗고 입기 등에서 다른 사람의 부분적 도움이 필요

출처; 현외성(2015), p.190 재구성.

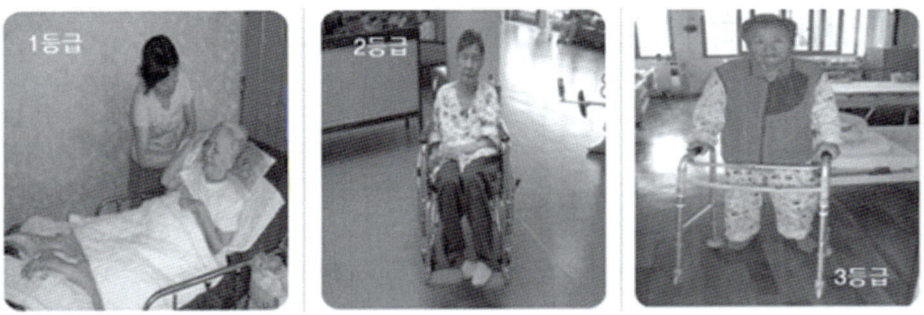

[그림 8-6] 요양등급에 따른 기능상태

출처; 한국요양보호사협회(http://www.caremanager.or.kr/)

(1) 장기요양인정 신청

① 자격: 65세 이상 노인 및 65세 미만 노인성 질병을 가진 자
② 서류: 장기요양인정신청서와 의사소견서 첨부

(2) 장기요양등급판정

① 등급판정기준 : 심신의 기능상태에 따라 보통 3개 등급(1, 2, 3급)으로 판정한다.
② 등급판정 절차
㉠ 방문조사－공단 소속장기요양 직원이 직접 방문하여 조사한다.
㉡ 등급판정－방문조사의 결과, 의사소견서, 특기사항을 기초하여 신청인의 기능상태 및 장기요양이 필요한 정도 등을 등급판정 기준에 따라 판정한다.

3) 급여형태

(1) 재가급여

① 재가급여기관이란 재가노인복지시설을 의미한다.
② 재가급여 내용은 방문요양, 방문목욕, 방문간호, 주·야간보호, 단기보호 등이다.

(2) 시설급여

① 시설급여기관은 노인복지시설 중 노인의료복지시설을 의미한다.
② 시설급여내용은 신체활동지원, 심신기능의 유지 및 향상을 위한 교육과 훈련 등을 제공하는 요양급여서비스를 의미한다.

(3) 특별현금급여와 기타재가급여(복지용구)

특별현금급여란 가족 등이 장기요양을 받아야 하는 자에게 지급하는 가족요양비를 의미하며, 기타재가급여에 해당되는 것은 수급자 지원에 필요한 용구, 재활에 관한 지원 등을 제공하는 급여를 의미한다.

따라서 장기요양보험제도의 급여내용을 정리하면 다음과 같다.

〈표 8-4〉 장기요양보험제도의 급여내용

구분	급여	내용
재가 요양급여	가정간병	수발요원이 노인을 방문하여 목욕, 배설, 가사 및 일상생활지원 제공
	방문목욕	목욕장비를 갖추어 노인을 방문하여 목욕서비스 제공
	방문간호	의사의 지시를 받은 간호사가 노인을 방문하여 간호서비스 제공
	주·야간보호	하루 중 일정 시간 동안 주·야간 보호시설에서 보호
	단기보호	단기간 동안 노인을 입소시켜 보호
	기타 재가급여 (복지용구)	일상생활·신체활동 지원에 필요한 용구를 제공하거나 가정을 방문하여 재활에 관한 지원 등을 제공
시설 요양급여	노인요양	노인(전문)요양시설
	공동생활가정	5~9인의 노인이 지역사회 소규모 주택에서 생활
특별현금 요양급여	가족요양비	수발인정자가 부득이 가족 등으로부터 수발을 받을 때 (도서·벽지 등 수발시설 이용이 현저히 곤란한 지역에 거주하는 경우 등)
	특례요양비	수발인정자가 수발서비스제공기관으로 지정되지 않은 시설 이용 시 등급별 수발서비스 비용의 일부를 지급(양로원, 장애인복지시설 등)
	요양병원 요양비	수발인정자가 노인복지법상 노인전문병원 또는 의료법상 요양병원 입원 시 간병비의 일부지급

출처: 김기태 외(2009), p.243.

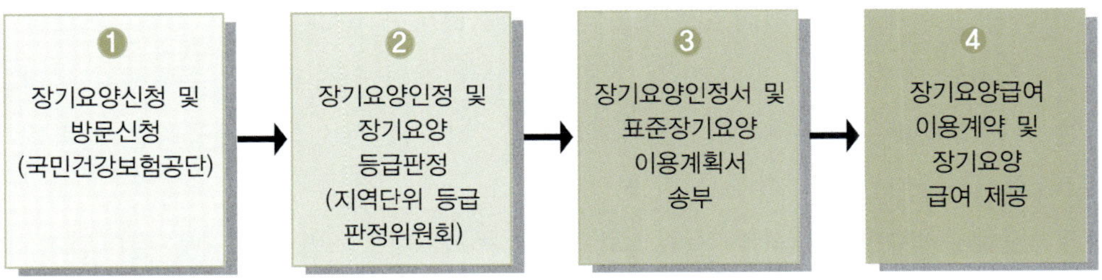

[그림 8-7] 노인장기요양보험 급여 이용절차

출처: 김기태 외(2009), p.244.

4) 재원 조달

(1) 보험료 징수와 국가부담

① 보험료 징수는 재정확보를 위한 장기요양보험료는 국민건강보험법에 따른 보험료와 통합하여 징수한다.

② 국가부담은 공단이 부담하여야 할 비용과 관리운영비의 전액을 대통령령이 정하는 바에 따라 각각 분담한다.

(2) 급여비용의 본인 일부 부담금

노인장기요양보험제도는 장의 급여비용 부담은 국민건강보험료와 통합 징수되는 보험료와 국가부담 외에도 일부 비용을 본인이 부담하게 된다.

5) 서비스 전문인력(요양보호사)

노인장기요양보험제도를 실시하기 위해서는 장기요양시설과 시설에서 근무하는 전문인력이 필요하다. 노인장기요양보험의 정책목표 중 가장 중요한 것은 서비스의 질이며, 그러한 질적 서비스 제공을 위해서는 전문인력이 필요하다.

따라서 장기요양서비스를 직접 수행하는 전문적 인력으로 요양보호사를 법제화할 필요가 있으므로 전문 요양보호사교육원에서 양성하여 그에 합당한 자격인준을 받은 요양보호사로 하여금 노인장기요양서비스를 할 수 있도록 하여야 한다.

요양보호사란 치매, 중풍 등 노인성 질환으로 독립적인 일상생활을 수행하기 어려운 노인들을 위해 노인요양 및 재가시설에서 신체 및 가사지원서비스를 제공하는 인력을 뜻하며, 다음과 같은 기본적 역할을 한다(원석조, 2013).

첫째, 일상생활수행능력(ADL) 지원으로 식사, 목욕, 대·소변 처리, 옷 갈아입기, 이동, 욕창 예방(체위교환), 간단한 재활훈련(산책, 병원동행, 보행훈련 등), 심리적 지원 및 기타 일상생활 관련 동작의 지원 등을 지원한다.

둘째, 수단적 일상생활수행능력(IADL) 지원으로 세탁, 물건 사기, 식사 준비 및 조리 지원, 은행일 등 업무 지원, 기타 우애서비스 등을 지원한다.

셋째, 간병요양계획 작성업무 지원 등의 역할을 한다.

이와 같이 요양보호사들의 역할과 임무를 띠고 다음과 같은 시설에 배치된다.

노인복지법상 노인주거복지시설, 노인의료복지시설(노인전문병원은 제외), 재가노인복지시설, 노인장기요양보험법상 장기요양기관(요양/재가), 재가장기요양기관(방문간호 제외) 등이 해당된다.

6) 노인장기요양보험의 기대효과

(1) 노인의 삶의 질 향상
(2) 가족의 부양부담 경감
(3) 여성 등 비공식적 수발자 경제활동 증가
(4) 사회서비스 및 일자리 확대
(5) 고령친화산업, 지역경제 활성화
(6) 노인의료비 사용의 효율화

7) 노인장기요양보험제도의 쟁점

(1) 시설인프라의 부족

입소요양시설, 재가서비스 시설의 부족을 초래하여 시설인프라 구축을 위해서 적극적 참여 유도, 민간사업자 세제 또는 융자지원 등의 대책이 필요하다.

(2) 재정조달문제

정부에 의한 국고부담도 상당히 큰 편이며, 서비스 이용자의 본인부담에도 노인의 경제적 능력 한계로 인한 자부담이 어려운 편이다.

(3) 가입자와 수급자 불일치

노인장기요양보험의 가입자는 전 국민이며, 수급자는 65세 이상의 노인과 64세 이하의 노인성 질환자, 즉 주로 치매 및 뇌졸중환자로 되어 있어 가입자와 수급자가 일치하지 않을 수 있다.

(4) 지방자치단체의 역할 부여

노인요양의 욕구와 문제는 지역사회와 밀접하게 연관되어 있어 지역사회 중심의 서비스 체계 마련이 필요하며, 따라서 지방자치단체의 구체적 역할 재정립이 필요하다.

4. 의료급여

1) 개요

의료급여제도는 생활유지 능력이 없거나 생활이 어려운 저소득 국민의 의료문제를 국가가 보장하는 공공부조제도로, 건강보험과 함께 국민 의료보장의 중요한 수단이 되는 사회보장제도이다. 즉, 개인의 질병, 부상, 출산 등에 대해 의료급여서비스(진찰·검사, 치료 등)를 제공하는 것을 의미한다.

또한 무기여에 의한 공공부조제도로서 국민건강보험에서 제외된 국민기초생활보장 수급권자 등이 급여대상자가 된다. 또한 저소득층 노인 비율이 상대적으로 높아 의료급여는 노인의 중요한 의료보장제도로서의 역할을 한다.

2) 적용대상

의료급여 대상자는 소득이 최저생계비 이하인 빈곤계층이 재산 및 부양의무자 기준을 충족하는 경우 의료급여 수급자가 된다. 1종 수급권자는 '국민기초생활보장법'에 의한 수급자 중 근로능력이 없는 자, 18세 미만인 자, 65세 이상인 자, 국가유공자, 인간문화재, 이재민, 차상위계층이 속한다. 2종 수급권자는 근로능력이 있는 만성 질환자 등이 해당된다.

3) 급여 및 재원

의료급여 내용은 진찰, 검사, 처치, 수술과 그 밖의 치료, 약제 또는 치료재료 지급, 예방, 재활, 입원, 간호, 이송과 그 밖의 의료목적 달성을 위한 조치를 포함한다. 그리고 관리주체는 정부 및 지방자치단체와 이들로부터 각각 진료비 지급업무와 진료비 심사업무를 위탁 받아 수행하고 있는 국민건강보험공단과 국민건강보험심사평가원이 된다.

한편 재원은 국고보조금과 지방비 출연금, 결산상 잉여금, 기금운영으로 생기는 수익 및 기타 수입으로 충당한다.

5. 노인의료보장제도의 문제점 및 개선방안

1) 국민건강보험제도의 문제점

1989년 전국민 의료보험 실시 이후 만성퇴행성 질환 및 와상노인 인구의 증가에 따라 노인의료 이용량 및 의료비가 급격히 상승하였다. 이는 노인의 의료요구 증가에 비해 이들이 경제적으로 취약한 상태에 있음을 고려할 때, 고액의 의료비 부담은 노인의료이용률을 억제하여 질병 미치료 사유가 될 수 있다.

한편 노인보조기구(안경, 보청기, 의치 등)는 노인의 건강을 유지하고 일상생활을 영위하는 데 필수품임에도 의료비 전액을 본인이 부담해야 하는 어려움이 있다. 의료보험에서는 급성질환의 치료에 치중하여 대부분의 노인성 질환인 만성퇴행성 질환의 관리는 급여대상에서 제외되고 있다.

2) 의료급여의 문제점

한국의 의료급여기금은 중앙정부에서 지방정부로 이관하여 관리·운영하고 있지만, 기금이 제한적이기 때문에 해당 자치체에서 기금운용에 어려움을 겪게 된다. 그러므로 의료급여 수급자에 대한 의료서비스 수준의 질적 저하가 초래되고, 의료기관이 의료급여 수급자를 기피하는 원인이 된다. 의료급여 수급자의 개인부담이 사실상 높은 실정이다.

3) 노인의료보장제도의 개선방안(양옥남 외, 2014)

상기와 같은 문제점을 개선하기 위한 방향을 다음과 같이 제시하고자 한다.

첫째, 75세 이상 고령자의 이환율 및 활동제한 일수가 높아져 이에 대한 예방 및 건강증진 활동이 조기 노년기부터 준비될 필요가 있다.

둘째, 만성질환중심의 보건의료체계 수립이 필요하다. 노인의 만성질환은 활동제한의 주 원인으로 작용할 수 있으므로 계속적 관리체계가 구축되어야 한다.

셋째, 노인이 의료비 지출이 계속적으로 증가추세에 있으므로 의료비를 감축하고 양질의 서비스를 제공할 수 있는 중간 시설 및 서비스 분류에 적합한 인력이 개발되고 활용되어야 한다.

넷째, 노인을 위한 보건 및 의료서비스 개발을 위해서 노인 건강증진 프로그램을 다양한 신체적 여건에 따라 자립능력을 높일 수 있도록 개발되어야 한다.

다섯째, 중앙 및 지방정부 차원에서 노인보건 및 복지서비스의 긴밀한 연계를 위하여, 기존의 조직과 인력 및 서비스 제공 차원에서 공공보건 조직과 복지서비스 조직의 기관장을 대상으로 관리기술을 제공하고, 정기적 평가를 거쳐 지역사회 단위별로 유인 보상책(incentive)을 마련하여야 한다.

여섯째, 국민건강보험과 의료급여 수급권자 및 급여범위의 확대를 꾀하고, 건강진단사업의 확대를 촉진하여야 할 것이다.

이상과 같은 개선방향을 토대로 노인의료비의 합리적 조정을 위한 본인부담률 경감 및 대상자 확대, 노인전문병원 증설과 노인병과 및 노인병동 개설, 재가간호서비스 확대, 중증치매노인을 위한 치매상담센터 운영 지원, 치매전문요양시설 확충, 노인질환의 특성상 치료(cure)보다는 개호(care)에 중점과 관심을 많이 두는 것이 필요할 것이다(고재욱 외, 2010).

학습 실천과제

1. 의료보장제도의 유형들은 어떠한 것이 있는지 탐색해 봅시다.
2. 노인장기요양보험제도의 3가지 등급에 대하여 구분해서 설명해 봅시다.
3. 노인장기요양보험의 기대효과에 대하여 논의해 봅시다.

제3부

노인복지실천

09 노인복지시설서비스

1. 노인복지시설의 개요

1) 노인복지시설의 개념

노인복지시설이란 '노인복지사업법에 의하여 노인에게 사회복지사업을 행할 목적으로 설치된 시설(사회복지법 제2조 3항)로서, 노인의 질병이나 장애 또는 생활조건상의 곤란과 가족의 부양능력 제한으로 가정에서 계속 생활할 수 없는 경우, 문제해결을 도모하는 대안적 노인주거형태로서 건전한 노후생활을 계속해서 보장받을 수 있는 노인주거시설'을 말한다(현외성 외, 2000).

즉, 노인의 기본적 삶의 질을 유지할 수 있도록 도움을 주는 포괄적인 물리적 서비스 기관이며, 자립이 곤란한 노인에게 가정을 대신하여 생활을 유지할 수 있도록 보호하는 생활거점이며, 노인을 위하여 심리사회적 · 신체적 조건에 적합한 전문적 프로그램을 통해 여가 및 치료서비스를 제공해 주는 기관을 의미한다(양옥남 외, 2014).

2) 노인복지시설의 목적과 배경

노인복지시설의 사회적 역할은 노인 시설생활자들의 생활을 유지하고 지원해주며, 시설생활자인 노인의 가족에게 지속적으로 서비스를 제공해 줌으로써 노인이 속해 있던 가족을 지원하는 역할을 하며, 지역사회복지 증진과 주민의 복지교육을 선도하는 역할을 한다(김기태 외, 2009).

이러한 역할을 하는 노인복지시설의 목적은 해당시설에서 생활하거나 혹은 시설을 이용하는 노인과 그에 관련된 가족들이 정상적인 삶의 패턴을 유지하고 향우할 수 있는 최적의 서비스를 제공해 주는 것이라고 하겠다.

노인복지시설은 노인과 그의 가족들이 직면하는 포괄적인 욕구해결에 절대적으로 필요한 서비스와 프로그램을 통하여 노후의 삶을 영위하고자 대안책으로서의 가족복지서비스 기관이라고 할 수 있다. 이러한 현대사회에서의 노인복지시설을 필요로 하게 된 배경은 다음과 같다(양옥남 외, 2014).

첫째는 고령화의 급진전으로 특히 고령노인이 증가하면서 요보호 노인이 급증하고 있는 현실이다. 고령화 추세는 도시에 비하여 농·어촌 지역에 훨씬 빠르게 진행되고 있으며, 2008년에는 20%에 육박하고 있다. 지역적으로는 전남 고흥이 30.4%, 경북 군위와 의성이 30.2%, 경남 의령이 30%로 나타나는 등 초고령 사회에 진입된 것으로 나타났다(통계청, 2009). 이러한 노인인구의 증가는 요보호 노인들의 증가와 직결되며, 실제로 65세 이상 노인들의 43.6%가 건강문제를 가장 어려운 문제로 인식하고 있으며, 86.7%는 한 가지 이상 만성질환을 갖고 있는 것으로 밝혀졌다(통계청, 고령자통계 2008, 재인용).

또한 보건복지부가 2008년에 이어 두 번째로 실시한 조사결과에 의하면, 2012년 치매 유병률은 9.18%로 54만 1천 명으로 추정된다. 2030년에는 약 127만 명, 2050년에는 약 271만 명으로 매 20년마다 2배씩 증가할 것으로 추산된다.

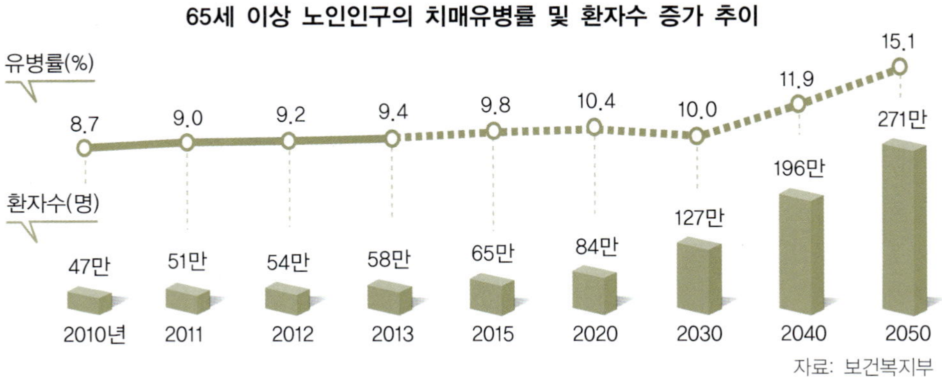

[그림 9-1] 우리나라 노인인구의 치매유병률 및 환자 수 증가 추이

이와 같은 현상들은 노인시설에서의 집중적이고 장기적인 요양과 케어를 필요로 하고 있다는 것이다.

둘째는, 가족의 부양에 대한 가용능력은 눈에 띄게 저하되고 있다는 것이다. 산업화, 저출산과 핵가족화 현상, 여성의 사회적 진출의 증가, 가족 내 부양체계의 불안정성이 증가

되고 있다. 이에 노인부양에 대한 의존의식과 책임의식이 점차 약화되는 한편, 전 사회적, 전 국가적 책임으로 생각하는 사람들이 현저히 증가하고 있다는 사실이다(통계청, 2008, 노인실태조사).

셋째는, 노인단독가구가 증가하면서 독거노인의 수가 증가하고 있다는 것이다. 1990년부터 10년간 노인부부세대가 거의 1.7배 증가하였고 독거노인은 거의 2배가 되었다(통계청, 2006). 따라서 이들에 대한 사회적 복지지원서비스에 대한 요구가 높아질 것으로 예상된다(박선태 외, 2015).

따라서 노인인구의 절대증가와 장기화되는 요보호기간, 노인단독가구의 증가와 핵가족화, 부양의식의 변화 등으로 인한 가정의 부양기능의 약화 등은 노인들에게 적절한 가족보호를 받을 수 있는 기회를 박탈하여 시설보호의 필요성을 가중시킨다는 것이 배경이 된다.

3) 노인복지시설의 역할과 기능

노인복지시설은 고령화에 따라 가족이 담당하던 노인보호의 기능이 축소되면서 이들에 대한 시설보호를 통한 사회적 부양체계에 대한 수요가 증가되고 있다. 이러한 노인복지시설에서 제공되어야 할 가장 포괄적인 요구해결 기능 중 가장 우선순위로 갖추어야 할 것은 노인의 질병과 건강관리, 및 생활과 사회활동 관리이다(조소영 외, 1997).

따라서 향후 노인복지설이 지향해야 할 사회적 역할은 첫째, 노인시설생활자들의 생활을 유지하고 지원해야 할 것이며, 둘째, 노인들의 가족들에게 지속적으로 서비스를 제공해줌으로써 노인들이 속해 있던 가족들을 지원하는 역할을 해야 할 것이다. 그리고 셋째, 지역사회 복지증진과 주민의 복지교육을 선도하는 역할을 해야 할 것이다. 이와 같은 지향점을 기반으로 노인복지시설에서의 삶을 보다 윤택하게 하고 최적의 서비스를 제공해주는 것이 필요할 것이다(양옥남 외, 2014).

한편 노인복지시설은 입소노인의 노화로 인한 기능 저하를 보완하면서 노인의 독립적이고 안정된 생활을 보장하고, 사생활을 유지하면서 원만한 사회적 관계를 맺을 수 있도록 특별히 계획된 주거환경을 갖추어야 한다.

즉, 자립생활과 사생활과 사회적 교류 균형유지, 합리적 공간 배치, 안전사고의 예방, 시설의 주류화, 시설종사자의 후생복리증진을 위한 공간, 충분한 문화생활 및 여가생활 공간 확보 등의 설계가 필요하다.

2. 노인복지시설의 유형과 현황

1) 노인복지시설의 유형

노인복지시설은 이용방법에 따라 생활시설과 이용시설로 크게 구분할 수 있다. 생활시설에는 노인주거복지시설과 노인의료복지시설이, 이용시설에는 노인여가복지시설과 재가노인복지시설이 포함되어 있다. 노인복지시설의 체계에 의한 유형에서 노인복지시설의 종류는 「노인복지법」 제31조에서는 노인주거복지시설, 노인의료복지시설, 노인여가복지시설, 재가노인복지시설, 노인보호전문기관 등 다섯 가지 유형으로 구분하고 있다(박선태 외, 2015).

〈표 9-1〉 **노인복지시설의 유형 및 설치목적**

종 류	시 설	설 치 목 적
노인주거복지시설	양로시설	노인을 입소시켜 급식과 그 밖에 일상생활에 필요한 편의 제공을 목적으로 하는 시설
	노인공동생활가정	노인들에게 가정과 같은 주거여건과 급식, 그 밖에 일상생활에 필요한 편의제공을 목적으로 하는 시설
	노인복지주택	노인에게 주거시설을 분양 또는 임대하여 주거의 편의, 생활지도, 상담 및 안전관리 등 일상생활에 필요한 편의제공을 목적으로 하는 시설
노인의료복지시설	노인요양시설	치매, 중풍 등 노인성 질환 등으로 심신에 상당한 장애가 발생하여 도움을 필요로 하는 노인을 입소시켜 급식, 요양과 그 밖에 일상생활에 필요한 편의제공을 목적으로 하는 시설
	노인요양공동생활가정	치매, 중풍 등 노인성 질환 등으로 심신에 상당한 장애가 발생하여 도움을 필요로 하는 노인에게 가정과 같은 주거여건과 급식, 요양, 그 밖에 일상생활에 필요한 편의제공을 목적으로 하는 시설
	노인전문병원	주로 노인을 대상으로 의료를 행하는 시설
노인여가복지시설	노인복지회관	노인의 교양, 취미생활 및 사회참여활동 등에 대한 각종 정보와 서비스를 제공, 건강증진 및 질병예방과 소득보장, 재가복지, 그 밖에 노인의 복지증진에 필요한 서비스 제공을 목적으로 하는 시설
	경로당	지역노인들이 친목도모·취미활동·공동작업장 운영 및 각종 정보교환과 기타 여가활동을 할 수 있도록 장소를 제공함을 목적으로 하는 시설

종 류	시 설	설 치 목 적
노인여가 복지시설	노인교실	노인들에 대하여 사회활동 참여욕구를 충족시키기 위하여 건전한 취미생활, 노인건강유지, 소득보장, 기타 일상생활과 관련한 학습 프로그램 제공을 목적으로 하는 시설
	노인 휴양소	노인들에 대하여 심신의 휴양과 관련한 위생시설, 여가시설, 기타 편의시설의 단기간 제공을 목적으로 하는 시설
재가노인 복지시설	방문요양 서비스	가정에서 일상생활을 영위하고 있는 노인으로서 신체적 · 정신적 장애로 어려움을 겪고 있는 노인에게 필요한 각종 편의를 제공하여 지역사회 안에서 건전하고 안정된 노후를 영위하도록 하는 서비스
	주 · 야간보호 서비스	부득이한 사유로 가족의 보호를 받을 수 없는 심신이 허약한 노인과 장애노인을 주간 또는 야간 동안 보호시설에 입소시켜 필요한 각종 편의를 제공하여 이들의 생활안정과 심신기능의 유지 · 향상을 도모하고, 그 가족의 신체적 · 정신적 부담을 덜어주기 위한 서비스
	단기보호 서비스	부득이한 사유로 가족의 보호를 받을 수 없어 일시적으로 보호가 필요한 심신이 허약한 노인과 장애노인을 보호시설에 단기간 입소시켜 보호함으로써 노인 및 노인가정의 복지증진을 도모하기 위한 서비스
	방문목욕 서비스	목욕장비를 갖추고 재가노인을 방문하여 목욕을 제공하는 서비스
노인보호 전문기관	노인보호 전문기관	시 · 도지사가 노인보호전문기관을 지정 · 운영 노인학대 신고, 상담, 보호, 예방 및 홍보, 24시간 신고 · 상담용 긴급전화(1389) 운영

출처: 김기태 외(2009), p.366.

※ **노인복지시설 관련용어**(국가지표체계, http://www.index.go.kr/potal/main/)

- **노인주거복지시설 :** 일상생활에 지장이 없는 노인이 입소하여 일상생활에 필요한 편의를 제공받는 시설로 양로시설 · 노인공동생활가정 · 노인복지주택을 말함(노인복지법 제32조)
- **노인의료복지시설 :** 노인성 질환 등으로 요양을 필요로 하는 노인이 입소하여 급식 · 요양 등 일상생활에 필요한 편의를 제공받는 시설로 노인요양시설 · 노인요양공동생활가정을 말함(노인복지법 제34조)
- **노인여가복지시설 :** 노인들이 친목도모 및 취미활동 등 여가활동을 할 수 있는 시설로 노인복지관 · 경로당 · 노인교실이 있음(노인복지법 제36조)

▸**재가노인복지시설 :** 신체·정신적 장애로 일상생활을 영위하는 데 다른 사람의 도움이 필요한 노인에게 각종 편의를 제공하는 시설로 방문요양·주야간보호·단기보호·방문목욕서비스가 있음(노인복지법 제38조)

▸**노인보호전문기관 :** 노인학대행위자에 대한 상담 및 교육, 학대받은 노인의 발견, 상담, 보호 등 노인학대 예방 및 방지를 위한 홍보를 담당(노인복지법 제39조의 5)

▸**노인일자리지원기관 :** 지역사회 등에서 노인일자리의 개발, 지원, 창업육성 및 노인에 의한 재화의 생산판매 등을 직접 담당하는 노인일자리전담기관 운영(노인복지법 제23조의2)

2) 노인복지시설 현황

다음은 2012년 기준 노인복지시설 변동사항에 대한 자료와 2011년부터 2014년까지 노인복지시설 현황을 그래프상으로 나타내었으며, 추가 변동요인에 대한 내용은 구체적으로 후반부에 제시하고자 한다. 간략한 변동사항을 보면 노인전문병원과 노인휴양소가 삭제되었으며, 재가노인지원서비스와 노인보호전문기관과 노인일자리지원기관이 신설되었다.

〈표 9-2〉 **2015년 노인복지시설 현황**(2014. 12. 31.현재)

시설종류	변경전	변경후
노인주거 복지시설	양로시설	양로시설
	노인공동생활가정	노인공동생활가정
	노인복지주택	노인복지주택
노인의료 복지시설	노인요양시설	노인요양시설
	노인요양공동생활가정	노인요양공동생활가정
	노인전문병원	삭제
노인여가 복지시설	노인복지회관	노인복지회관
	경로당	경로당
	노인교실	노인교실
	노인휴양소	삭제
재가노인	방문요양서비스	방문요양서비스

시설종류	변경전	변경후
복지시설	주·야간보호서비스	주·야간보호서비스
	단기보호서비스	단기보호서비스
	방문목욕서비스	방문목욕서비스
	신설	재가노인지원서비스
노인보호 전문기관	신설	노인보호전문기관
노인일자리 지원기관	신설	노인일자리지원기관

주) 노인복지법 시행규칙 개정 시행(2011.12. 8)으로 노인의료복지시설의 노인전문병원, 노인여가복지시설의 노인휴양소는 삭제('11.12.8), 노인일자리지원기관 신설('13.12.5)

출처: 보건복지부, 「2015. 노인복지시설 현황」

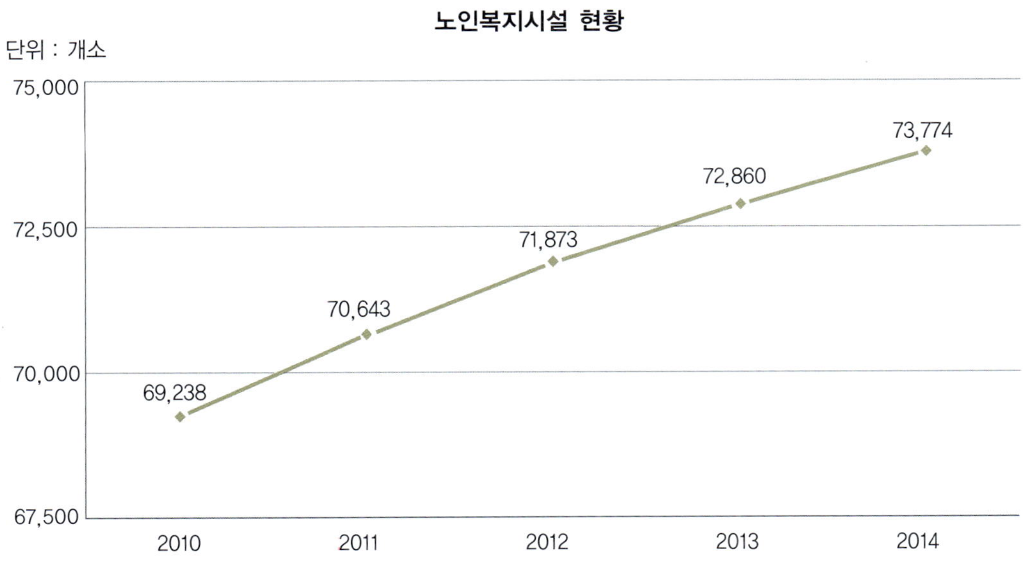

[그림 9-2] 노인복지시설 현황

출처: 보건복지부, 「노인복지시설 현황」

〈표 9-3〉 **연도별 노인복지시설 현황**(보건복지부, 2015)

(단위: 개소, 명)

종 류	시 설	2014		2013		2012		2011		2010	
		시설 수	입소 정원	시설 수	입소 정원	시설 수	입소 정원	시설 수	입소 정원	시설 수	입소 정원
합 계		73,774	190,162	72,860	174,592	71,873	167,884	70,643	158,839	69,238	163,136
노인주거 복지시설	소 계	443	20,110	435	18,592	416	18,179	414	17,450	397	17,270
	양로시설	272	13,903	285	12,782	285	13,164	303	12,509	300	11,906
	노인공동생활가정	142	1,173	125	1,049	108	887	87	710	75	618
	노인복지주택	29	5,034	25	4,761	23	4,128	24	4,231	22	4,746
노인의료 복지시설	소 계	4,841	151,200	4,585	139,939	4,352	133,629	4,079	125,305	3,852	131,074
	노인요양시설	2,707	132,387	2,497	121,774	2,610	118,631	2,489	111,457	2,429	107,506
	노인요양공동생활가정	2,134	18,813	2,088	18,165	1,742	14,998	1,590	13,848	1,346	11,361
	노인전문병원	0	0	0	0	0	0	0	0	77	12,207
노인여가 복지시설	소 계	65,665	0	64,983	0	64,077	0	63,375	0	62,469	0
	노인복지관	344	0	319	0	300	0	281	0	259	0
	경로당	63,960	0	63,251	0	62,442	0	61,537	0	60,737	0
	노인교실	1,361	0	1,413	0	1,335	0	1,557	0	1,464	0
	노인휴양소	0	0	0	0	0	0	0	0	9	0
재가노인 복지시설	소 계	2,797	18,852	2,832	16,061	3,003	16,076	2,750	16,084	2,496	14,792
	방문요양서비스	992	0	1,042	0	1,113	0	1,180	0	1,118	0
	주·야간보호서비스	913	18,008	848	14,996	840	15,160	842	15,154	786	14,086
	단기보호서비스	96	844	110	1,065	94	916	95	930	67	706
	방문목욕서비스	588	0	603	0	633	0	633	0	525	0
	재가지원서비스	208	0	229	0	323	0	0	0	0	0
노인보호 전문기관	노인보호전문기관	28	0	25	0	25	0	25	0	24	0

주) • 유료노인복지주택 입소정원 : '08 및 '07년에는 시·군·구 조사 자료에 의거 입소정원을 표기하였으나, 현실적으로 주택은 1세대에 1명 또는 여러 명이 거주 가능하므로 입소정원이 없음. 따라서 '09년부터는 노인복지주택의 입소정원을 세대수로 표기함('08년 노인복지주택 세대수는 2,596세대, '07년 2,012세대임)

• 재가노인복지시설 현황은 노인복지법에 의거 설치신고된 시설 현황 자료임

• 노인복지관 현황은 노인복지법에 따른 노인복지관 및 지자체 조례에 따른 노인복지회관, 노인복지센터 등 포함된 숫자임

3) 노인복지시설 변동요인 분석

2008년도 노인장기요양보험의 시행 이후 재가서비스 단기보호의 시설 전환 등으로 인하여 2010년도는 노인의료복지시설의 수가 큰 폭으로 증가하였으며, 2011년도는 특히 노인요양공동생활가정의 수가 큰 폭으로 증가하였다.

(1) 노인요양시설 : 2008년 1,332개소 → 2010년 2,429개소 → 2011년 2,489개소 → 2012년 2,610개소 → 2013년 2,497개소 → 2014년 2,707개로 2008년 대비 103.2% 증가하였다.

(2) 노인요양공동생활가정 : 2008년 422개소 → 2010년 1,346개소 → 2011년 1,590개소 → 2012년 1,742개소 → 2013년 2,088개소 → 2014년 2,134개소로 2008년 대비 405.7% 증가하였다.

(3) 재가노인복지시설 중 단기보호는 2008년 217개소에서 2010년 67개소로 150개소가 감소(사유 : 단기보호의 시설전환)하였으며, 2014년 96개소로 2010년 대비 43.3% 증가하였다.

(4) 재가노인복지시설 : 2008년 2,298개소 → 2010년 2,496개소 → 2011년 2,750개소 → 2012년 3,003개소(재가지원서비스 323개소 신설) → 2013년 2,832개소) → 2014년 2,797개소로 로 2008년 대비 21.7% 증가하였다.

(5) 향후 전망 또는 계획

2008년 7월 노인장기요양보험 제도 시행에 따라 일시적으로 요양시설이 많이 확충되었으나, 제도의 안정적인 정착으로 인하여 증가세가 점차 둔화되는 추세이며, 향후 고령화로 인한 노인인구의 증가에 따른 시설의 수요가 완만하게 증가할 것이나, 시설의 규모나 양보다는 서비스 내용 등 시설 운영의 질적인 요소가 크게 작용할 것으로 보인다.

한편 시설의 충족률은 많이 개선되었으나, 여전히 지역적으로 불균형 분포를 보이고 있어, 앞으로는 시설이 지역적으로 균형 있게 확충될 수 있는 정책적인 대안 마련이 필요하다 하겠다. 또한 향후 정부는 장기요양보험의 중장기 계획에 의거, 가족과 함께 할 수 있는 재가서비스의 활성화 및 지역적으로 균형적인 인프라 구축방향을 마련할 계획이다(보건복지부, 요양보험운영과, 2015, http://www.mw.go.kr).

4) 노인주거복지시설

(1) 개요

노인주거복지시설은 양로시설(유료, 무료, 실비), 노인공동생활가정과 노인복지주택이 있다. 규모에 따라 양로시설은 입소정원 10인 이상이며, 노인공동생활가정은 5명 이상 9명 이하로 규정된다. 노인주거복지시설은 노인을 입소시켜 급식 및 기타 일상생활에 필요한 편의를 제공하여 노후에 안정된 생활을 보장하고자 하는 목적으로 설립된 시설이다. 한편 노인공동생활가정은 노인에게 가정과 같은 주거여건을 제공한다는 점에서 편안하고 안락한 가정환경을 장점으로 하는 시설이며, 노인복지주택은 노인에게 주거시설을 분양 또는 임대하여 주거의 편의 · 생활지도 · 상담 및 안전관리 등 일상생활에 필요한 편의를 제공함을 목적으로 하는 시설이라는 점에서 약간의 차이가 있다.

설치는 국가 또는 지방자치단체가 할 수 있으며, 그 외의 자가 설치하고자 하는 경우에는 특별자치도지사, 시장, 군수, 구청장에게 신고하여야 한다. 또한 시설, 인력 및 운영에 관한 기준과 설치신고, 설치, 운영자 준수사항, 기타 사항은 보건복지부령으로 정한 사항을 따라야 한다.

(2) 현황 및 체계

2014년도 노인의료복지시설의 현황에서 전체 시설 수는 73,774개소이며, 입소정원은 190,162명으로 나타났다. 이 중 양로시설은 272개소로 13,903명이며, 노인공동생활가정은 142개소에 1,173명으로 나타났고, 노인복지주택은 29개소로 5,034명으로 나타났다(보건복지부, 2015, 노인복지시설 현황).

노인주거복지시설의 유형과 체계는 다음과 같다.

〈표 9-4〉 **노인주거복지시설의 유형 및 체계**

<table>
<tr><th>종 류</th><th>시설</th><th>설치목적</th><th>입소(이용)대상자</th><th>설치</th></tr>
<tr><td rowspan="2">노인 주거 복지 시설</td><td>양로시설</td><td>노인을 입소시켜 급식과 그 밖에 일상생활에 필요한 편의를 제공</td><td rowspan="2">• 다음 각 호의 어느 하나에 해당하는 자로서 일상생활에 지장이 없는 자
가.「국민기초생활보장법」 제2조에 따른 수급권자 (이하 "기초수급권자"라 한다)로서 65세 이상의 자
나. 부양의무자로부터 적절한 부양받지 못하는 65세 이상의 자
다. 본인 및 본인과 생계를 같이 하고 있는 부양의무자의 월소득을 합산한 금액을 가구원수로 나누어 얻은 1인당 월평균 소득액이 통계청장이 통계법 제17조 제3항에 따라 고시하는 전년도의 도시근로자가구 월평균 소득을 전년도의 평균가구원 수로 나누어 얻은 1인당 월평균소득액 이하인 자(이하 "실비보호대상자"라 한다)로서 65세 이상의 자
라. 입소자로부터 입소비용의 전부를 수납하여 운영하는 양로시설 또는 노인공동생활가정의 경우는 60세 이상의 자</td><td rowspan="2">시장, 군수, 구청장에 신고</td></tr>
<tr><td>노인공동생활가정</td><td>가정과 같은 주거여건과 급식, 그 밖에 일상생활에 필요한 편의를 제공</td></tr>
<tr><td></td><td>노인복지주택</td><td>노인에게 주거시설을 분양 또는 임대하여 주거의 편의·생활지도·상담 및 안전관리 등 일상생활에 필요한 편의를 제공</td><td>단독취사 등 독립된 주거생활을 하는데 지장이 없는 60세 이상의 자</td><td>시장, 군수, 구청장에 신고</td></tr>
</table>

출처: 보건복지부(2015), 노인복지시설 현황.

〈표 9-5〉 공간 및 입지유형별 노인주거의 유형

구 분	도시형	도시근교형	휴양 및 전원형
입지별 특성	• 대도시에 입지 • 이동의 편리(대중교통의 이용이 용이) • 인근생활편의 시설 및 문화시설, 커뮤니티 시설 이용 용이 • 기존의 지역사회에 기반 • 사회와의 끊임없는 교류 • 젊은층과의 융화 및 가족과 교류용이	• 도시와 가까운 곳에 입지 도심지까지 1~1시간 반 정도 • 도시의 버스기능 및 사회활동을 위한 대도시로의 왕래가 가능한 지역 • 비교적 저가의 부지, 자연환경 양호, 대중교통 이용혜택 가능	• 중소도시의 경관과 자연환경이 양호한 지역에 입지, 휴양 및 건강을 위한 지역 • 온천, 명승지 등의 관광적 요소를 갖춘 곳에 입지, 종합적인 노인 커뮤니티 고려
주거시설 형태	• 가족동거의 3대 주택 • 공동숙사 집단 기구 • 노인분리세대의 공동주택	• 노인타운 • 저층 주거시설 기구 • 기타 레저와 건강시설	• 노인촌 • 휴양과 전원풍경의 주거시설 • 각종 편의시설과 문화시설
단 점	• 높은 지가로 신규 부지 확보 곤란 및 사업비용의 상승에 따른 이용료 증가 • 교통의 혼잡 및 환경오염에 노출 • 시설 내 편의시설 및 문화시설 부족 • 열악한 자연환경	• 그린벨트 등 건축제한이 많음 • 도시기능의 확산으로 기존의 의도 상실 가능성 • 도시에 가까워서 생활서비스나 공공서비스의 미비 가능성	• 도시기능을 기대하기 어려움 • 고립감을 느낄 수 있음 • 토지가격은 낮지만 개발비용이 높음 • 운영상의 부담이 높음 • 1차적 의료시설에 의존

출처: 고재욱 외(2010).

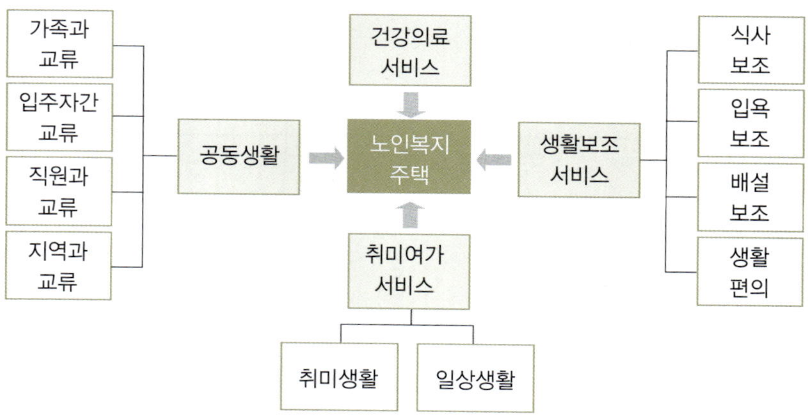

[그림 9-3] 노인복지주택의 주요 기능

출처: 보건복지가족부, 2009 노인복지주택 개선방안 및 발전모형개발

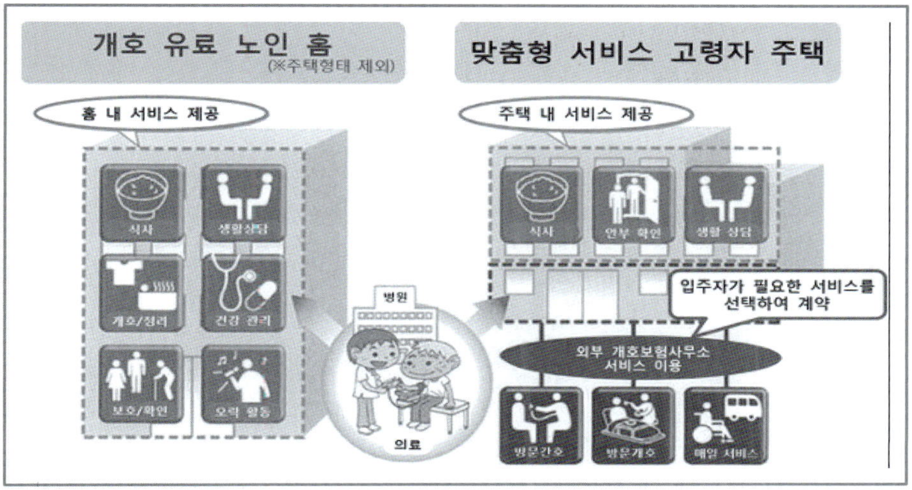

[그림 9-4] 맞춤형 고령자 주택 예시

출처: 후생노동청

[그림 9-5] 독일 알덴하임(Altenheim) 유료복지시설(도시 중심 접근)

출처: http://cafe.daum.net/ewelfare/

[그림 9-6] 서울시 마포구 상암동에 있는 세계 최고층(33층) 노인복지시설(노유자시설) 상암카이저팰리스클래식(유료노인복지주택)

출처: http://cafe.daum.net/ewelfare/

5) 노인의료복지시설

(1) 개요

고령화로 사회적 부양체계에 대한 요구가 증가하면서 도입된 노인장기요양보험제도가 본격 시행되어 노인의료복지시설에 대한 요구는 더욱 높아져서 노인의료복지시설도 통합·개편되었는데 노인요양시설, 노인요양공동생활가정, 노인전문병원으로 구분하고 있다.

설치목적은 노인들의 의료서비스 집중서비스, 노인요양시설, 노인요양공동생활가정, 노인전문병원(기관 분류 단순화), 노인성 질환으로 인해 도움이 필요한 노인에게 노인요양공동생활가정에서 요양과 편의를 제공하기 위함이다.

노인의료복지시설별 내용은 다음과 같다(원석조, 2013).

첫째, 노인요양시설(요양원)은 치매 뇌졸중(중풍) 등 노인성 질환 등으로 심신에 상당한 장애가 발생하여 도움을 필요로 하는 노인을 입소시켜 급식 및 요양, 기타 일상생활에 필요한 편의를 제공함을 목적으로 하는 시설이다.

둘째, 노인요양공동생활가정(Group Home)은 치매, 뇌졸중(중풍) 등 노인성 질환 등으로 심신에 상당한 장애가 발생하여, 도움을 필요로 하는 노인에게 가정과 같은 주거여건과 급식 요양 그 밖에 일상생활에 필요한 편의를 제공함을 목적으로 하는 시설이다.

셋째, 노인전문병원은 주로 노인을 대상으로 의료를 행하는 시설이다. 「의료법」에 의한 의료기관을 개설할 수 있는 자가 시·도지사의 허가를 받아 설치하는 시설로 보건복지가족부에 의해 정하는 시설 및 인력을 갖추고 주로 노인을 대상으로 의료를 행하는 시설이다.

한편 노인의료복지시설의 입소대상은 노인요양시설, 노인요양공동생활가정의 경우, 노인장기요양보험법 제15조에 의거, 기초수급권자로 65세 이상, 적절한 부양을 받지 못하는 65세 이상, 입소비용의 전부를 수납해 운영하는 기관은 60세 이상 대상이 해당된다. 그리고 노인전문병원은 노인성 질환으로 치료가 필요하거나 임종을 앞둔 환자가 대상이 된다.

(2) 현황 및 체계

2014년도 노인의료복지시설의 현황에서 전체 시설 수는 4,841개소이며, 입소정원은 151,200명으로 나타났다. 이 중 노인요양시설은 2,707개소로 132,387명이며, 노인요양공동생활가정은 2,134개소에 18,813명으로 나타났다(보건복지부, 2015, 노인복지시설 현황).

노인의료복지시설의 유형과 체계는 다음과 같다.

〈표 9-6〉 **노인의료복지시설의 유형 및 체계**

종 류	시설	설치목적	입소(이용)대상자	설치
노인의료복지시설	노인요양시설	치매, 중풍 등 노인성 질환으로 심신에 상당한 장애가 발생, 도움을 필요로 하는 노인을 입소시켜 급식 요양과 그 밖에 일상생활에 필요한 편의를 제공	• 노인성 질환 등으로 다음 각 호의 어느 하나에 해당하는 자 가. 노인장기요양보험법 제15조에 따른 장기요양급여 수급자 나. 기초수급권자로서 65세 이상의 자 다. 부양의무자로부터 적절한 부양을 받지 못하은 65세 이상의 자 라. 입소자로부터 입소비용의 전부를 수납하여 운영하는 노인요양시설 또는 노인요양공동생활가정의 경우는 60세 이상의 자	시장, 군수, 구청장에 신고
	노인요양공동생활가정	치매, 중풍 등 노인성 질환 등으로 심신에 상당한 장애가 발생하여 도움을 필요로 하는 노인에게 가정과 같은 주거여건과 급식 요양, 그 밖에 일상생활에 필요한 편의를 제공		

종 류	시설	설치목적	입소(이용)대상자	설치
	노인전문병원	주로 노인을 대상으로 의료를 행하는 시설 ※의료법에 의한 의료기관을 개설할 수 있는 자(치과의사 및 조산사 제외)에 한하여 시·도지사의 허가를 받아 설치	가. 노인성 질환으로 치료, 요양을 필요로 하는 자 나. 임종을 앞둔 환자	시장, 군수, 구청장에 신고

출처: 보건복지부(2015). 노인복지시설 현황.

노인의료복지시설의 입소절차는 다음과 같다.

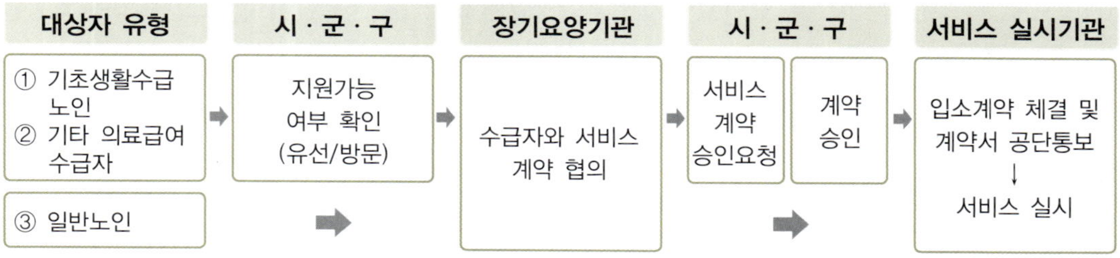

[그림 9-7] 노인의료복지시설의 입소절차

출처: 양옥남 외(2014). p.163.

[그림 9-8] 일본의 노인공동생활가정 그룹홈

출처: http://blog.naver.com/nanoom8888/140171975775

[그림 9-9] **노인 그룹홈 홍보전단지 예시, 입소 상담(이향란 소장)**

출처: http://cafe.daum.net/skylandwelfare, http://cafe.daum.net/khkss/

6) 재가노인복지시설

(1) 개요

재가노인복지시설은 정신적, 신체적 이유로 독립적인 일상생활을 수행하기 곤란한 노인과 노인부양가정에 필요한 각종 서비스를 제공하여 노인이 가족 및 친지와 더불어 건강하고 안정된 노후생활을 영위할 수 있도록 함과 동시에 노인부양으로 인한 가족의 부담을 경감시켜 주기 위한 노인이용시설의 하나이다.

재가노인복지사업은 1987년 한국노인복지회에서 저소득층 노인을 대상으로 시범사업을 하면서 시작되었다. 「노인복지법」의 재가노인복지사업은 신체적・정신적 장애가 있는 노인이 가정에서 계속 생활하면서 필요한 각종 보호와 지원을 받을 수 있도록 재가노인복지 증진을 목적으로 하는 사업으로 정의되고 있다(박선태 외, 2015).

한편 재가노인복지사업(서비스)이란 지역사회 내에 살고 있는 노인이나 부양자에게 필요한 서비스를 가정에 직접 제공하거나 지역사회의 보건의료복지시설을 이용하여 노인이 가정에서 계속 생활하면서 일상생활을 영위할 수 있도록 도와주는 사업을 뜻한다. 2008년 7월 노인장기요양보험제도의 실행과 더불어 재가노인복지시설은 방문 요양서비스, 주・야간보호서비스, 단기보호서비스, 방문목욕서비스로 구분되었다.

(2) 현황 및 체계

2014년도 재가노인복지시설 현황에서 총 시설 수는 2,797개소로 입소정원은 18,852명으로 나타났다. 이 중 방문요양서비스의 시설 수가 가장 많아 992개소이며, 다음으로 주·야간보호서비스가 913개소로 입소정원은 18,008명으로 나타났다(보건복지부, 2015, 노인복지시설 현황).

재가노인복지시설의 서비스 내용은 다음과 같다.

첫째, 방문요양서비스는 신체적·정신적 장애로 일상생활을 영위하기 곤란한 노인이 있는 가정에 요양보호사를 파견하여 노인의 신체적 서비스와 일상생활에 필요한 각종 편의를 제공하여 지역사회 안에서 건전하고 안정된 노후생활을 영위하도록 하는 서비스이다.

둘째, 주·야간 보호서비스는 부득이한 사유로 가족의 보호를 받을 수 없는 심신이 허약한 노인과 장애노인을 주간 또는 야간 동안 보호시설에 입소시켜 필요한 각종 편의를 제공하여 이들의 생활안정과 심신기능의 유지, 향상을 도모하고, 부양가족의 신체적·정신적 부담을 덜어 주기 위한 서비스이다.

셋째, 단기보호서비스는 부득이한 사유로 가족의 보호를 받을 수 없어 일시적으로 보호가 필요한 심신이 허약한 노인과 장애노인을 시설에 단기간 입소시켜 보호함으로써 노인 및 부양가족의 복지증진을 도모하기 위한 서비스이다.

넷째, 방문목욕서비스는 신체적·정신적 장애로 일상생활을 영위하기 곤란한 노인이 있는 가정을 방문하여 요양보호사가 목욕을 제공하는 서비스이다.

그 밖의 서비스는 그 밖에 재가노인에게 제공하는 서비스로서 보건복지가족부령이 정하는 서비스이다.

다음으로 재가노인복지시설의 유형과 체계는 다음과 같다.

〈표 9-7〉 **재가노인복지시설의 유형 및 체계**

<table>
<tr><th>종 류</th><th>시설</th><th>설치목적</th><th>입소(이용)대상자</th><th>설치</th></tr>
<tr><td rowspan="5">재가노인복지시설</td><td>방문요양서비스</td><td>가정에서 일상생활을 영위하고 있는 노인으로서 신체적 ·정신적 장애로 어려움을 겪고 있는 노인에게 필요한 각종 편의를 제공하여 지역사회 안에서 건전하고 안정된 노후를 영위하도록 하는 서비스</td><td rowspan="5">장기요양수급자나 심신이 허약하거나 장애가 있는 65세 이상의 자(이용자로부터 이용비용의 전부를 수납받아 운영하는 시설의 경우에는 60세 이상의 자로 한다)로서 다음 각 호에 해당하는 자
가. 방문요양서비스: 가정에서 보호가 필요한자
나. 주·야간보호서비스: 주간 또는 야간 동안의 보호가 필요한 자
다. 단기보호서비스: 단기간의 보호가 필요한 자
라. 방문목욕서비스: 가정에서 목욕이 필요한 자</td><td rowspan="2">시장, 군수, 구청장에 신고</td></tr>
<tr><td>주·야간보호서비스</td><td>부득이한 사유로 가족의 보호를 받을 수 없는 심신이 허약한 노인과 장애노인을 주간 또는 야간 동안 보호시설에 입소시켜 필요한 각종 편의를 제공하여 이들의 생활안정과 심신기능의 유지·향상을 도모하고 그 가족의 신체적·정신적 부담을 덜어주기 위한 서비스</td></tr>
<tr><td>단기보호서비스</td><td>부득이한 사유로 가족의 보호를 받을 수 없어 일시적으로 보호가 필요한 심신이 허약한 노인과 장애노인을 보호시설에 단기간 입소시켜 보호함으로써 노인 및 노인가정의 복지증진을 도모하기 위한 서비스</td><td rowspan="3">시장, 군수, 구청장에 신고</td></tr>
<tr><td>방문목욕서비스</td><td>목욕장비를 갖추고 재가노인을 방문하여 목욕을 제공하는 서비스</td></tr>
<tr><td>재가노인지원서비스</td><td>그 밖에 재가노인에게 제공하는 서비스로서 상담·교육 및 각종 서비스</td></tr>
</table>

출처: 보건복지부(2015). 노인복지시설 현황.

7) 노인여가복지시설

(1) 개요

노인여가복지시설은 2007년 8월 「노인복지법」 개정을 통하여 노인여가복지시설 중 기존 노인복지회관의 명칭을 노인복지관으로 변경하였으며, 복지관의 기능과 목적에 대해 새롭게 정의하고 있다.

(2) 현황 및 체계

2014년도 노인여가복지시설 현황에서 총 시설 수는 65,665개소로 나타났다. 이 중 경로당의 시설 수가 가장 많아 63,960개소이며, 다음으로 노인교실이 1,361개소로 노인복지관은 344개소로 나타났다(보건복지부, 2015, 노인복지시설 현황).

노인여가복지시설의 서비스 내용은 다음과 같다.

첫째, 노인복지관은 무료 또는 저렴한 요금으로 노인에 대하여 각종 상담에 응하고, 건강의 증진, 교양, 오락, 기타 여가활동을 할 수 있는 장소를 제공함을 목적으로 하는 시설이다.

둘째, 경로당은 지역노인이 자율적으로 친목도모, 취미활동, 공동작업장 운영 및 각종 정보교환, 기타 여가활동을 할 수 있는 장소를 제공함을 목적으로 하는 시설이다.

셋째, 노인교실은 노인에게 사회활동, 참여욕구를 충족시키기 위하여 건전한 취미생활, 노인건강 유지, 소득보장 기타 일상생활과 관련한 학습프로그램을 제공함을 목적으로 하는 시설이다.

넷째, 노인휴양소는 노인에게 심신의 휴양과 관련한 위생시설, 여가시설, 기타 편의시설을 단기간 제공함을 목적으로 하는 시설이다.

노인여가복지시설의 유형과 체계에 대한 내용은 다음과 같다.

〈표 9-8〉 **노인여가복지시설의 유형 및 체계**

종 류	시설	설치목적	입소(이용)대상자	설치
노인여가복지시설	**노인복지관**	노인의 교양 ·취미생활 및 사회참여활동 등에 대한 각종 정보와 서비스를 제공하고, 건강증진 및 질병예방과 소득보장·재가복지, 그 밖에 노인의 복지증진에 필요한 서비스를 제공	60세 이상의 자	시장, 군수, 구청장에 신고
	경로당	지역노인들이 자율적으로 친목도모·취미활동·공동작업장 운영 및 각종 정보교환과 기타 여가활동을 할 수 있도록 하는 장소를 제공		
	노인교실	노인들에 대하여 사회활동 참여욕구를 충족시키기 위하여 건전한 취미생활·노인건강유지·소득보장 기타 일상생활과 관련한 학습프로그램을 제공		시장, 군수, 구청장에 신고
	노인휴양소	노인들에 대하여 심신의 휴양과 관련한 위생시설·여가시설 기타 편의시설을 단기간 제공	60세 이상의 자 및 그와 동행하는 자. 다만, 이용인원이 정원에 미달하는 때에는 정원의 100분의 30의 범위 안에서 그 외의 자도 이용할 수 있다.	

출처: 보건복지부(2015), 노인복지시설 현황.

8) 노인보호전문기관

(1) 개요

노인보호전문기관은 시·도지사가 지정·운영하도록 되어 있으며, 노인학대예방센터라고 명칭한다(고재욱 외, 2010). 이 기관은 노인학대신고, 상담, 보호, 예방 및 홍보하는 것이 목적이다. 즉, 학대받는 노인을 위한 전문적 상담과 서비스 제공을 통한 노인의 권익증진, 학대행위자 등에 대한 교육·홍보를 통하여 노인학대에 대한 인식을 개선하며, 노인학대 예방사업을 통해 노인학대가 없는 밝은 가정과 사회를 조성하기 위한 목적으로 사업을 실시하고 있다.

[그림 9-10] **노인보호전문기관 예시**

출처: 고재욱 외(2010).

(2) 현황 및 체계

2014년도 노인보호전문기관 현황에서 총 기관수는 28개소로 나타났다(보건복지부, 2015, 노인복지시설 현황).

노인보호전문기관의 유형과 체계는 다음과 같다.

〈표 9-9〉 **노인보호전문기관의 유형과 체계**

종 류	시설	설치목적	입소(이용)대상자	설치
노인보호 전문기관	**노인보호 전문기관**	시·도지사가 노인보호전문기관을 지정·운영 노인 학대신고, 상담, 보호, 예방 및 홍보, 24시간 신고·상담용 긴급전화(1389) 운영	노인학대행위자에 대한 상담 및 교육, 학대받은 노인의 발견·상담·보호 등 노인학대 예방 및 방지를 위한 홍보	시·도지사 지정

출처: 보건복지부(2015), 노인복지시설 현황.

9) 노인일자리 지원기관

(1) 개요

노인일자리 지원기관은 지역사회 등에서 노인일자리 개발·지원·창업·육성 및 노인에 의한 재화의 생산·판매 등을 직접 담당하는 기관이며, 해당 시설 및 인력기준을 정하도록 하고, 이를 위반한 경우 사업정지 또는 폐지를 명할 수 있도록 노인복지법이 개정(법률 11854호, 2013. 6. 4)되어 법률에서 필요한 사항을 정하였다(박선태 외, 2015).

(2) 현황 및 체계

노인일자리 지원기관의 유형과 체계는 다음과 같다.

〈표 9－10〉 노인일자리 지원기관의 유형과 체계

종 류	시설	설치목적	입소(이용)대상자	설치
노인 일자리 지원기관	노인 일자리 지원기관	지역사회 등에서 노인일자리의 개발・지원・창업・육성 및 노인에 의한 재화의 생산・판매 등을 직접 담당하는 노인일자리전담기관 운영	60세 이상	시・도 및 시・군・구 신고

출처: 보건복지부(2015), 노인복지시설 현황.

3. 우리나라 노인복지시설서비스의 과제 및 개선방안

(1) 노인복지시설의 양적 확충

노인복지법 제8조에서는 '국가 또는 지방자치단체는 노인의 주거에 적합한 기능 및 설비를 갖춘 주거전용시설의 공급을 조장해야 하며, 그 주거용 시설의 공급자에 대하여 적절한 지원을 할 수 있다'라고 규정하고 있다(양옥남 외, 2014).

현재 우리나라의 노인복지시설은 공급이 절대적으로 부족하고, 대상자의 특성에 따른 전문화된 서비스가 제공되지 못하고 있다는 한계를 가지고 있다. 따라서 부족한 노인복지시설을 획기적으로 확충하여 충분한 서비스를 제공할 수 있도록 해야 한다. 그리고 노인복지시설을 설립할 때 수요를 미리 예측하여 지역별 격차를 줄이고 지역별 적정기준을 정하여 확충해 나가야 한다.

(2) 노인복지시설서비스의 질적 제고

노인복지시설의 양적 증가도 중요한 지표가 되지만, 노인복지시설의 보호서비스 내용을 현실성 있게 대폭 상향조정하여, 노인복지시설 이용자의 시설선택권을 보장함으로써 서비스 제공자와 이용자 간의 대등한 관계를 정립하고, 서비스 제공자 간의 선의의 경쟁을 통해서 서비스의 질을 제고해야 한다. 또한 이에 따른 직원 증가 및 인건비의 현실화 측면도 감안하여 실시해야 한다.

(3) 노인복지시설의 합리적, 긍정적 평가의 활용

노인복지시설에 대한 전반적인 평가를 실시하여 시설환경, 종사자의 전문성, 서비스 수준, 운영 및 재정관리, 지역사회 연계성 등 서비스 전반에 대하여 투명하고 합리적인 운영이 되도록 해야 한다. 즉, 평가를 통해 시설개선과 운영 및 인력관리의 체계를 갖추는 계기로 활용하는 것으로, 운영의 폐쇄성, 비효율성, 비전문성 등을 개성해가는 유용한 수단으로 삼아 양질의 서비스를 제공할 수 있다.

(4) 노인복지시설의 사회화

노인복지시설서비스는 노인의 기본적 인간의 가치를 존중하고, 변화하는 사회에서 노인이 유용한 자원으로 활용될 수 있도록 격려하는 것이 되어야 한다. 아울러 시설의 사회화를 통해 지역사회와의 관계를 보다 강화할 필요가 있다.

시설의 사회화는 다음 몇 가지 요소를 포함하는 개념이다. 첫째, 기본적으로 시설과 지역사회와의 관계를 발전시키고, 둘째, 시설운영과 공간·시설·장비 등을 지역사회에 개방하며, 셋째, 주민이 지역사회 내 시설에 민주적으로 참여하고, 복지 영역에서 활용할 수 있는 지역인력 자원 중에서 대학기관과의 연계를 하는 것이 중요하다.

마지막으로 시설생활자의 욕구 충족을 넘어서서 시설이 지역사회 전체 주민의 욕구를 충족시키고자 하는 것이다.

(5) 정부의 예산 확충과 의식 전환

노인복지시설의 효과적 운영을 위해서는 무엇보다도 지방자치단체와 정부의 적극적인 지원이 요구된다. 이에 따른 법과 제도를 보완하고 행정규제를 완화할 필요가 있다. 중앙정부는 사회복지 시행의 주체이므로 복지정책에 대한 책임을 가지고 시설복지에 대한 적극적인 의지를 보여야 할 것이다. 끝으로 정책결정자의 확고한 의지와 더불어 예산이 확충되어야 하며, 시설에 대한 국민의 의식이 전환되어야 한다.

10 노인복지실천

1. 노인복지실천의 이해

1) 노인복지실천의 개념

노인복지실천이란 노인을 대상으로 하는 사회복지실천으로, 노인이 갖는 사회적 문제와 사회적 기능 수행상의 어려움을 개별적·집단적·조직적·지역사회 수준에서 원조와 서비스를 제공하여 노인의 사회적 기능을 향상시키려는 통합적인 노인복지 접근방법이다. 이러한 접근은 노인의 사회적 기능 수행상의 문제를 중심으로 사회복지사와 클라이언트가 함께 활동하게 된다.

또한 노인과 그들을 둘러싼 환경, 특히 가족을 주된 대상으로 하며, 노인이 환경과의 상호작용과정에서 갖게 되는 요구나 문제를 예방하고 경감, 해결하여 노인의 사회적 기능을 향상시키는 것을 목적으로 한다. 즉, 노인의 욕구 충족과 사회적 기능의 증진, 사회정책과 서비스, 자원, 프로그램 계획과 형성 및 수행 등을 목적으로 하며, 노인집단에게 권한을 부여하며, 노인복지실천을 위한 전문적 지식과 기술개발을 주 목적으로 하고 있다.

2) 노인복지실천의 목표와 기능

노인복지실천의 세부적인 목표는 다음과 같다.

(1) 노인의 문제해결능력, 대처능력 및 발달상의 능력 향상이다.

(2) 각종 자원이나 서비스 및 기회를 제공하는 체계와 노인의 연결을 위해서이다.

(3) 자원과 서비스를 제공해 주는 체계의 효과적이고 인간적인 작동을 위해서이다.

(4) 사회정책의 개발과 증진을 위해서이다.

(5) 위험에 처한 집단의 역량 강화를 통한 사회경제적 정의의 증진이다.

(6) 전문적 지식과 기술의 개발과 검증을 목표로 한다.

다음으로 노인복지실천의 기능에 대한 내용은 다음과 같다.

노인복지실천에서의 예방이란, 문제가 발생하여 그 문제를 해결하기 이전에 노인의 사회적 기능을 향상시켜 줌으로써 문제로 인해 발생하는 사회적 부담을 줄여주는 것을 의미하며, 치료는 노인이 현재 겪고 있는 문제나 장애를 해결 또는 개선하는 것을, 그리고 회복은 신체 및 정신적 문제나 장애로 약화된 기능을 되찾도록 원조해주는 것을 의미한다.

이러한 노인복지실천의 목적과 기능을 성취하기 위하여 사회복지사는 노인과 가족을 대상으로 하여 상담, 교육, 지역사회자원의 연결, 취업알선, 여가활동 지원, 신체적 서비스, 일상생활지원서비스, 방문서비스와 방문간호서비스 등의 다양한 업무를 수행하게 된다. 노인복지실천에서 사회복지사는 노인과 노인 가족을 대상으로 그들이 직면한 사회적 문제를 해결 또는 극소화하고, 사회적 기능을 정상화시키는 전문적 원조활동과정에서 개별 노인의 특성에 맞는 다양한 역할을 한다.

3) 노인복지실천의 수준

노인복지실천의 현장은 다양하게 존재하며, 노인복지실천의 사례들은 수준과 형태에 따라 구분할 수 있다.

첫째, 매슬로우(A. Maslow: 1908－1970)가 분류한 인간의 욕구 5단계를 활용하여 노인이 지니고 있는 욕구의 특징에 맞추어 실천개입수준을 정할 수 있다. 이 이론에서 분류한 인간욕구 5단계는 낮은 수준의 욕구에서부터 높은 수준의 욕구에 이르기까지 위계적 욕구를 분류한 것이므로, 노인복지의 실천수준을 결정할 경우 사용할 수 있는 대표적 준거(準據)가 될 수 있다.

둘째, 사회복지의 목적 혹은 기능적 측면에서의 노인복지실천수준을 결정하는 작업이다. 사회복지의 목표와 카테고리를 문제해결과 문제예방, 인간능력의 개발 등으로 분류할 경우, 노인복지실천도 노인문제의 해결, 노인문제의 예방, 노인역량의 개발 등으로 구분할 수 있다.

셋째, 사회복지의 실천방법론에서 흔히 분류하는 것과 같이 개인과 가족, 집단, 지역사회, 국가 그리고 세계 차원으로 노인복지실천을 구분할 수 있다. 이는 노인들에게 각각의 케어서비스를 제공하는 것으로 분류하여 실천수준을 결정하는 방법이다. 즉, 노인복지실천의 개념을 미시적(微視的)인 단계에서 거시적(巨視的)인 차원으로 외연(外延)을 확대하여 각종 사회복지실천 방법론의 기법과 기술을 적용하는 것이다.

넷째, 노인장기요양보험제도에서 보는 바와 같이, '요양보험법'의 등급판정 결과에 따라 요양서비스를 제공하는 것과 마찬가지로 노인에게 각각의 케어서비스를 제공하는 것으로 분류하여 실천수준을 결정하는 것이다.

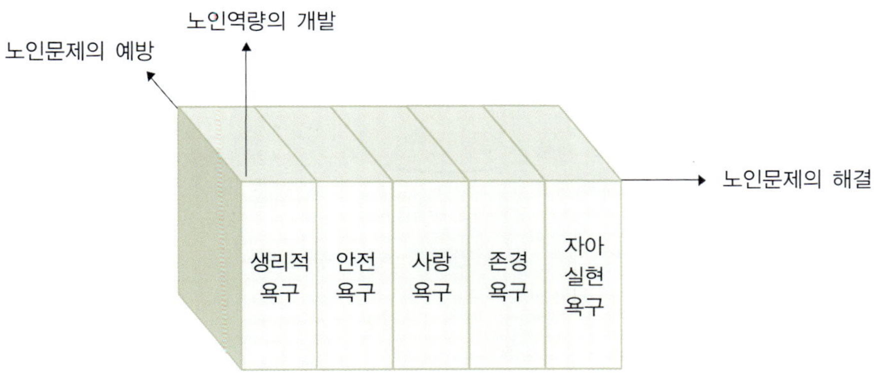

[그림 10-1] **노인복지 실천 수준과 내용(노인복지 목적과 매슬로우 욕구 5단계의 조합)**

출처: 현외성(2015), p.215.

2. 노인복지실천의 체계

1) 노인복지실천의 구성체계

노인복지실천의 구성체계는 크게 가치체계와 지식체계, 그리고 기술체계로 구분할 수 있다. 먼저 가치체계는 노인의 욕구에 대한 관심, 타인의 복지에 대한 관심, 사회복지사의 윤리 등에 대한 느낌과 마음이 해당된다. 지식체계는 노인의 상황에 대한 사정과 개입계획으로 노인과 사회, 양자 간의 상호작용을 이해하는 데 필요한 기초지식과 개인, 가족, 집단, 지역사회를 원조하고 강화시키는 데 필요한 실천지식, 현장경험을 토대로 하여 체득한 실천지혜 등의 사고와 머리를 의미한다. 기술체계는 효과적인 노인복지실천을 위해서는 전문적 기술체계를 갖추어야 하며, 과학적 사회복지학이 발달하기 전에는 구빈사업, 자선사업 등의 비전문적인 원조행위가 지배적이므로 이에 노인의 상황에 대한 서비스 원조를 의미하며, 인간관계기술, 개입기술, 서비스 기술 등의 행동, 손과 발을 의미한다.

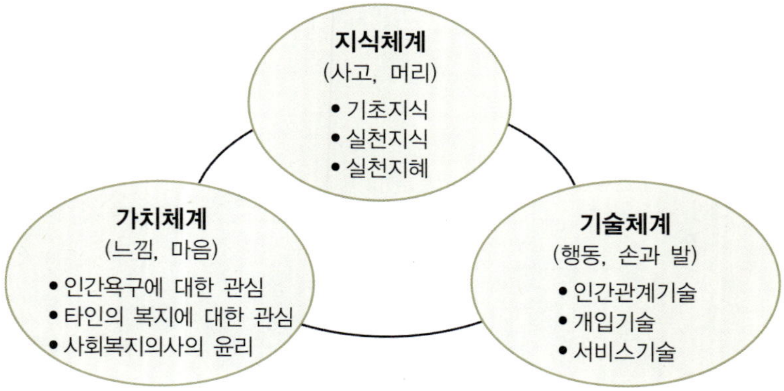

[그림 10-2] 노인복지실천의 구성체계

출처: 배기효 외(2015).

2) 노인복지실천의 일반체계이론(Pincus와 Minahan의 4체계, 재인용)

① **변화매개체계 ;** 노인복지실천에서의 계획된 변화를 실행하게 되는 주관자(노인의 복지를 위해 일하는 사회복지사), 사회복지기관에 고용되어 원조업무를 돕는 사람, 변화 노력을 주도하는 기관 전체를 포함하는 것이다.

② **클라이언트체계 ;** 변화매개인의 서비스를 기대하는 사람으로서 어떤 구체적인 형태로 도움을 요청한 사람으로 대상자체계라고도 한다.

③ **표적체계 ;** 주로 변화매개인이 그가 설정한 목표를 달성하기 위하여 영향을 미치거나 변화시킬 필요가 있는 대상이다.

④ **행동체계 ;** 사회복지사가 의도적이고 계획적인 변화 노력을 질주함에 있어서 목표를 달성하기 위하여 어떤 사람의 도움을 받을 수도 있으며, 그와 동반하여 함께 활동할 수 있는데 주로 이러한 특정인을 일컫는 것이다.

3) 노인복지실천을 위한 지침(Sheafor et al., 1998; 배기효 외, 2015)

(1) 노인 클라이언트를 존중하여야 한다.

노인 대상자는 사회복지사가 지녀야 할 가장 중요한 시각이며, 노령차별의 시각에서 탈피하여 노인의 자존감을 존중하고 자율성을 높이 평가해야 한다. 또한 노인 스스로 개입방법을 찾을 수 있도록 도와야 하며, 노인도 개인 프라이버시에 대한 욕구가 있음을 유의해서 접근해야 한다. 다음으로 노인 개인의 지나온 역사를 이해해야 하며, 노인의 오랜 경험을 존중하여야 한다.

(2) 노인의 강점을 파악한다.

노인의 강점으로는 인생을 오래 산 지혜와 어려운 상황에 대한 대처능력과 극복능력에 대한 적응력 그리고 인생의 다양한 경험이 결합된 통제능력이 바로 강점이 될 수 있으므로 잘 파악해야 한다.

(3) 노인은 자신의 독립성을 유지하고자 한다.

노인들은 나이가 들면서 주위 가족이나 친구 등 중요한 사람들과 사별하게 된다. 이러한 대처기제로 독립적이고자 함으로써 서비스 제공에 대한 저항을 느낄 수 있으므로, 치료적 관계 형성 이전에 노인의 친구로서 비공식적 관계를 통해 대화의 문을 여는 것이 중요하다.

(4) 시력, 청력손실로 인한 난점을 고려하여, 메시지를 명확하게 반복적으로 말하는 것이 중요하다.

노인들은 감각기관의 감퇴로 특히 메시지를 전달할 때 반드시 눈을 마주치면서 분명한 발음으로 명확하게 반복해서 강조해야 이해전달이 용이해진다.

(5) 노인학대와 방임, 특히 자기방임의 지표에 주의를 기울인다.

노인학대와 방임의 지표에는 매우 모호하거나 방어적인 태도로 설명하는 화재, 절단, 치료받지 않은 상처, 타박상 등이 속한다.

3. 노인복지실천의 과정

1) 초기단계

(1) 접수, 면접

사회복지사와 노인 클라이언트의 첫 대면에서 무엇보다 중요한 것은 신뢰관계의 형성이다. 사회복지실천의 질은 사회복지사와 클라이언트의 접촉의 강도(intensity of contact)에 의해 좌우된다. 사정단계에서부터 클라이언트와 관계 형성을 원활하게 해나갈 필요가 있다. 실천가인 사회복지사와 노인 사이의 관계는 결국 노인복지실천을 수행하는 과정에서 이루어지는 '전문적 관계'를 기초로 하여 모든 실천과정이 진전된다. 따라서 관계를 바르게 이해하고 수립하는 작업이 모든 노인복지실천에서 기본이므로 관계를 맺는 기술, 관계를 유지하는 기술, 관계를 증진시키고 종결하는 기술이 중요하고 필수적이다.

접수단계의 원조관계형성은 친화관계(rapport), 감정이입, 진실함의 기술 등이다.

(2) 자료수집과 사정(assessment)

노인 클라이언트에 대한 욕구를 파악하는 단계로 객관적인 정보를 수집하고, 욕구를 파악하여 문제를 사정하는 단계이다. 여기에서 사정(査定)이란 조사, 진단 및 평가 등을 포괄하는 의미를 뜻하는데, 노인 사정은 노인 클라이언트의 건강, 사회심리적 기능, 인지능력, 재정, 환경, 사회적 지지, 욕구 등을 사정도구를 통해 구체화하는 과정이며, 자료 수집은 과학적 방법에 의해 이루어져야 하고, 객관적 자료가 수집되어야 한다. 노인의 경우 관련된 그림이나 가계도 등의 간편한 도구, 비디오 등을 활용하거나, 회상적(feedback) 대화를 통해 많은 정보를 수집한다.

사정의 목표는 클라이언트인 노인을 이해하고 개별화하며, 노인이 처한 상황을 만들게 된 요인을 밝히는 작업이다. 사정을 기반으로 하여 실천가가 개입해야 하는 내용과 형태, 정도를 결정한다.

노인복지실천에서 사정은 노인의 신체적, 정신적, 심리적, 사회적, 경제적인 모든 측면을 고려해야 한다. 물론 사정은 이들 각각의 제반 요소를 상호 복합적으로 사정하여 노인의 욕구와 문제를 분석할 수 있어야 한다. 또한 사정은 어떤 서비스를 제공할 것인지를 결정하는 단계이므로, 임상적 사정은 클라이언트에게 제공될 서비스의 유형과 양을 결정하고,

주기적 사정을 통해 치료의 계속, 중단, 전환을 결정한다. 따라서 노인에 대한 사정은 다양한 측면의 사정이 되어야 한다.

2) 개입단계

개입단계는 사회복지사와 클라이언트가 상호 합의하여 결정한 문제해결을 위한 계획을 구체적인 행동으로 실천하는 단계로 의도하는 변화를 유발하는 단계이다. 개입의 궁극적인 목표는 클라이언트의 문제해결이며, 개입활동의 평가는 타당성, 정확성, 효율성을 검토해야 한다.

개입활동에 의한 변화에서 사회복지사는 개입으로 야기된 변화가 일순간의 반응으로 끝나지 않고 혼란된 순간을 극복하여 변화가 고정되고 지속될 수 있도록 도와주어야 한다.

3) 서비스 계획 및 실행

서비스 계획에 따른 개입은 첫째, 노인의 신체적 기능 정도에 따른 서비스를 제공하는 것이며, 신체적 기능 정도는 ADL(Activities of Daily Living)과 IADL(Instrumental Activities of Daily Living)에 따라 손상 정도를 판단한다.

둘째, 퇴직 후의 적응하는 인성유형에 따른 개입에는 다음과 같은 것들이 있다.

- 퇴직에 잘 적응함(well-adjusted) : 성숙(mature), 흔들의자 유형(rocking chair)
- 책임에서 벗어난 것을 즐김 : 무장(armored)
- 퇴직에 적응하지 못함(poorly-adjusted) : 분노(angry), 자아혐오(self-hating) 등

※ ADL, IADL 평가도구표 - 부록참조

▸ ADL(Activities of Daily Living); 일상생활동작능력 항목

- 옷 입고 갈아입기, 세안, 양치질, 머리감기, 목욕하기, 식사하기, 이동하기, 화장실 사용하기, 대소변 조절하기(실금) 등 기본적 기술요구 항목

▸ IADL(Instrumental Activities of Daily Living) ; 수단적 일상생활(가사생활) 수행능력 항목

- 머리빗질, 손발톱 깍기, 화장 또는 몸단장하기, 집안일하기, 식사준비, 빨래, 근거리 외출하기, 교통수단 이용하기, 물건사기, 금전관리하기, 전화사용하기, 약 챙겨

먹기 등 환경과 상호작용하는 활동으로 선택적으로 수행 가능한 항목

한편 서비스 계획 과정에서 목표를 설정하기 위해 주의해야 할 점은 다음과 같다.

첫째, 목표는 명료하게 세워져야 한다

둘째, 실현 가능한 목표를 세워야 한다.

셋째, 클라이언트와 목표에 대한 동의가 이루어져야 한다.

4) 평가와 종결

사회복지실천의 마지막 과정은 공식적 종결과정이다.

클라이언트의 정서가 안정되었다고 느낄 때, 표적 문제의 객관적 해결이 성취되었을 때, 혹은 클라이언트의 문제가 상담자의 능력을 벗어난다고 판단될 때 사회복지사와 노인 클라이언트는 관계를 종결하게 된다.

종결은 사회복지사와 클라이언트 간의 개입과정의 종결을 의미하며, 사례 종결은 클라이언트에게 더 이상 서비스가 필요 없게 되었을 때 이루어지게 되는 것으로 클라이언트의 상태가 개선되었음을 의미한다.

또한 종결은 자원의 한계로 클라이언트의 조건을 더 이상 개선시키기 어려울 경우에도 발생하며, 사례관리자는 클라이언트에게 다른 사회복지사를 연결하여, 결정은 사회복지사와 클라이언트 양자 간에 이루어진다.

사회복지사는 종결할 때, 사례에 대한 재사정(reassessment)을 실시할 수 있다.

종결이 발생한 후에도 사회복지사는 다시 클라이언트를 도울 수 있다는 것을 알려야 하며, 클라이언트는 다시 서비스 수혜에 대한 허가를 받을 권리가 있다.

사회복지사는 종결을 위한 클라이언트의 진전 정도와 종결 후에 발생할 수 있는 위험요소에 대한 평가를 해야 한다.

특히 사회복지서비스를 제공받고 있는 클라이언트들은 장기간에 걸쳐 서비스를 제공받는 경우가 많아 서비스에 의존적이 되기도 하기 때문에 사회복지사는 종결이 발생했을 때 클라이언트의 상황에 미칠 영향에 대해 충분히 고려해야 한다.

다른 한편으로 사회복지사 역시 종결로 인해 많은 심리적 문제를 경험하게 된다.

어떤 클라이언트는 좀처럼 종결을 원하지 않고, 사회복지사의 지속적 보살핌을 요구하

기도 한다. 종결을 위한 전문가적 목표는 클라이언트가 다른 사람의 도움 없이도 살아갈 수 있도록 클라이언트 역량강화라는 것을 깨닫도록 요청한다.

가장 바람직한 형태의 종결은 미리 계획된 기간 내에 바라던 목표를 성취해서 서로 합의하에 종결을 하는 것이다.

4. 노인복지실천의 방법

1) 개요

노인을 대상으로 한 사회복지실천방법을 의미하는 것으로 노인복지실천은 노인과 가족이 직면하고 있는 사회생활의 문제를 해결하거나 극소화시키는 데 목적이 있다. 이러한 목적을 달성하기 위해서는 일반적인 특성을 먼저 이해하고 이러한 특성을 전제로 하여 노인복지실천 방법을 연구하여야 한다.

따라서 노인복지전문가는 노인 자신과 노인을 둘러싸고 있는 환경, 지역사회 내의 활용 가능한 자원을 파악하고 연결하는 전문가가 되어야 한다.

2) 노인복지실천방법의 맥락

노인복지실천방법의 맥락이란 노인복지실천 현장에서 전문가들의 주요 업무를 의미하며 내용은 다음과 같다.

(1) 노인개별상담, 가족상담, 노인전화상담서비스
(2) 집단활동 및 여가활동(작업요법, 취미활동, 레크리에이션, 건강체조, 정서적 바업 등)의 리더, 관리 및 조정
(3) 직업교육 및 취업알선
(4) 노인에게 지역사회자원 연계
(5) 노인의 전문적 케어에 관한사항
(6) 노인의 가정방문, 노인의 말벗되기, 가정간호
(7) 노인의 일상생활동작 계획 및 재활훈련동작

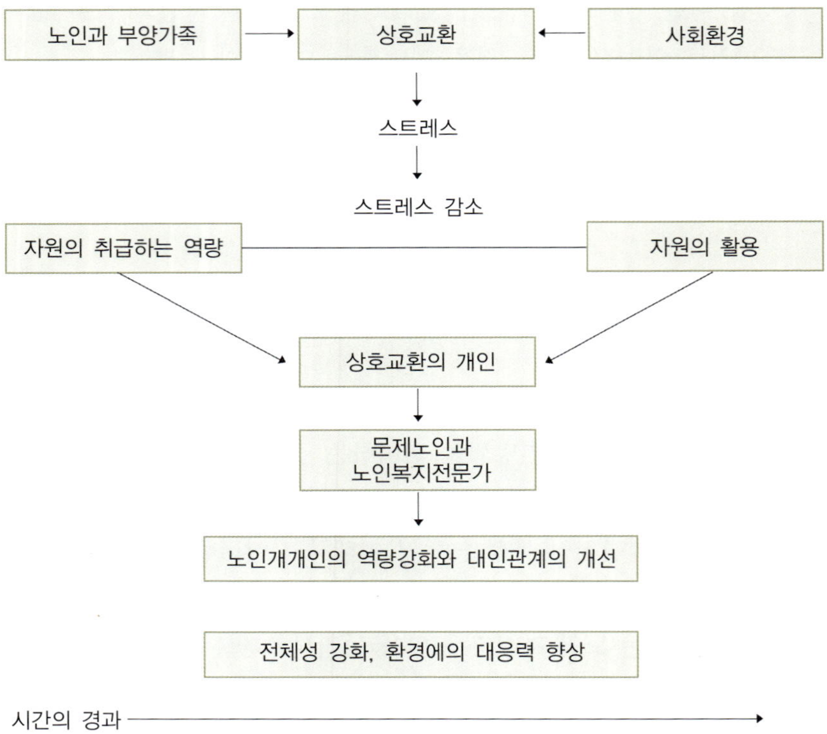

[그림 10－3] **노인복지실천방법의 맥락**

출처; 권중돈(2004), p.444.

3) 노인복지실천방법의 모델

(1) 위기개입모델

'위기개입이란 위기로 인한 불균형 상태를 회복하기 위하여 일정한 원조수단을 개인·가족 및 집단, 지역사회 등에 적용하는 과정'(김기태, 2009)이며, 사회복지실천방법으로서 위기개입이란 위기에 처한 사람들에게 각종 원조수단을 동원하여 지원하는 기술과정을 의미한다.

위기개입모델의 목적은 위기에 있는 노인을 회복시키기 위한 사회복지실천방법을 노인복지실천방법에 적용하면 위기의 노인을 위기 이전의 상태로 회복시키고, 노인의 사회적 기능을 향상·유지시키는 데 목적이 있다.

위기개입모델의 과정은 다음과 같다.

① **계약설정단계 ;** 위기상황의 노인을 접촉하여 위기 상태가 아직도 실존하고 있는지 사라졌는지, 그리고 현재 상태가 어떠한지를 정확히 파악하여 사회복지사와 클라이언트가 실행할 계약을 설정한다.

② **계약이행단계 ;** 현재 상황에서 문제해결을 위하여 구체적으로 계획된 과업을 파악하고 이행하며, 과거의 부적절했던 원조과정을 경험하고 비교 검토하여 새로운 과정의 대처유형을 습득한다.

③ **평가종결단계 ;** 문제해결을 위한 지금까지의 개입과정을 자세히 검토하고 종결과업을 수행하며 새로운 대처유형에 대한 평가와 2차, 3차 발생할 문제해결에 대한 계획을 준비한다.

(2) 체계이론모델(버털란피)

체계이론의 원칙은 매우 복잡한 체계의 관계속성이나 체계 내부에서 이루어지고 있는 상호작용의 특성을 파악하기 위하여 개발된 것이다.

사회적인 현상 간에 상호관련성에 초점을 두는 체계이론은 사회복지실천의 초점을 변화시켰으며, 인간과 상호작용하는 체계의 다면성에 강조를 둔 현대적 사회복지실천모델이론이라 할 수 있다.

여기에서 체계란 부분과 부분 또는 부분과 전체와의 관계 속에서 파악되는 실체로서 서로 연관된 것끼리 각각 기능을 하면서 서로 상호 협조적으로 작용하는 것을 말한다. 모든 사회조직을 체계로 묘사하는 것은 사회적 행동, 사건 및 진행과정이 개별적으로 완전히 이해될 수 없으며, 서로 연관되어져야 비로소 완전히 이해될 수 있다는 것이다. 즉, 모든 구성요소가 하위체계로서 서로 연관되어 각각의 체계는 전체 환경 내에서 발생하는 다른 체계들과 서로 상호 연관된다는 이론이다. 따라서 노인문제를 노인 자신의 문제로만 해결하려 하면 사회, 환경적인 체계의 문제가 해결되지 않는 한 어려움이 있게 된다는 것이다.

체계이론의 목적은 체계이론은 문제를 갖고 있는 노인의 환경 그 자체를 변화시킴으로써 직면하고 있는 문제를 해결하고 사회환경에 대처하는 능력을 배양하는 것이다. 또한 사회적 기능을 위기 이전의 수준으로 회복시키는 것으로 위기에 있는 노인을 회복시키기 위해 체계이론을 노인복지실천방법에 적용하면, 위기의 노인을 위기 이전의 상태로 회복시키고, 노인의 사회적 기능을 향상시킬 수 있다.

즉, 체계이론은 노인이 직면하고 있는 경제적 문제가 노인 자신의 나태함이나 병리로 인해서가 아니고, 사회체계상의 문제라고 보고 체계, 즉 사회환경을 변화시켜 문제해결을 꾀하는 이론이다.

체계이론모델의 과정은 다음과 같다.

① **문제제기단계** ; 노인문제를 노인과 관련되어 있는 주변 여러 사람들로부터 상황을 파악 한다.

② **사정단계** ; 노인문제와 관련된 사회체계 및 체계들의 경계선을 확인하여 문제가 확인된 후 가능한 개입목표를 세우고, 수행 가능한 전략을 수립한다.

③ **개입계획단계** ; 확인된 체계의 범위 내에서 가능한 개입목표들을 만든다.

④ **평가단계** ; 목표에 달성되면 가능성을 탐색하고 평가한다.

(3) 과업중심모델

과업중심모델은 '개인 및 가족이 일상생활 중에서 경험하는 문제들을 해결할 수 있도록 돕기 위해 계획된 사회사업 실천모델의 한 형태'이다(장인협 외, 2003).

과업중심모델의 목적은 문제에 어떻게 대처하는가 하는 것으로 클라이언트를 도울 수 있도록 조직된 구조 틀에서, 경제적으로나 시간적으로 여유가 없는 문제 노인에게 단기형태 혹은 시간제한적 형태의 서비스를 제공하는 것이다. 즉, 특정 심리적·사회적 문제를 가진 노인이나 가족을 도우려고 계획된 단기적인 원조과정을 목적으로 계획된 단기적인 원조과정이다.

과업중심모델의 과정은 다음과 같다.

① **준비단계** ; 클라이언트에게 권한을 위임하는 단계로서 과업을 위임받은 클라이언트는 과업에 대한 목적을 이해하는 단계이다.

② **탐색단계** ; 무엇이 잘못되었나에 초점을 두고 클라이언트가 그의 생활에 관련된 부가적인 문제들이 어떤 것인지를 아는 것이 중요하다.

③ **실행단계** ; 선택된 문제와 관련하여 워커는 클라이언트가 무엇을 원하는가를 살펴, 한 목표를 달성하고 보다 큰 목표를 실행할 수 있도록 도와준다.

④ **과업에 대한 재조사단계 ;** 워커와 클라이언트가 합의된 목표 달성을 위해 세부적인 목표를 다시 설정하고, 수행하기 위해 먼저 행해진 과업에 대해 반성 내지는 재조사하여 다음 단계의 과업에 대비한다.

⑤ **종료단계 ;** 클라이언트가 초기에서부터 계약한 목표 달성까지의 계약기간에 관한 것으로, 종결은 목표가 달성되었을 때이기도 하고 워커나 클라이언트의 소진으로 기관의 지원한계에 도달했을 때 종료될 수 있다.

(4) 생활모델(Life model)

생활모델은 인간이 살아가면서 생활상 직면하게 되는 크고 작은 스트레스와 일상생활사건의 문제에 초점을 두고 이를 해결하기 위한 개별사회복지의 주요접근방법이다. 이는 클라이언트가 생활의 변천, 환경의 압박, 대인관계의 3가지 생활환경과정에서 끊임없이 작고, 큰 스트레스를 받는다고 보며, 일상생활사건문제의 초점을 두고 이를 해결하기 위해 접근하는 것이다. 이 접근법은 개인능력을 향상시키고, 환경적인 스트레스를 감소시키며 상호 의사거래를 증진하고 성장토록 회복시키는 통합적인 방법이다.

학습 실천과제

1. 우리나라 노인복지시설의 수요가 급증하게 된 배경에 대해 기술해 봅시다.
2. 노인장기요양시설의 쟁점에 대해 토론해 봅시다.
3. 우리나라 노인복지시설서비스의 쟁점과 활성화 방안에 대해 토론해 봅시다.

11

노인상담

1. 노인상담의 개념

1) 노인상담의 의미와 목적

상담이란 내담자와 상담자 간의 상호작용을 통하여 내담자의 성장·발전을 도모하는 심리적 조력과정이다.

노인상담은 도움을 필요로 하는 노인이 전문적 훈련을 받은 상담자와 전문적 원조관계를 형성하여 개인적·경제적 및 신체적 문제를 해결하고 감정, 사고, 행동 측면의 인간적 성장을 가져와서 성공적인 노후생활을 영위하기 위하여 노력하는 과정을 의미한다. 즉, 노년을 극복할 수 있는 진리와 새로운 인생의 의미를 발견하도록 돕는 데 있으며, 노인 개인이 자신의 문제를 발견하고 자신을 객관적으로 이해하며, 자신의 삶의 목표나 생의 계획을 바르게 세우고 더 바람직한 생활을 할 수 있도록 여러 가지 활동지향적인 프로그램의 개발과 활용에 많은 비중을 두고 있다.

노인상담의 목적은 제1차적 사회관계망의 역할을 위해서이다. 변화하는 현대사회에 기능적으로 잘 대처할 수 있도록 정보제공자의 역할을 위해서이며, 노인 및 노인을 부양하는 가족구성원들에게 정서적 지지와 정보를 제공하고, 노인의 숨은 욕구와 필요에 대한 실증적 탐색을 목적으로 한다.

2) 노인상담의 특징

첫째, 노인 내담자는 신체적·사회심리적 노화과정을 겪고 있는 사람이다. 따라서 더 많은 인내심과 기술 그리고 내담자 중심의 이해력과 수용을 요한다.

둘째, 사고 및 감정배경의 탐색과 행동 변화의 추구보다는 지금-여기의 생활 향상에 대한 지지과정에 우선적 중점을 둔다.

셋째, 노인상담의 접근기법 면에서는 직면, 도전 등의 직접형 접근법과 경청, 명료화적 질문 및 해설식 언급 등의 완만한 간접형 접근법이 바람직하다.

넷째, 노인상담에서 권장되고 있는 '회상요법'(life review therapy)은 과거의 긍정적 자아상과 현재의 삶을 동일시(통합)함으로써 상실감, 우울, 죄책감 등을 감소시킬 수 있다.

다섯째, 타 연령층에 비해 임종 및 의료·요양시설에 입원하는 경우가 많으므로 상담의 종결과정에서 변화에의 불안 완화 등 세심한 배려와 종결 후 추수 점검의 노력이 필요하다.

※ 맥도날드와 하니(MacDonald & Haney, 2003)**의 노인상담의 필요성과 특성은 다음과 같다**(현외성, 2015, 재인용)**.**

- 개인적인 문제를 해결하기 위하여
- 중요한 결정을 하는 데 도움을 받기 위하여
- 그들이 행복하지 못하고 어디로 가야 할지 모르기 때문에
- 어려운 상황을 다루는 법을 배우기 위해서
- 위기를 겪는 동안에 도움과 위로, 지지를 받기 위해서
- 공감적이고 지지적인 누군가와 대화를 하기 위해서
- 그들 스스로에 대해서 더 잘 알기 위해서

3) 노인상담의 필요성과 한계

노인상담의 필요성은 첫째, 개인적인 문제해결, 중요한 결정을 하는 데 도움을 받기 위해서이며, 둘째, 그들이 행복하지 못하고 어디로 가야 할지 모르기 때문이다. 셋째, 어려운 상황을 다루는 방법을 배우기 위해서, 넷째, 위기를 겪는 동안에 도움과 위로와 지지를 받기 위해서, 다섯째, 공감적이고 지지적인 누군가와 대화를 하기 위해서, 여섯째, 그들 스스로에 대해서 더 잘 알기 위해서 필요하다.

이러한 노인상담의 필요성에 따른 한계점은 다음과 같다.

첫째, 가족중심의 폐쇄적인 성격의 특성이 있다.

둘째, 노화로 인한 기동성의 저하 등으로 상담기관에의 접근성 문제가 제기된다.

셋째, 노인상담서비스 자체에 대한 인식이 부족하다.

2. 노인상담의 유형

1) 개별상담

상담자에 의한 내담자의 개별적인 상담을 뜻하며, 개인의 은밀한 심리적 갈등/복잡한 위기적 성질을 갖고 있을 때, 정신적 능력이나 성격이 집단관계에 적합하지 않다고 판단될 때, 자녀와의 갈등과 같은 극히 개인적이면서 남에게 알려지는 것을 꺼리는 문제가 있을 때 많이 실시하는 상담이다.

2) 집단상담

집단상담은 정상적인 사람들로 하여금 그들의 문제가 더 심각해지기 전에 발견, 해결하도록 도와주는 상담의 집단적 접근으로 상담의 예방적 역할이 강조된다.

집단상담의 목표는 감정의 바람직한 표현, 혹은 발산의 촉진, 자기문제(관심사)에 대한 직면과 해결을 권장함, 집단생활에서의 자아개념의 강화 혹은 자기표현의 향상, 대인관계 기술의 향상 등이다.

노인집단상담 시 상담자는 노인들이 자기문제에 빠져서 집단의식을 잃어버리지 않도록 조절해주는 역할을 해야 하며, 집단에 흐르는 '반상담적 분위기'-불안감, 회피, 치우친, 노출이나 일방적인 독백-등을 지적하고 해결하여야 한다.

집단상담의 요소는 사회화와 집단 응집력, 보편성과 희망에 대한 주입, 이타주의(altruism) 등이다.

한편 노인에게 사용될 수 있는 집단접근법은 첫째, 활동과 흥미집단, 둘째, 문제지향적 집단, 셋째, 치료와 성장집단 등으로 구분할 수 있다.

3) 면접상담

노인들의 경우, 상담자를 스스로 찾아오는 것이 쉽지 않고, 특히 우리 사회의 고정관념상 노인들의 자발적인 내방면접상담은 그렇게 보편적이지 않다. 그러나 상담에 임하게 된다면 면접상담은 노인의 문제를 가족구성원 전체의 구조 가운데서 조명해 볼 수 있는 가족치료의 일환으로써 많이 사용되며, 이 시점에서 가족원들과의 상호협력을 통해 상담의 효과를 높일 수 있다. 즉, 내담자가 직접 상담자와 대면하여 상담을 하는 것으로, 언어적·비언어적 표현(관찰), 라포형성, 시간과 장소 조절 및 교통편의 제공 등이 필요하다.

면접상담의 장점은 상담자를 찾아온 내담자와의 라포가 잘 형성되며, 상담의 목표가 제대로 세워지면 가장 바람직한 서비스를 제공할 수 있다.

4) 전화상담

전화매체를 활용하여 신속하고도 신뢰에 찬 관계를 통하여 인간의 위기에 개입하는 상담의 한 형태이다. 도움을 청하는 내담자가 번거롭게 상담소를 찾아가야 하거나, 상담수속 절차를 기다려야 하는 번거로움이 없이 즉시로 도움을 청하고 도움을 받을 수 있게 한다. 익명성으로 인하여 신뢰성을 구축할 수 있으며, 편리성, 즉시성의 특징이 있다. 더욱이 전화상담은 모든 상담의 선택권이 내담자에게 있으며, 자유롭게 자신을 나타낼 수 있게 해주는 장점이 있다.

3. 노인상담의 기술

1) 기본가정과 자세

성공적인 상담을 위한 기본가정은 첫째, 내담자는 상담과정에 있어서 자발성이 있어야 하며, 둘째, 상담자는 상담자로서의 기능을 효율적으로 수행할 수 있는 적절한 훈련, 경험, 인성적 태도 등을 소유하고 있어야 한다. 셋째, 적절한 환경의 보장을 위하여 비밀의 보장, 심사숙고하는 태도, 적절한 정보자료의 이용 등이 필요하다. 넷째, 상담은 직접적이고 장기적인 욕구를 직면할 수 있는 관계를 제공해 준다.

▶ **상담자의 자세**(Corey, 1977, 재인용)

- 노인에 대한 진정한 존경

- 노인들과의 긍정적인 경험
- 노인을 케어하기 위한 깊은 사려
- 노인으로부터 배우려는 욕구와 능력
- 노화의 생물학적 측면을 이해하려는 것
- 노인의 심리적 욕구에 대한 지식
- 노후생활은 도전할 수 있는 것이라는 확신
- 노인의 부담과 불안에 대한 민감성
- 노화의 신화에 대하여 도전하는 능력
- 결국 자기 자신도 맞이하게 되는 늙음에 대하여 건전한 태도를 가지는 것

2) 상담의 기술

① 경청(주의집중기술)

- 내담자를 향하여 앉는다.
- 개방적인 몸자세를 취한다.
- 때때로 상대방을 향해 몸을 기울여 앉는다.
- 시선을 통한 접촉을 적절히 한다.
- 상담자가 긴장을 푼다.

② 명료화

명료화란 내담자의 말 속에 내포되어 있는 것을 내담자에게 명확하게 해주는 것을 의미한다.

③ 요약 · 환언

요약 · 환언이 적절한 시기는 내담자가 전달하려는 바가 분명치 않을 때, 내담자가 여러 가지 주제 · 내용 · 상황 · 사건 등을 한꺼번에 말하고자 할 때, 내담자가 너무 오래 말할 때, 내담자가 무슨 말을 하고 있는지 혼돈에 빠졌을 때, 상담자 역시 내담자를 충분히 확실히 이해하고 있는지 의심스러울 때 등이다.

④ 교육

노화에 따른 자신의 변화/변화하는 사회에 적절히 적응해 가기 위해 필요한 힘을 기르기 위한 것이다.

⑤ 지지

노인 자신의 삶에 대한 견해가 옳다고 수긍하는 것이 우선적으로 할 일이며, 감정이입의 언어적, 비언어적 표현은 가끔 지지적 개입으로 사용된다.

3) 노인상담 기법

노인상담 기법은 내담자의 연령과 특징, 학력, 인지력, 정서 상태, 경제 상태 등에 따라 상담의 상황이 달라진다. 상담기법 역시 내담자의 특성과 문제의 특성에 따라 사용되어야 한다. 상담 초반에 형성된 라포, 즉 치료적 동맹은 상담과정에 들어와 다양한 기법을 사용하는 데 기초가 된다.

(1) 회상기법(Reminiscing Technique)

회상기법은 개인적으로 의미 있는 과거 경험을 생각하거나 그 경험을 현실의 문제와 연관시키는 것으로, 말로 진술하는 구술방법, 글로 적어 내려가는 서술방법, 혹은 혼자서 과거를 되돌아보는 명상법 등이 이에 해당한다. 회상의 긍정적인 결과로는 지난 과오들을 살피고 이 기억들과 화해하고 용서하게 되는 것, 현존하는 심리적 갈등의 해결, 과거와 현재로 갈등했던 가족들과의 화해 등이 있다.

주요 회상기법으로는 자서전의 저술이나 녹음, 생애 순례 여행, 중요 인물들과의 재회, 가계 족보, 스크랩 북, 사진첩, 일생의 업적관리, 역사적 경험을 통해 획득한 정체감에 대한 관심 등이 있다.

(2) 조각기법(Sculpting Technique)

주로 가족치료에서 사용되는 것으로, 노인은 조각가가 되어 다른 가족원들에게 자세를 취하게 한다. 이때 가족원들은 노인 내담자가 의도하는 방식대로 혹은 가족 간의 관계를 인식하는 바에 따라 하나의 모양을 이루며 위치하게 된다. 이때 노인이 자신에게 가깝다고 생각되는 사람은 가깝게 배치하고, 멀다고 생각하는 사람은 멀게 배치할 수 있다. 대체로 노인들은 손자녀들을 가깝게 배치하고 며느리나 사위 혹은 가족 내 갈등의 주요 대상자는 멀리 배치하는 경향이 있다. 따라서 가족 내에 노인의 위치와 상황을 새롭게 느끼면서 보다 나은 가족관계 형성을 위해 협력하게 된다.

(3) 문장완성 기법

문장완성 기법은 주로 개인·집단상담 전 노인에 대한 사전 정보를 획득하기 위하여 사용한다. 이 기법은 노인들의 가치관과 고민 및 해결방식, 여성관, 남성관, 가족관계, 노인 자신도 의식하고 있지 못한 자아상에 대한 직·간접적인 정보를 제공한다.

(4) 심리극 기법(Drama Technique)

심리극 기법은 1912년 정신과의사인 모레노(J. L. Moreno)에 의하여 창시된 집단정신 요법 중의 하나이다. 심리극 기법은 연극적 방법을 통해서 인격의 구조, 대인관계, 갈등 및 정신적 문제들을 탐색하며, 집단치료의 의미도 내포하고 있다. 심리극의 목표는 내담자의 감정적 문제, 정서적 갈등이나 경험을 극화시켜 연기하게 하여 자신의 느낌을 동작으로 자유롭게 표현할 기회를 제공하는 것이다. 이와 같이 내담자의 내면의 문제를 통찰하고 탐구하게 하여 치료효과를 가져오는 심리극은 내담자에게 현실 문제를 직면시켜 주는 효과가 있다.

심리극 기법으로는 독백, 역할 바꾸기, 거울기법, 마술 상점, 빈 의자 기법 등이 있다.

(5) 역할기법

역할기법이란 내담자나 상담에 참여하는 내담자 가족들, 혹은 집단상담 참여자가 역할을 맡아 내담자의 문제와 관련된 일련의 상황들을 연극 형식으로 표현하는 것을 말한다. 여기서는 특별히 정해진 대본 없이 참가자들이 자신들의 이야기를 가지고 역할을 맡아 표현한다. 역할극은 내담자의 심층적인 문제들보다는 집단의 현 문제나 개인의 당면 문제를 가족원들이 미리 연습한 내용을 통해 다루고 보여준다.

(6) 적극적 경청

적극적 경청이란 내담자의 생각과 감정을 충분히 듣고 느끼며 내담자 입장에 서서 이해하는 것을 말한다. 적극적 경청은 내담자의 심정과 감정, 태도를 충분히 살피고 받아들이는 과정이며 이 과정을 통해서 노인은 마음의 문을 열고 경청을 하는 상대방과 충분한 감정적·정서적 관계를 형성한다. 이를 위해서는 내담자가 무엇을 느끼고 있는가를 내담자의 입장에서 이해하는 공감적 이해가 중요하다.

4) 노인상담과 임파워먼트

노인상담에 있어서 다각적인 임파워먼트(역량)는 클라이언트에게 매우 신뢰로운 관계를 형성할 수 있어 촉진적인 역할을 할 수 있다. 이에 대한 관계 역량을 검트해 보기로 한다.

(1) 노인의 사회적 지위와 임파워먼트

노인은 신체적 약화에 따른 자신감의 상실과 함께 사회적 역할 및 관계에서 벗어나게 되어, 스스로 자신들의 문제를 해결해 나갈 수 있는 의지와 능력을 상실해 가고 있다. 따라서 노인에게 임파워먼트를 통해 자신감 회복 및 자조집단을 만들어 줌으로써 능력을 발휘할 수 있는 환경을 조성해 문제를 스스로 해결해 나갈 수 있도록 원조하는 것이 필요할 것이다.

현대사회는 사회적 효용성과 효율성에 대한 지나친 가치부여가 노인의 지위를 약화시키며, 이에 대한 임파워먼트는 개인적인 것은 사회적인 것이라는 인식에서 출발한 것으로 약자집단의 힘과 능력을 키워주기 위한 사회복지실천이론이다.

(2) 노인상담과 임파워먼트

임파워먼트 모델의 개인적이고 대인적 수준에서의 실천은 클라이언트로 하여금 필요한 자원에 접근하는 것을 돕고 통제력 회복에 대한 자기효능감을 증가시키며, 타인과의 관계에서 영향력을 미칠 수 있는 문제해결능력을 높인다. 즉, 비위계적으로 클라이언트와 관계, 협력자, 상호적 자기노출 등 노인에게 필요한 물리적이고 사회적인 환경을 조성해야 한다. 그러므로 노인이 소외감을 극복하고 신뢰관계를 유지하고 형성하도록 역할부여 및 네트워크 형성이 필요하게 된다. 따라서 노인이 정치적 과정 및 사회적 활동에 참여할 수 있는 여건을 마련하는 것이 필요할 것이다.

(3) 임파워먼트 실천모델의 특성

- 임파워먼트는 자원에 대한 접근성과 자원을 효과적으로 사용하는 능력을 포함한다.
- 임파워먼트 모델은 클라이언트 체계가 자원과 기회에 대한 접근성이 확보되면 능력을 발휘한다.
- 인간은 스스로 임파워먼트에 매우 중요하며 정보는 변화를 위해서 반드시 필요하다.
- 인식의 수준은 임파워먼트에 매우 중요하며 정보는 변화를 위해서 반드시 필요하다.
- 클라이언트는 변화에 영향을 미칠 수 있다고 스스로 인식하고 능력은 생활 경험에서 획득되고 강화된다.
- 임파워먼트는 협동과정으로 클라이언트와 실천가는 파트너로 함께 일한다.
- 임파워먼트는 개인의 능력 강화와 사회경제적인 발전이 동시에 이루어질 때 달성된다.

학습 실천과제

1. 노인상담의 실천적 요인은 무엇인지 토론해 봅시다.
2. 노인상담과정에서 유의할 점은 무엇인지 논의해 봅시다.
3. 노인상담기술을 실천하기 위한 이들의 자세와 역량강화에 대해 기술해 봅시다.

12 사례관리

1. 사례관리의 개념과 특성

1) 사례관리의 개념

사례관리(Case Management)는 미국의 대인(對人)서비스 기관에 가장 널리 보급되어 있는 서비스 전달방식이며, 가장 급속히 성장하고 있는 사회복지 체계의 한 분야이다. 사례관리란 "특정 클라이언트의 복합적인 욕구를 충족시키기 위하여 전문 사회복지사가 필요한 경우, 클라이언트와 그 가족의 욕구를 사정하여 다양한 서비스 패키지를 버정하고 조정 · 점검하고, 평가와 옹호를 하는 서비스 제공의 한 방법의 통합적인 사회복지실천방법"이다. 즉, 클라이언트의 보호와 서비스 조정을 통해 통합된 서비스를 제공함으로써 클라이언트의 삶의 질을 높이는 것을 의미하며, 전통적 사회복지서비스가 기존의 서비스에 클라이언트를 맞추는 것이라면 사례관리 접근법은 클라이언트의 욕구에 서비스를 맞추는 것이다 (Pilling, 1992, 재인용).

이와 같이 사례관리는 서비스의 질적 향상과 비용 효과를 고려한 새로운 사회복지실천 방법론이다.

노인을 위한 사례관리의 목적은 다음과 같다.

첫째, 노인의 삶의 질을 개선하는 것이다. 이는 성공적 노후를 보내기 위해 매우 중요하며, 이를 통해 목적 달성이 가능해진다는 의미이다.

둘째, 서비스 조정의 개선이다. 사례관리의 가장 중요한 결과는 보다 나은 서비스의 조정이므로 이를 통하여 노인에게 효과적 서비스를 제공하고 그의 욕구를 충족시키게 되는 것이다.

셋째, 효과적인 자원의 분배이 있다. 즉, 사회복지기관들 모두가 필요한 자원을 다 소유할 수 없으므로 자원의 분배를 통한 필요한 자원의 획득으로 노인복지 향상을 위해 활용되는 것이다.

즉, 사례관리의 목적은 서비스 전반에 걸쳐 오랜 시간 동안 적절한 보호와 관리가 지속될 수 있도록 하는 것이다. 그 목적을 달성하기 위해서 사례관리자는 옹호자, 중개자, 진단자, 계획자, 지역사회복지사, 평가자, 자문가, 치료자와 같은 다양한 역할과 기술을 요구하는 실천가들의 기능을 수행할 수 있어야 한다(Weil, 1985).

2) 사례관리의 특성

사례관리는 현존하는 다른 실천 분야와는 달리 만성적인 의존과 장애를 가진 클라이언트에게 장기적인 보호의 연속성을 보장할 수 있으며, 복합적인 욕구를 가진 클라이언트에게 통합적인 접근을 통해 효과적으로 서비스를 제공할 수 있다는 특성을 지니고 있다.

첫째, 지역사회에 기반한 서비스와 지지를 제공하는 체계적인 지원방법이다.

둘째, 각종 사회자원의 동원과 원조 관계망의 효율적 연계, 서비스 조정에 관심을 주는 활동이다.

셋째, 클라이언트의 사회적 기능과 독립을 극대화하기 위하여 보호의 연속성과 책임성을 확보하는 활동이다.

넷째, 서비스의 효율성을 높이기 위한 포괄적 서비스를 제공하고 조정·점검하는 활동이다.

다섯째, 연속적인 기능들을 시간 순서에 입각해 수행하는 문제해결 과정이다.

여섯째, 클라이언트의 욕구를 개별화시켜 각 클라이언트의 참여와 자기결정을 촉진한다.

일곱째, 개별적인 실천기술과 지역사회 실천기술을 통합하여 사례관리자가 다른 사회사업실천 분야와 연계하여 전통적 사회사업의 가치와 지식, 기술의 많은 부분을 공통적으로 활용할 수 있다.

종합적으로, 사례관리는 클라이언트의 욕구를 초점에 두고, 기관의 목적보다 클라이언트의 목적에 기반을 둔다. 또한 계획된 프로그램에 기반을 두기보다는 개별화된 서비스 계획에 기반을 둔 실천활동이라 할 수 있다.

2. 사례관리의 역할과 기능

사례관리자는 다양한 역할을 수행하면서 서비스 제공과 관련된 유용한 정보를 제공하며, 서비스기관들과의 협상에 관여하기도 하며, 자료의 기록을 보존하고, 서비스의 접근과 전달이 쉽도록 클라이언트를 상담하고 옹호한다. 사례관리자가 이러한 역할을 모두 수행하는 경우도 있지만, 전문화된 사례관리자는 어느 일부분만을 수행하기도 한다.

이러한 사례관리자의 역할에 따라 클라이언트의 포괄적인 욕구가 무엇인지 정확히 파악할 수 있으며, 이를 적절한 서비스와 연결시켜 효율적으로 제공될 수 있어야 한다. 따라서 사회복지사가 클라이언트의 문제를 해결하기 위해 수행하게 되는 사례관리의 역할은 사정자(査定者), 계획자, 상담자, 중개자, 평가자, 조정자, 옹호자(擁護者) 등으로 이해할 수 있다. 한편 사례관리자의 역할을 기관 차원에서 행정가의 역할과 문제해결 차원에서 임상실천가로 구분하기도 한다.

[그림 12-1] **사례관리의 역할**

한편 사례관리의 기능은 다음과 같다.

첫째, 클라이언트와 필요한 서비스의 연결기능이다. 사례관리자는 공식적 기제와 비공식적 기제를 동시에 활용하여 클라이언트와 서비스를 효과적으로 연결하여 클라인언트를 옹호하게 된다.

둘째, 비공식 보호체계와 클라이언트 간의 상호작용의 촉진기능이다.

클라이언트에게 접하는 비공식적 체계는 다른 체계보다 훨씬 더 클라이언트에게 실질적인 지원이 가능하다. 여기서 비공식적 체계란 가족, 친척, 친구, 이웃, 자원봉사자, 종교단체, 자조집단 등을 말한다.

셋째, 사례관리기관 상호 간의 조정기능이다. 기관 상호 간의 조정은 공식적인 정책과 비공식적인 기관 상호 간의 협정을 통해 기관들 사이의 연계를 촉진하여 사례관리의 효과성을 높인다.

넷째, 상담기능으로 클라이언트에게 유용한 서비스에 접근할 수 있도록 필요한 정보를 제공하며, 그들의 욕구와 문제이해 증진, 가족에게 그들에 관한 이해, 서비스 제공기관과의 접촉을 향상시키는 기능이다.

다섯째, 문제해결기능으로 클라이언트의 일상생활 문제(성격상, 위기상황, 실직, 부부갈등)를 잘 극복할 수 있도록 하는 기능이다. 이를 위해 격려, 지지, 안도감 등을 제공하며 문제해결을 위한 동기부여와 기회와 자원에 접근할 수 있도록 돕는다.

여섯째, 옹호기능으로 클라이언트의 무기력과 무능력을 제거하는 것이며, 명확한 욕구를 가지고 있는 개인이나 집단에게 힘과 자원을 적절하게 분배하려는 목적을 둔 활동을 포함한다.

3. 사례관리의 구성

1) 사례관리의 구성요소

(1) 클라이언트

클라이언트는 복합적인 문제와 욕구를 지니면서, 이를 자발적으로 충족시키거나 해결하지 못하는 원조 필요 대상자를 말하고, 이들은 대개 지역사회 내에서 그들이 필요로 하는 사회자원체계의 존재를 인지 못하거나 사회자원체계와의 접근을 어려워하거나 이용방법을 모르는 사람들을 말한다.

(2) 사례관리자

사례관리에 관한 전문적 지식과 기술을 소유하고 클라이언트와 사회자원체계와의 연계, 통합, 조정, 관계유지 등을 행하는 전문가를 뜻한다. 이들은 주로 능력부여자, 중개자, 촉진자, 옹호자, 동원자, 조정자, 지도감독자, 행동변화자 및 평가자 등의 역할을 수행한다.

(3) 사회자원체계

사회자원체계란 클라이언트의 문제와 욕구를 해결하기 위해 동원할 필요가 있는 자원체제를 말한다. 사회자원의 영역에는 가족, 친척, 이웃, 친구, 동료, 자원봉사자, 지역의 단체, 조직, 법인, 행정기관, 영리기관, 본인 자신 등이 있다. 이들은 비조직적이고 자발적이며 상호 부조적 특성을 지닌 비공식 자원체계와 공식적 기구를 통해 자원이 제공되는 공식 자원체계로 구분할 수 있다. 이러한 다양한 공급주체에 따른 사회자원을 대상자가 활용하고, 각 사회자원이 지니고 있는 장점을 살려 욕구를 충족시키는 것이 사례관리의 특징이라고 하겠다.

(4) 과정

사례관리는 클라이언트의 욕구와 문제해결을 위해 클라이언트와 사회자원을 연결하고 조정해야 하므로 여기에는 반드시 과정이 필요하다. 그 과정은 접수, 사정, 기획, 자원조직화, 조정, 점검, 평가 등으로 구분해 볼 수 있다.

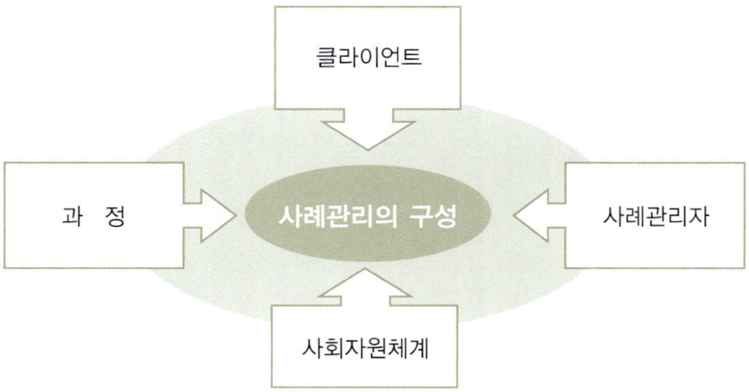

[그림 12-2] **사례관리의 구성요소**

2) 사례관리의 과정

사례관리는 사례관리자가 클라이언트의 복합적인 욕구를 충족시키고 사회적 기능을 향상시키기 위하여 클라이언트와 접촉하고, 그들의 욕구를 사정하며 서비스 계획을 수립하고, 그들과 사회자원을 연결시키고 조정하며, 서비스를 점검하고 평가하는 일련의 경과적 과업을 수행하는 것이므로 여기에는 반드시 과정이 필요하다. 사례관리 과정은 클라이언트의 특성이나 기관의 기능에 따라 다르게 나타날 수 있으며, 학자들에 따라 단계를 구분하는 방식에 있어 다양하게 논의되고 있다.

〈표 12-1〉 **사례관리의 과정**

학자명	사례관리 과정
Steeinberg & Carter(1983)	가입(접수)→서비스 기획을 위한 사정→목표설정과 서비스 기획→서비스계획의 수행→재사정과 종결
Weil & Karls(1985)	클라이언트 확인과 출장원조→개별적인 사정과 진단→서비스 기획과 자원확인→서비스 연결→서비스 실행과 조정→서비스 전달의 점검→옹호→평가
White & Goldis(1992)	사례발견→사정→서비스 기획→계획수행→사후검토→재사정
Moxley(1989)	사정→서비스 계획→실행→점검→검토 또는 평가
Rothman(1991)	기관접촉→접수→사정→목표수립→개입계획 또는 자원분류→클라이언트와의 연결→점검 및 재사정→평가와 종결
이근홍(1996)	접수→사정→기획→조정→점검→평가

출처: 이종복 외(2007); 박선태 외(2015), 재인용

학자들에 의해 사례관리 과정이 정리되어 있지만, 로스만(Rothman, 1991; 박선태 외, 2015, 재인용)에 의한 사례관리의 과정을 살펴보면, 기관접촉 → 접수 → 사정 → 목표수립 → 개입계획 및 자원분류 → 클라이언트와 연결 → 점검 및 재사정 → 평가와 종결로 나누어 설명하고 있다.

4. 사례관리의 과제

사례관리에 있어 클라이언트에게 좀 더 통합적이고 체계적인 서비스를 제공하고, 복지를 증진시키는 목적을 달성하는 데 장애가 되는 요인으로는, 정부지원의 부족 외에도 지역사회 자원의 부족, 관련 기관 간의 협력관계의 부족, 조정자로서의 전문기술 부족을 들 수 있다.

이러한 장애를 해결하기 위하여 적정한 수준의 사례대상자를 유지하도록 사회복지기관에 대한 정부지원 확대는 물론, 홍보와 정보제공 및 자원연결을 위한 사회복지정보의 전산화, 클라이언트의 욕구에 맞는 다양한 지역사회 자원의 개발, 서비스의 연계와 조정을 위한 기관 간의 협력체계 구축, 다양한 사회복지 실천기술의 적용과 이를 위한 사례관리자의 전문적인 훈련이 요청된다.

따라서 사례관리자가 사례관리기법에 의해 노인복지실천을 전개하려고 할 때 해결해야 할 과제를 제시하면 다음과 같다.

① 사례관리 실시기관의 조직 문제이다. 다양한 문제나 욕구를 효율적으로 해결하기 위한 공급조직의 구성은, 일반 사회복지의 전달체계와의 관련성에서 현재 우리나라의 복지수준과 정치적 여건 등을 감안하여 합당하게 조직하여야 할 것이다.

② 지역사회의 노인인구와 영역 등에 따른 사례관리의 체계적 구성 문제이다.

③ 노인을 대상으로 한 사례관리에 필요한 전문인력의 양성과 교육 문제이다.

④ 현재 시행되고 있는 사회복지의 기법에 사례관리기법의 효과적인 통합 문제이다.

⑤ 사례관리기법을 해당 지역사회와 노인의 특성에 맞추는 특성화 문제이다.

5. 노인사례관리실천 모델

(1) 클라이언트 욕구 중심 모델

사례관리의 성공에 영향을 주는 요인들(Rossi, 1999, 재인용)은 다음과 같다.

- 클라이언트의 나이, 사회적 배경, 최근의 위기 경험(퇴직, 이혼, 죽음, 자녀의 결혼 등)
- 치료계획의 적절성, 보호 수준을 관리할 수 있는 기관의 존재

- 치료계획에 동조하는 클라이언트와 그의 가족
- 클라이언트와 그 가족의 신체적 · 심리 정서적 안정성
- 자원 동원 가능성
- 다른 프로그램의 수혜 가능성 여부

사례관리 실행 모델로서 클라이언트의 욕구를 중심으로 한 모델을 살펴보면 첫째, 인테이크 단계(욕구 발견 단계)와 둘째, 욕구검토 및 욕구의 해결단계로 구분할 수 있다. 욕구의 분류유형은 다음과 같다.

(2) 팀 접근 사례관리모델

① 팀 접근 사례관리모델의 구조 및 내용

지역사회 내에서 활동하는 전문가와 준전문가가 적절히 혼합된 사례관리팀을 구성하여 집중적으로 선별된 사례를 관리하며, 수퍼비전 팀과 활동가 팀으로 구분한다. 수퍼비전 팀은 사회복지를 전공한 교수, 정신과 의사, 간호사 등으로 구성하며, 주요 사례관리자는 사회복지관에서 사회복지사로 3년 이상 일한 실무 경험을 가지고 있으며, 재가복지를 담당하고 있는 사회복지사를 중심으로 구성한다. 준전문가는 사회복지를 전공하고 있는 학부 3학년 이상의 학생과 대학원에서 사회복지를 전공하고 있는 학생들로 구성한다.

※ 사례관리 팀의 수퍼비전에서 다루는 문제

- 사례 선정기준의 설정, 노인사정 양식 작성
- 주요 사례관리자와 준전문가에 대한 교육
- 개인 사례별 계획의 검토, 지역사회 자원 발굴 및 추천
- 노인 상담과 옹호에 관련된 자문
- 노인 자원과 지지망의 개발과 확장에 대한 자문
- 사례의 재사정 및 평가 등

② 팀 접근 사례관리모델의 서비스의 목표

가능한 전문 혹은 비전문 인력을 동원하여 보다 적극적이고 지지적인 사례관리가 가능

한 기반을 조성하는 것이다.

③ 현장 활용을 위한 제언

재가노인의 다양한 욕구를 충족하고, 삶의 질을 개선하기 위해 복지관에서 실시 가능한 사회복지적 실천의 방법으로 팀 접근 사례관리서비스를 적용하는 것이다.

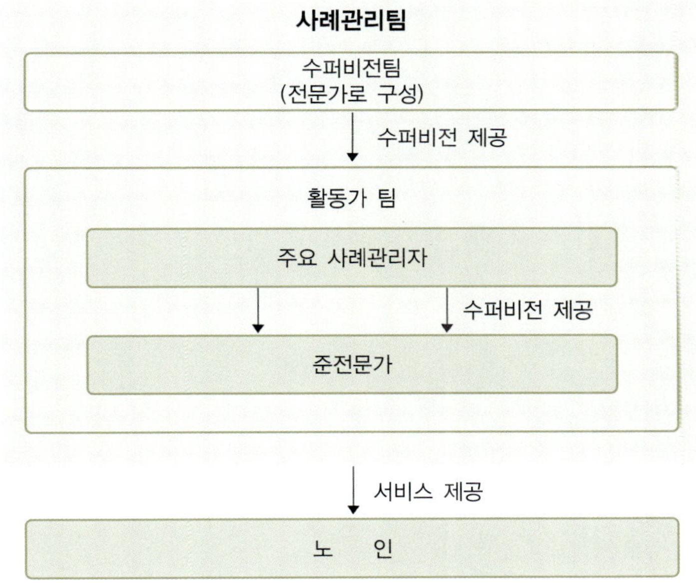

[그림 12-3] 팀 접근 사례관리 모형

출처: 양옥남 외(2014), p.256.

학습 실천과제

1. 사례관리의 구성요소를 제시해 봅시다.
2. 사례관리의 과정을 순서대로 정리해 봅시다.
3. 사례관리모형을 노인복지실천 현장에서 적용해 봅시다.

제4부

노인복지와 주요 이슈론

13 노인문제와 사회적 이슈

1. 노인의 성

1) 현대사회에서의 노인의 성

(1) 노인의 성에 대한 편견과 시각

우리 사회에서 전통적 가치관이 지배적인 노인의 성생활에 대해 논한다는 것 자체가 사회적 규범에 적합하지 않다고 볼 수 있다. 노인은 성생활을 하지 않고, 성행위를 할 수 없고, 성적 욕구가 없으며, 여성은 폐경과 함께 성행위가 막을 내리고 성행위는 인체에 해롭기 때문에 노인에게 불필요하고, 성행위를 자제하는 것이 바람직하다는 편견이 여전히 지배적이다. 또한 노인시설에 거주하는 노인의 성적 관심 표현에 대한 시설종사자의 반응도 매우 부정적인 성향이 있으며, 현대사회는 젊은 남녀 간의 사랑표현은 아름답게 표현하나, 노인 남녀 간의 사랑표현은 음란하고 추한 것으로 간주하고 있다는 것이다.

그러나 최근의 장수추세와 고령화는 인간의 성적 기능을 고정관념과 신화에서 이슈화시켜 그 관념의 틀을 깨고 있는 추세이다. 즉, 인간의 성적 기능은 남성노인의 경우 신체적·정서적 문제가 없다면 노화과정에서도 상실하지 않는다는 이론과 여성노인은 남성노인보다 적은 신체적 변화를 겪기 때문에 노년기까지 성적 활동을 유지할 수 있다는 것이며, 이에 대한 성적 욕구도 꾸준히 유지되어 성적 관계 그 이상의 친밀감을 더욱 중요시하게 되었다는 것이다.

(2) 노인의 성욕구와 성생활 실태

성에 대한 욕구는 죽을 때까지 본능으로 남아 있다는 것이며, 건강상태가 양호하다면 성생활은 연령과 무관하다는 게 일반적인 견해이다. 다음은 노인의 성생활이 건강에 미치는 영향에 대해 제시하고자 한다.

첫째, 부부간의 정상적인 성생활은 성장호르몬의 분비를 촉진시켜 노화를 방지하고 자신감을 높여준다. 둘째, 심폐기능을 높여준다. 부부간의 친밀감을 높여준다. 셋째, 스트레스를 해소시켜 준다. 넷째, 면역기능을 상승시킨다. 결과적으로, 노후생활에 활력소가 된다.

이외 다양한 연구결과는 연령이 증가해도 성에 대한 욕구는 지속적으로 유지되며 노후생활에서 성이 중요한 역할을 하고 있음을 지적하고 있다.

2012년 보건복지부가 500명의 노인을 대상으로 조사한 '노인의 성생활 실태 조사 결과'에 따르면 65세 이상의 노인 10명 중 6명 이상이 지금도 활발하게 성생활을 하고 있다고 밝혔다. 즉, 전체 대상자의 66.2%가 현재 성생활을 하고 있다고 응답한 것이다. 인구보건복지협회에서 2011년 5월부터 12월까지 서울, 인천, 청주 등 3곳에서 운영한 '노인성상담실'의 상담사례 853건을 분석한 결과, 성문제와 관련한 노인들의 가장 큰 관심사는 '약물과 성병'에 대한 것으로 나타났다. 상담내용을 살펴보면 약물, 성병 등에 대한 고민이 43%로 가장 많았고, 성기능 저하 문제가 21%, 부부간 성갈등이 19% 순으로 나타났다. 또한 연령별 상담비율을 살펴보면 60대가 402건으로 47.1%를 차지했고, 70대 235건(27.5%), 50대 90건(10.6%)이었다. 성별 상담비율을 살펴보면 남자가 81.7%(697건)으로 대다수를 차지했다.

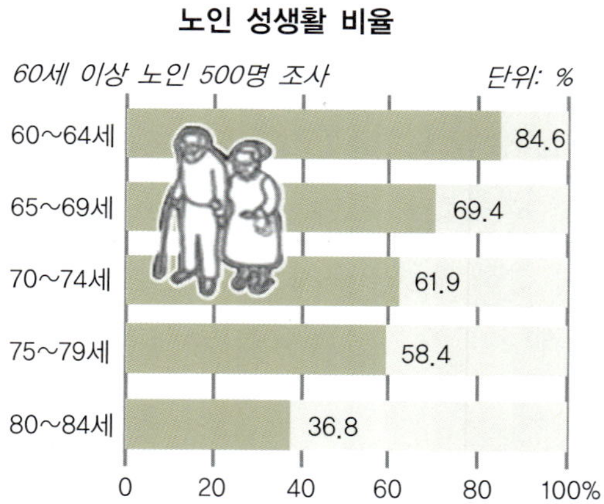

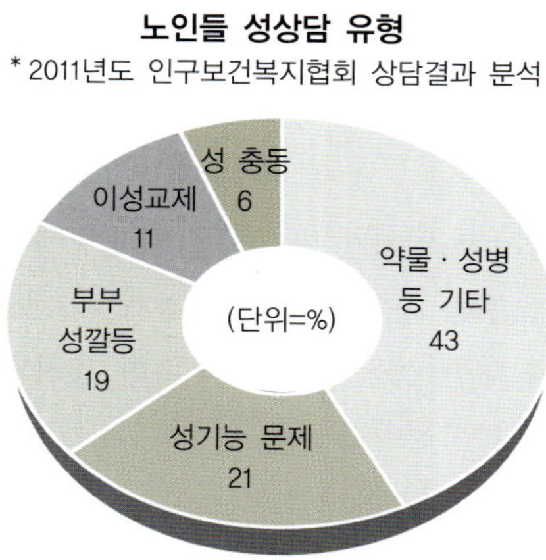

[그림 13-1] 노인의 성생활 비율과 성상담 유형

출처: 한국소비자원(2012); 보건복지부(2011).

① 유배우자 노인의 성생활

다양한 연구결과에 따르면, 성생활 유지 여부 결정변인으로 연령, 배우자의 건강, 자신에 대한 만족감, 배우자와의 관계, 배우자와 함께 보내는 활동, 결혼기간 등이다. 또한 성생활유지 여부를 결정짓는 것은 남성노인이며, 성생활을 많이 하는 데 결정적인 역할을 하는 것은 여성노인이라고 한다. 즉, 자신과 배우자의 건강 상태가 양호하다면 지속적 성생활을 유지하고 건강 상태가 좋을수록 자주 성생활을 한다는 것이다.

② 홀로 사는 노인의 성생활(동반자를 잃은 性)

노년기에는 성적 파트너인 배우자와의 사별, 자녀의 재혼반대 등으로 성적 관심을 표현할 수 있는 통로가 제한되며, 노년기 성생활에 대한 사회적 편견과 문화적 또는 종교적인 이유로 성적인 표현기회를 상실하거나 억제된다.

이와 같이 배우자가 없으므로 성에 대한 욕구가 있는 경우 약 80%가 자위행위를 통해 해소하고 있으며, 약 40% 정도가 성 욕구를 해결하기 위해 이성교제를 통한 성생활을 하고 있다고 하였다. 이러한 결과는 일반인이 생각하는 것보다 홀로 사는 노인의 문제가 매우 중요하고 심각하다는 사실을 암시하고 있는 것이다. 이러한 무배우 어르신의 애환은 노인성의 부활로 이성교제, 댄스파티 등으로 전환되고 있으며, 노인성상담도 매년 증가하고 있는 추세이다.

〈표 13-1〉 노인성상담 내용

상담내용	50대	60대	70대	80대	50대 이하	총계
이성교재	13	100	111	14	6	244
재혼	7	40	17	1	5	70
성충동	12	49	45	3	14	123
성가능	89	279	216	17	8	606
자위행위	44	46	28	2	12	132
성병	10	30	17	-	2	59
성 가치관	24	23	14	1	12	74
부부 성 갈등	92	218	133	9	21	473
외도	13	53	7	1	3	77
성도착증	2	6	4	-	4	16

상담내용	50대	60대	70대	80대	50대 이하	총계
약물문제	5	25	39	2	-	71
성매매	1	6	1	-	2	10
성폭행	7	3	4	-	4	18
기타	80	168	109	27	67	448
총계	399	1,043	745	74	160	2,421

출처: 인구보건복지협회 노인성상담소(2011); 임병우(2007).

2) 노후의 성생활에 영향을 미치는 요인

(1) 생물학적 요인

남성노인의 경우 발기능력은 남성의 성기능 만족과 성생활 만족도와 연관되며, 정액량 감소 현상이 나타난다. 한편 여성노인은 남성노인과 비교하여 성생활 유지에 따른 신체적 변화는 없으며, 폐경에 따른 난소의 에스트로겐 생산이 중단되고 생식기관의 변화가 초래된다.

(2) 심리적 요인

남성은 성행위에 대한 실패의 두려움이 성생활 장애로 이어지며, 성에 대한 관심 부족도 심리적 요인으로 작용한다.

(3) 사회환경적 요인

사회적 요인은 노인의 성에 대한 사회의 부정적인 인식으로 노인 스스로가 성행위를 자제하거나 포기하는 경우를 의미하며, 환경적 요인은 성행위를 행할 수 없는 특수한 환경에 처함으로써 발생되는 문제이다. 주로 사회환경적 요인이 중첩되어 나타나는 경우가 많으며, 사별, 이혼, 별거, 노인시설 입소 등도 노후의 성생활에 영향을 미친다.

(4) 노인성 질환과 약물복용

노인의 연령과 비례하여 건강기능의 약화로 나타나는 각종 노인성 질환과 그에 따른 약물의 과다복용을 정상적인 성생활의 유지에 어려움을 경험하게 된다.

따라서 노화로 인한 성행위의 변화를 종합적으로 제시해보면 다음과 같다.

노화로 인한 성행위의 감소가 자연적으로 초래되고, 이는 지연된 성적 반응현상으로 나타난다. 또한 성호르몬 감소와 여러 가지 신체적 질환(퇴행성 질환)으로 인한 성적 행동이 함께 나타나게 된다. 이러한 현상은 일반적으로 유사하게 나타나지만 개인별 차이가 있다. 특히 남성노인에게 흔히 나타나는 발기부전 현상으로 자신감을 잃어버리고 노부부 간의 성생활이 등한시되어 가는 성향이 있게 되면 여성 어르신들의 생식기의 노화로 인한 거부감 등도 영향을 미치게 된다.

3) 노인 성생활의 과제

첫째, 노인 스스로 그들의 성에 대한 긍정적인 자세로의 전환이 우선시 되어야 하며, 둘째, 노년기에 적합한 성윤리 확립이 필요하다. 셋째, 노인의 성에 대한 교육 프로그램의 개발 및 활성화를 통한 노인들의 성에 대한 올바른 지식과 정보제공이 필요하다. 이에 사회의 일반대중, 시설종사자 및 사회복지사를 대상으로 노인의 성에 대한 체계적인 교육 프로그램을 개발하여야 한다. 넷째, 노인대상의 전문상담기관을 확대시켜 재혼과 이성교제 및 성에 관련된 모든 문제해결을 도와주어야 할 것이다.

한편 노인성 문제에 대한 대안책으로 강점강화 상담이론을 적용해 봄이 바람직할 것이다. 첫째, 노인 스스로 노년기 성생활에 대한 태도를 변화시키고, 둘째, 노년기 성교육을 자연스럽게 실시하며, 셋째, 노년기 성생활에 대한 과학적이고 체계적인 연구가 지속되어야 하며, 넷째, 노년기 성범죄 예방을 위해 성관련 인권 감수성 교육을 실시하여야 할 것이다.

마지막으로 긍정적인 노년 성문화 확산을 위한 사회문화적 분위기 조성을 위하여 다음과 같이 노력해야 할 것이다.

첫째, 노인대상 성교육을 통해 노인 이성교제나 재혼에 대한 긍정적 인식을 부여한다.
둘째, 성지식뿐 아니라 성적 자기결정권과 통제권 등 성적 주체성 교육을 실시한다.
셋째, 성상담사 양성 및 노인전문 성 상담센터를 설치한다.
넷째, 성가치관 차이로 갈등을 겪고 있는 노인부부 관계 향상 프로그램을 지원한다.
다섯째, 노인 성인식 변화를 위한 캠페인 및 문화 운동 확산에 힘쓴다.

1. 성에 대한 개인의 인식
2 대중문화 속의 노년기 성
3. 사회가 인식하는 노년기 성
4. 성에 대한 편견 깨기
5. 노년기 성에 대한 과학적 지식
6. 노년기 성과 사회윤리
7. 노년기 부부생활
8. 노년기의 이성 교재 및 재혼
9. 노년기 성에 대한 인식 전환

[그림 13-2] **노인 성교육 프로그램의 예**

출처; 한국자아교육개발원, http://blog.naver.com/keedipoint/220536333837

2. 황혼이혼과 재혼

1) 노년기 이성교제와 재혼

최근 이혼이나 사별로 홀로 된 노인들이 행복한 여생을 보내기 위한 재혼을 하는 경우가 많아지고 있는 추세이다.

2013년 65세 이상 남자의 재혼 건수는 1,890건으로 지난 2005년 879건보다 2.2배로 증가했고, 65세 이상 여성의 재혼건도 725건으로 2005년 4건보다 3배로 증가했다. 이는 고령인구의 증가와 '노년 재혼'에 대한 사회적 인식 변화 때문인 것으로 분석된다. 노인의 재혼 실태는 다음과 같으며, 남성노인의 재혼 가능성이 더 높고, 경제적 상태가 양호할수록 재혼 가능성이 높게 나타났다.

한편 노인의 재혼에서 고려하는 조건으로는 성격, 자녀・가족의 태도, 경제・상속 문제 등으로 밝혀졌다. 재혼의 주요 이유는 심리적 고독감의 해소, 자녀에 대한 부담의 경감, 질병 시 간호해줄 사람, 사랑과 성적 욕구의 충족, 경제적 안정, 독립의 추구 등 다양하다.

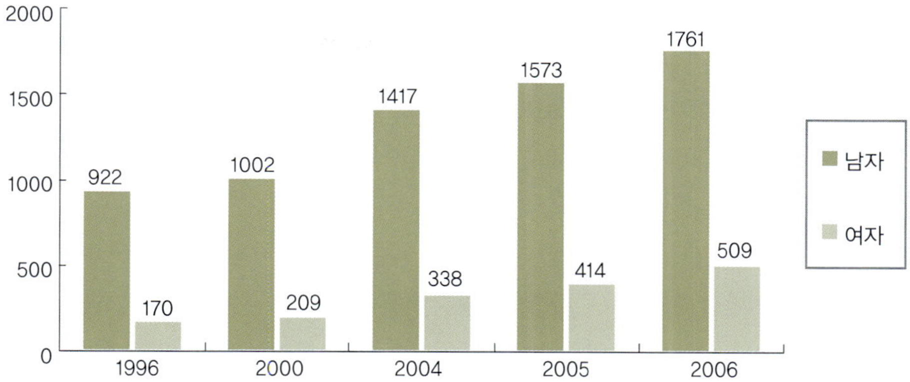

[그림 13－3] 65세 이상 노인의 재혼 실태

출처: 박석돈 외(2008).

다음으로 노인의 이성교제에 대한 내용을 살펴보면, 한국 노인의 전화상담 사례분석결과, 고독과 소외 문제로 상담을 한 경우는 전체의 15.95%인 225건으로 이 중 100건이 이성교제에 대한 상담이었다고 한다. 노인들이 이성교제를 원하는 이유로는 친구가 그리워서가 49%, 노후의 외로움과 고독 때문에 27%, 결혼생활을 유지하고 싶어서 13%, 활기차고 보람된 노후생활을 영위하고 싶어서가 9%로 나타났다. 이성교제를 원하는 노인은 여성노인이 68%, 남성노인이 32%였으며, 이들 중 73.55가 직접 전화를 한 것으로 나타나 이성교제에 적극성을 보이고 있는 여성노인의 수가 점차 증가하고 있음을 알 수 있다. 이성교제에 대한 선행 연구들을 종합해보면, 이성교제를 희망하는 정도는 상당히 높으나 이성교제를 현재 하고 있거나 과거에 경험한 경우는 적은 것으로 나타났다(노인심리상담연구원, http://cafe.daum.net/tntedu).

2) 황혼이혼

황혼이혼이란 결혼생활을 20년 이상 지속해 온 부부가 이혼하는 것 또는 65세 이상 노부부가 이혼하는 것을 의미한다(원석조, 2013). 일본의 경우 황혼이혼이 흔하다. 이유는 남편이 정년할 때까지 기다렸다가 남편의 연금을 이혼과 함께 반분하기 위해서인 것으로 알려져 있다. 우리나라의 경우도 최근 들어 황혼이혼이 증가하는 추세이다. 유교적 가치관의 약화와 관련이 있다.

최근 여성노인의 적극적인 삶의 패턴 변화와 가족관계에 대한 인식변화로 고령자의 이혼건수가 증가하고 있는 추세이다. 이는 과거의 남성우월주의와 가부장적 가치관의 영향에서 벗어나고자 하는 욕구가 증가하고 있다는 것을 의미한다. 또한 여성의 재산분할청구권, 연금분할청구권에 대한 권환 점유인식이 확산되고 있으며, 그동안 억압적으로 살아 온 여성의 자아를 찾으려는 노력이 상승하고 있다는 것이다.

대법원이 발간한 '2014 사법연감'에 따르면, 황혼이혼은 2만8천261건(2009)에서 3만2천433건(2013)으로 지난 5년간 꾸준히 증가했다. 황혼이혼이 전체 이혼에서 차지하는 비중도 최근 5년간 22.8%에서 28.1%로 6%포인트 남짓 뛰었다. 황혼이혼이 전체 이혼 사유 1위였다.

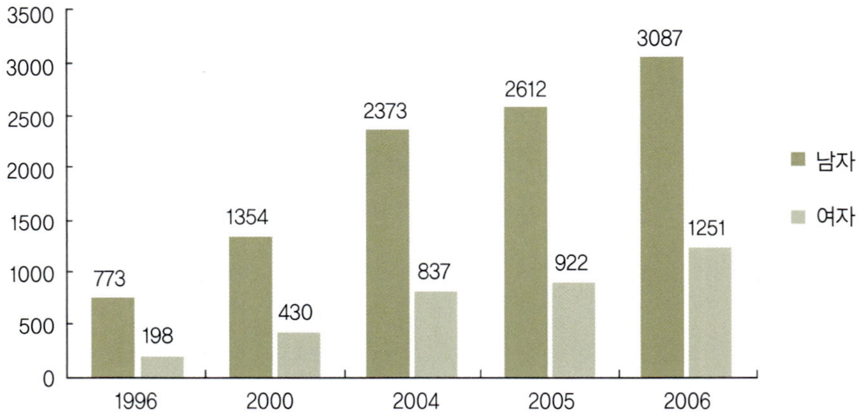

[그림 13-4] 고령자의 이혼건수

출처: 박석돈 외(2008).

한편, 황혼이혼이 야기하는 문제들을 살펴보면 다음과 같다.

첫째, 여성의 빈곤화이다. 둘째, 이혼녀라는 사회적 낙인(烙印)과 셋째, 부부관계와 자녀의 심리적 미독립이 문제가 될 수 있다. 넷째, 자아의 상실, 분노, 외로움 등 심리적 문제를 가중시키므로 사회적 지원 프로그램이 필요하다. 즉, 이혼이 행복을 위한 마지막 수단이 되도록 도와야 할 것이다.

3. 노인이 직면하는 문제

노인의 사회적 지위는 전통사회에서 상당히 높았으나, 현대화 이후 매우 낮아졌다. 부와 소득의 원천이 직업세계로 옮겨 간 현대사회에서 노인은 소외되어 실업자와 무소득자로 전락하고 만 것이다. 이러한 노인의 지위 저하는 노인차별(Ageism)로 이어졌다. 노인차별이란 단지 나이가 들었다는 이유만으로 노인을 차별하고 편견을 갖는 것으로 노인에 대한 부정적인 이미지와 태도를 의미한다. 또한 노인차별은 특정 연령층에 해당하는 모든 사람을 부당하게 처우한다는 점에서 인종차별이나 성차별과 매우 유사하다. 노인차별의 대표적인 예로는, 노인에 대한 낮은 처우와 비중, 노인을 늙고 무기력한 존재로 묘사하는 경향 등을 들 수 있다(Kirst-Ashman, 2003: 원석조, 2013, 재인용).

다음은 조기퇴직과 고용차별이다. 대부분의 노인들은 지적으로나 육체적으로 근로할 수 있는 능력을 보유하고 있음에도 퇴직제도에 따라 강제로 은퇴해야 한다. 사람을 직업으로 평가하는 경향이 강한 현대사회에서 실직한 노인들은 대접받기 어렵다. 퇴직은 은퇴한 사람을 주류사회(Mainstream)에서 소외시킨다. 기업들은 대체로 젊은 사람을 선호하고 나이 든 사람을 배제한다. 연령에 따른 고용차별을 금지하는 법이 있다 하더라도 노인을 과잉 자격자로 간주해 채용을 하지 않거나, 65세 이상 노인은 이의 보호마저 받을 수 없는 것이 현실이다.

한편 노인은 만성질환과 퇴행성질환, 성인병 등 여러 질병과 증상에 시달리며, 유병률(有病率)이 다른 연령층에 비해 매우 높다. 고독, 친구나 가족의 죽음, 퇴직, 지위상실, 소득감소, 육체적 약화 등으로 인한 스트레스 또한 노인의 유병률을 높인다. 따라서 노인의 의료비 부담도 과중해진다.

그리고 빈민의 상당수가 노인이다. 가난한 노인들은 의식주 등 기본적 욕구도 제대로 충족시키지 못하고 있다. 국가의 사회보장제도 역시 빈곤노인에게 최저생계비 이상을 보상해 주지 못하고 있는 실정이다.

그 밖에도 노인들은 가족과 친구의 상실, 주거요건의 약화, 성문제, 영양 상태의 악화, 정서적 문제, 자살 및 사망, 노인학대 등과 같은 문제를 안고 있다(Zastrow, 2000; 원석조, 2013, 재인용).

4. 노인의 인권과 학대

1) 노인인권의 개념

인권(Human rights)이란 인간답게 살 권리를 말하며, 노동자 및 장애인 인권의 영역에서 출발하였다. 노인인권이란 노인이 인간으로서 누려야 할 권리를 의미하며, 노인학대에서 출발된 것으로 노인을 권익의 침해로부터 노인을 보호하기 위한 용어의 의미로 사용하고 있다. 한편 노인을 위한 UN원칙에 따라 노인인권을 범주화하면 다음과 같다.

〈표 13-2〉 노인인권의 범주

	세부내용	노인인권 분야 (노인을 위한 UN원칙)
일반적 기본권	평등권	존엄2항 : 나이, 인종 등에 상관없이 공정하게 대우받을 권리
자유권	신체의 자유권	존엄1항 : 착취와 육체적·정신적 학대로부터 자유로울 권리
	사생활에 관한 자유권	독립6항 : 지역사회에서 계속 거주할 권리
	사회참여/자기개발에 관한 자유권	독립6항 : 퇴직결정의 자유권 참여1항 : 노인복지정책형성과정 참여권 참여2항 : 지역사회봉사 기회의 권리 참여3항 : 사회운동·단체 형성의 권리 자아실현 1항 : 자기개발 기회를 가질 권리 자아실현 2항 : 교육, 문화, 정신, 여가 자원에 대한 접근권
생존권	인간다운 생활을 할 권리 (보건에 관한 보호권)	독립1항 : 의식주 및 건강보호 접근 권리 보호2항 : 질병예방과 건강유지에 대한 권리 보호1항 : 가족과 지역사회에서 보호 받을 권리 보호4항 : 시설보호를 이용할 수 있는 권리 보호5항 : 시설보호에서의 인권을 보호 받을 권리
	교육을 받을 권리 (교육문화권)	독립4항 : 적절한 교육·훈련 프로그램 접근 권리
	근로의권리(노동기본법)	독립2항 : 근로(소득수단)기회접근 권리
	환경권(생존권)	독립5항 : 안전한 환경에서의 거주권
	청구권적 기본권	보호3항 : 사회적 법률서비스 접근에 대한 권리

출처; 김기태 외(2013), p.276, 재인용

2) 노인인권보호 정책방향

(1) 노인정책의 패러다임의 전환

노인인권문제 해결을 위한 정책 변화로 퇴직, 질병, 의존 등에서 참여, 통합, 건강, 독립의 패러다임으로 전환하는 것이 필요하다. 그리고 노인의 '자기결정권'이 가능한 사회로 노인에 대한 사회적 인식의 조성이 정착되어야 할 것이다.

(2) 노인의 기본권 보장

안정된 노후로 주거권, 건강권, 사회복지 보장이 기본적으로 제도화되어야 하며, 다양한 프로그램 개발 및 고용기회 제공 그리고 노인의 신체적, 정신적 상황에 따른 다양한 지원체계 구축이 필요하다.

(3) 노인학대 예방대책 강화

노인의 존엄성과 신념, 욕구, 사생활 존중과 보호 인권침해 예방과 학대 발견과 개입을 위한 시스템 구축이 필요하다.

(4) 노후관련 종합정보시스템 구축

노인 관련 정책, 서비스 제공 등에 관한 정보제공 및 정보시스템 구축이 필요하며, 노인의 접근성을 고려하여 노인들이 자주 이용하는 장소에 노인 정보에 관한 다양한 리플릿 제작 및 배포가 필요하다.

3) 노인차별과 노인학대

(1) 노인차별

노인차별(ageism)은 미국의 Robert Butler(1969)에 의해 처음 소개된 용어로 연령의 변화에 따라 누구나 가해자와 피해자가 될 수 있다. 이는 노인 배타주의와 연령차별주의, 고령자차별주의, 노인 차별주의 등 다양한 용어로 혼용되어 사용되고 있는데, 일반적으로 노인차별은 '고령자를 대상으로 한 부정적인 의미의 편견이나 차별'을 의미한다(Nelson, 2002; 김기태 외, 2013). 이와 같이 노인차별은 노인에 대한 부정적인 믿음, 태도, 차별적인 행위가 역연령적 기준에 의하여 개인차를 무시한 채 사용되어지는 데 바탕을 두고 있다고 할 수 있다. 또한 노인차별은 관념적으로만 존재하는 것이 아니라 실생활에서 노인에 대한 차별행동으로 연계될 수 있다는 점에서 문제의 심각성이 크다. 즉, 노인차별의 결과로 인해 경제적 빈곤의 가중과 소외감 극대화, 자살위기 등을 초래할 수 있다는 것이다.

한편 노인차별의 양상으로는 심리적·정서적 무시, 부정적 이미지의 고착화, 노인고용차별, 노인과의 접촉기피 등을 들 수 있다.

(2) 노인학대의 개념 및 유형

노인학대(Elder Abuse)란 우리나라 노인복지법 제1조2 제4호에 의하면, "노인에 대하여 신체적·정신적·정서적·성적 폭력 및 경제적 착취 또는 가혹행위를 하거나 유기 또는 방임을 하는 것"으로 명시되어 있다.

노인학대는 사회와 문화에 따라 차이가 있다. 노인에 가하는 위해(危害) 등 협의의 개념과 노인의 인권침해 등을 포함하는 광의의 개념이 있는데, 최근 들어서 광의의 개념이 추세로 되어 있다. 즉, 노인 스스로 자기를 돌보지 않거나, 노인의 부양이나 수발을 담당하고 있는 부양자가 의도적 또는 비의도적으로 노인에게 신체적, 정서적, 성적, 재정적인 손상을 가하거나 부양의무를 소홀히 하는 것을 말한다(김기태 외, 2009).

미국의 노인법(Older Americans Act)에서는 "학대(Abuse)", "방임(Neglect)", "착취(Exploitation)"의 세 가지 개념을 정의하고 있다.

한편, 학대의 유형은 신체적 학대, 언어적 학대, 정서적 학대, 재정적 학대, 성적 학대, 소극적 방임과 적극적 방임(유기를 포함), 자기방임으로 구분할 수 있으며, 노인학대의 범주는 가정 내 노인학대, 시설 내 노인학대, 자기방임 또는 자기학대 등으로 구분할 수 있다.

〈표 13-3〉 노인학대의 유형

유 형	정 의
신체적 학대	물리적인 힘 또는 도구를 이용하여 노인에게 신체적 손상, 고통, 장애 등을 유발시키는 행위
언어·정서적 학대	비난, 모욕, 위협, 협박 등의 언어 및 비언어적 행위를 통하여 노인에게 정서적으로 고통을 주는 행위
성적 학대	성적 수치심 유발행위 및 성희롱, 성추행, 성폭력 및 강간 등 노인의 의사에 반하여 강제적으로 행하는 모든 성적 행위
재정적 학대(착취)	노인 자신의 동의 없이 사용하거나 부당하게 착취하여 이용하는 행위 및 노동에 대한 합당한 보상을 제공하지 않는 행위
방 임	부양의무자로서의 책임이나 의무를 의도적 혹은 비의도적으로 거부, 불이행 혹은 포기하여 노인의 의식주 및 의료를 적절하게 제공하지 않는 행위 (필요한 생활비, 병원비 및 치료, 의식주를 제공하지 않는 행위)
자기방임	노인 스스로가 의식주 제공 및 의료처치 등의 최소한의 자기 보호관련 행위를 의도적으로 포기 또는 비의도적으로 관리하지 않아 심신이 위험한 상황 또는 사망에 이르게 되는 경우
유 기	보호자 또는 부양의무자가 노인을 버리는 행위

출처: 권중돈(2006), p.122.

〈표 13-4〉 노인학대의 주요요인

학대요인	세부 내용
피해자 요인	• 노인의 개인적 특성(성격, 정신장애, 알코올중독, 무기력감 등) • 노인의 의존성(장애, 질병, 치매 등)
가해자 요인	• 가해자의 성격 • 가해자의 경제력 및 건강상태 • 가해자의 정신건강상태
가해자와 피해자의 상호작용 요인	• 부양자의 부양 스트레스 (신체적·정신적 스트레스, 부양미숙, 부양능력의 결여 등) • 세대 간의 학대 전이 • 피해자와 가해자의 불화
가정환경적 요인	• 경제적 문제 • 가족 간의 불화 • 재산문제 • 힘의 갈등
사회문화적 요인	• 노인차별 • 가치관의 변화 • 사회보장 및 노인복지서비스의 결여

출처: 권중돈(2006); 이은희(2013), 재인용

(3) 노인학대의 실태

우리나라의 노인학대의 발생과정은 노인 개인의 특성뿐 아니라 우리 사회의 가족문화와 한국 사회의 전반적인 문제들이 상호구조적으로 연결되어 발생한다고 본다.

즉, 전통적 가족부양의 기능이 저하되고, 가치관의 변화와 가족사회적 구조 변화, 사회적·공적 사회복지시설 등의 대처자원의 부족에 따라 노인학대가 발생한다는 것이다. 이에 따른 노인학대발생의 메커니즘은 다음과 같다.

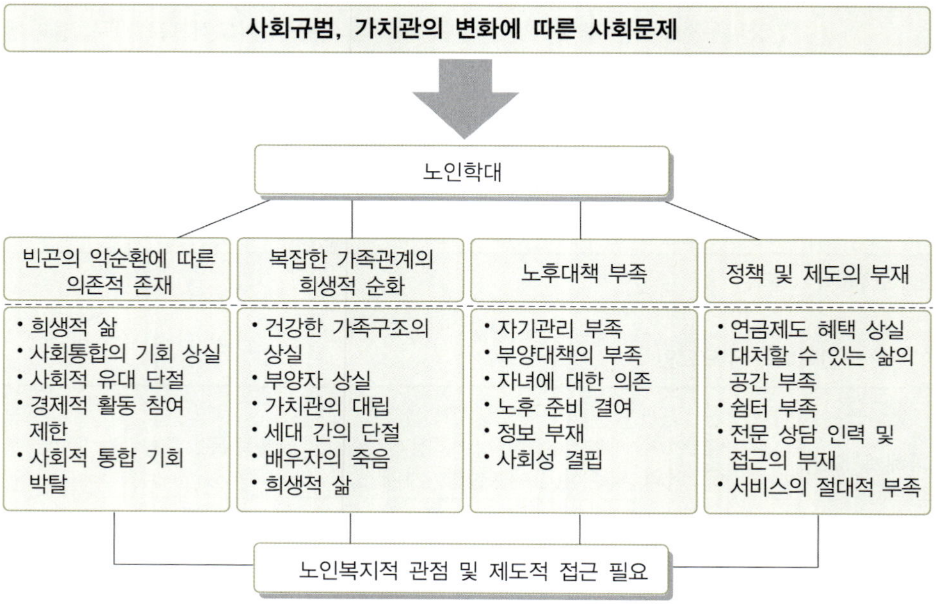

[그림 13-5] **노인학대발생의 메커니즘**

출처: 양옥남 외(2013), p.348.

보건복지부(2010)는 「세계 노인학대 인식의 날(6. 15.)」을 맞이하여 「전국 노인학대 실태조사」 결과를 발표한바 있다. 학대경험률에 대한 내용을 살펴보면, 전체 노인의 13.8%가 학대를 경험했다고 응답했으며, '노인복지법'상 금지행위에 해당하는 노인학대(신체적·경제적·성적 학대, 유기, 방임)를 경험한 노인은 5.1%로 나타났다. 학대경험자의 특성은 농어촌·여성·배우자가 없는 경우, 연령이 높을수록, 교육 및 소득수준이 낮을수록, 건강 상태가 나쁠수록 노인학대를 많이 경험한 것으로 나타났다. 또한 학대유형별 경험률을 살펴보면 노인학대 경험이 있다고 응답한 노인 중 정서적 학대(67%)를 경험한 노인이 가장 많았고, 방임(22%), 경제적 학대(4.3%), 신체적 학대(3.6%) 순으로 다음과 같이 나타났다.

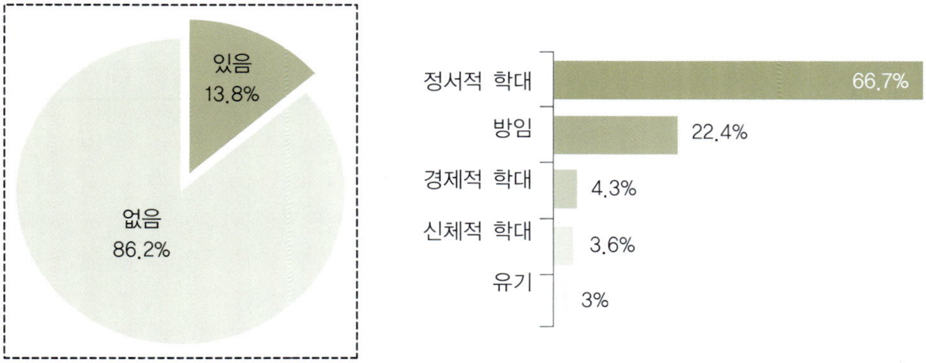

[그림 13-6] **노인학대 경험 유무 및 학대유형별 경험률**

출처: 보건복지부(2010). 보도자료; 심의보 외(2012). p.112. 재인용

한편, 2014년 접수된 학대사례의 학대행위자와 학대피해노인과의 관계를 분석한 결과를 살펴보면, 아들이 전체 학대행위자 3,876명 중 1,504명으로 38.8%를 차지하였고, 배우자가 588명(15.2%), 딸이 476명(12.3%)으로 나타났다. 그리고 배우자, 아들, 딸, 며느리 등 "친족"이 학대행위자인 경우는 총 2,882명으로 전체 학대행위자의 74.3%를 차지하고 있다. 학대행위자 중 아들이 가장 높게 나타나는 것은 매년 지속되어 오는 현상으로 한국사회의 전통적인 관습에 따르면 부모의 부양의무가 아들에게 부여되고, 이에 대한 아들의 부양부담이 노인학대를 야기하는 것으로 보인다.

학대행위자가 본인인 경우 463명(11.9%)으로 이는 자신을 돌보지 않거나 돌봄을 거부함으로써 노인의 생명이 위협받는 자기방임을 의미한다. 대표적 행위로는 노인 자신이 의료처치 또는 약복용 등 의사의 지시에 따른 치료행위를 거부하는 경우 건강·생활·환경 등의 위험한 상황에서 노인이 도움을 요청하지 않거나 거부하는 경우, 노인 스스로 생존을 위해 필수적인 의식주 관련 행위를 거부함으로써 생명이 위협받는 경우, 일상생활 수행을 위한 신체적·정신적 능력을 상실한 노인이 돌봄을 거부함으로써 생명이 위협받는 경우, 건강에 치명적임에도 불구하고 노인이 약물이나 알코올 남용을 지속하는 경우, 노인이 자살을 시도하는 경우 등이 포함된다.

〈표 13-5〉 **학대행위자와 학대피해자 간의 관계(2014 노인학대현황보고서 중)**

(단위: 명, %)

피해자 본인	친족							타인	기관	계
	배우자	아들	며느리	딸	사위	손자녀	친척			
463	588	1,504	184	476	18	56	56	246	285	3,876
11.9	15.2	38.8	4.7	12.3	0.5	1.4	1.4	6.3	7.4	100.0

출처; 중앙노인보호전문기관

2014년도 노인학대현황보고서에 대한 내용은 다음과 같다.

〈표 13-6〉 **연도별 노인학대장소(2014 노인학대현황보고서 중)**

(단위: 건, %)

구분	2005년	2006년	2007년	2008년	2009년	2010년	2011년	2012년	2013년	2014년
가정내	1,893	2,008	2,060	2,132	2,358	2,625	2,921	2,909	2,925	2,983
	92.9	88.3	89.1	90.0	88.2	85.6	84.9	85.0	83.1	84.5
생활시설	46	33	58	55	55	127	196	216	251	246
	2.3	1.5	2.5	2.3	2.1	4.1	5.7	6.3	7.1	7.0
이용시설	5	3	5	9	16	22	24	35	42	44
	0.2	0.1	0.2	0.4	0.6	0.7	0.7	1.0	1.2	1.2
병원	36	38	59	61	66	88	65	83	107	100
	1.8	1.7	2.6	2.6	2.5	2.9	1.9	2.4	3.0	2.8
공공장소	10	34	70	82	83	87	92	86	86	74
	0.5	1.5	3.0	3.5	3.1	2.8	2.7	2.5	2.4	2.1
기타	48	158	60	30	96	119	143	95	109	85
	2.4	6.9	2.6	1.3	3.6	3.9	4.2	2.8	3.1	2.4
계	2,038	2,274	2,312	2,369	2,674	2,068	3,441	3,424	3,520	3,532
	100.0	100.0	100.0	100.0	100.0	100.0	100.0	100.0	100.0	100.0

출처; 중앙노인보호전문기관, http://noinboho.or.kr/

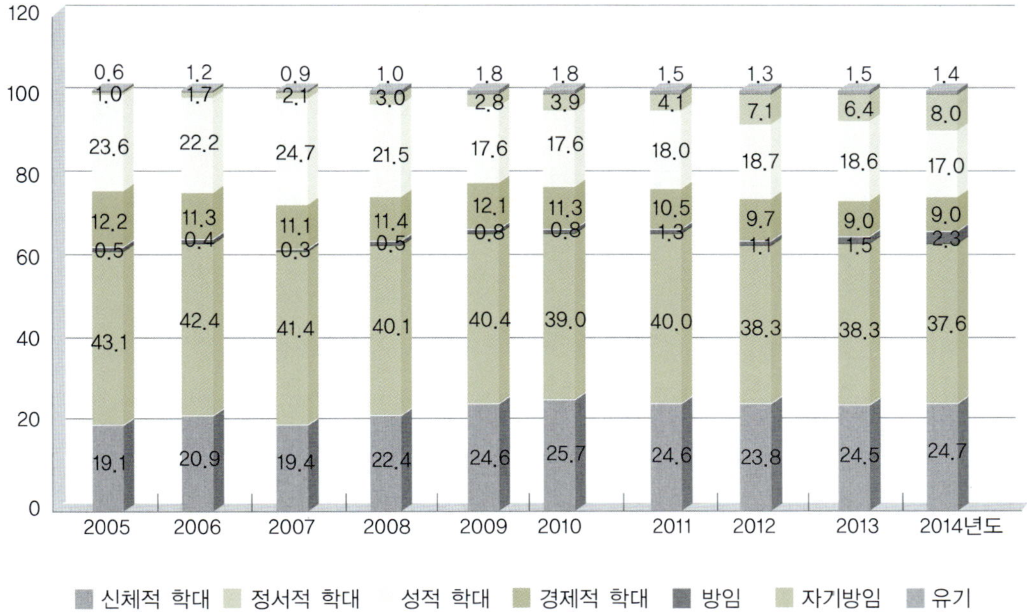

[그림 13-7] **연도별 학대유형건수(2014 노인학대현황보고서 중)**

출처: 중앙노인보호전문기관, http://noinboho.or.kr/

(4) 학대받는 노인의 삶의 질 향상을 위한 개선방안

① 노인 자신의 대책으로는 노인의 사회성 훈련과 의사소통방법의 재훈련 등을 꾸준히 하는 사회화를 위한 개인적인 노력이 필요하다.

② 노년기 생활재설계 교육을 통해 의존적·경직적 사고에서 벗어나 노인 스스로 부당한 대우에 대처할 수 있는 능력을 기르려는 노력과 체계가 마련되어야 한다.

③ 노부모를 학대하는 가장 큰 원인을 부양스트레스에서 발견할 수 있었으므로 가족을 다양한 측면에서 지원하는 것이 학대의 발생을 예방하고 치료하는 중요한 해결방안이 된다.

④ 현재 학대피해노인을 위한 1389번 전화나 보건복지가족부의 정책, 가족폭력상담소의 상담, 노인의 전화 등 학대당하는 노인을 위한 다양한 정책들이 시행되고 있다.

⑤ 학대는 자기방임을 포함해서 누군가가 학대자가 있기 때문에 학대를 받는 것이다.

⑥ 종합학대예방센터(노인, 아동, 여성)를 지방자치단체별로 1개소 이상 설치·운영하고 이곳에서 각종 학대 예방 교육프로그램을 진행한다.

5. 노인우울과 자살

1) 노인우울

정신의학적으로 볼 때, 우울증은 일종의 기분장애(Mood Disorder)이다. 우울증은 노년기에 나타나는 가장 흔한 정신질환의 하나이다(Davis－Berman, 1989, 재인용).

또한 우울증은 30대 전후에 발병률이 높아지다가 그 이후 낮아지고 노년기에 다시 증가하는 경향을 보이며, 우리나라 노인들 중 약 20%가 우울증으로 고통을 받고 있다고 알려져 있다(김미혜 외, 2001).

노인에게 대표적으로 나타나는 우울증상은 고독감과 애정 박탈감 등이며, 특히 배우자가 세상을 떠났을 때 우울증상이 가장 극대화되며, 절망감과 함께 심하면 자살충동을 갖게 된다. 노인우울증은 종종 가족에게도 영향을 준다. 우울증을 지닌 노인은 자신의 고통을 다른 사람에게 전가(轉嫁)하려 하는 경향이 있다. 이로 인해 배우자나 자녀가 고통에 빠질 수가 있다(김미혜 외, 2001: 원석조, 2013).

우울은 노인 자살의 가장 큰 원인이다. 노인자살과 관련해서 우울은 상실감으로 많이 설명하고 있다. 배우자나 가족, 친구 등과 같이 주변의 주요 인물들을 사망 등의 이유로 잃게 되는 경우가 대표적이다. 또한 자신의 신체적 능력의 상실도 큰 영향을 미칠 수 있으며, 우울도 상실의 일종이라 할 수 있다. 심리적 문제인 우울은 자살생각으로 이어지고 자살생각은 자살행동으로 나타날 가능성이 크다.

한편 노인우울은 사회적 지지(Social Support)의 영향을 많이 받는다. 사회적 지지란 개인이 다른 사람과의 상호작용을 통해 기본적인 욕구 충족에 필요한 도움이나 정보 등을 제공받는 것을 의미한다. 한 마디로 사회적 지지란 한 개인이 자신이 가진 대인관계로부터 얻을 수 있는 모든 긍정적인 자원이라고 할 수 있다. 이러한 사회적 지지는 노인의 우울수준을 경감시키는 주요 요인이 되는 것으로 여러 연구를 통해 확인되었다(김영숙·서경현, 2002).

이러한 노인우울은 노인의 자아통제감(Sense of Control)으로도 설명된다. 노인의 경우 은퇴를 하게 되는데, 이러한 사회적 분리는 생산적 역할의 상실을 가져와 노인의 자아통제감을 약화시킨다는 것이다. 자아통제감의 약화는 건강 상태의 저하, 혹은 가족이나 친구와의 사별의 경험 속에서 나타난다. 생의 중요한 시점에서 느끼는 경제적 소득 감소, 건강 악화, 배우자의 상실, 기존 관계망의 와해 등으로 인해 자아통제감이 약화되고 더 나아가 우울로 이어진다는 것이다(김미혜 외, 2001).

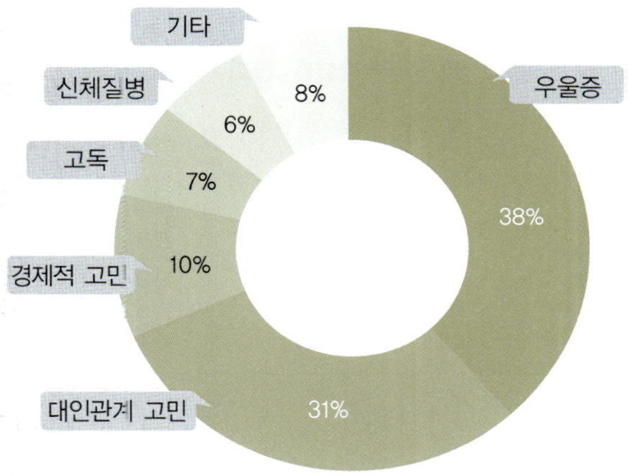

[그림 13-8] **노인자살시도 이유**

출처: 보건복지부(2013).

2) 노인자살의 의미와 현황

노인자살이란 노인들이 자발적이고 의도적으로 자신의 생명을 끊는 행위를 말한다. 우리나라의 노인자살률은 1990년 이래 지속적으로 증가하여 최근 OECD국가 중 1위를 차지하고 있으며, 다른 연령계층에 비하여 상대적으로 매우 높은 수준을 보이고 있으나, 노인자살에 대한 연구는 상대적으로 부족한 실정이다. 특히 노인자살에 대한 노인복지와 사회복지적 개입과 실천도 미미한 현실이다.

노인자살은 개인의 생명상실, 신체적 손상과 의료적 비용, 가족들의 슬픔과 고통은 물론 가족해체와 지역사회에 부정적인 영향을 미치는 점에서 엄청난 비용손실을 초래한다.

노인자살이 증가하고 노인자살이 미치는 개인, 가족, 지역사회에 대한 상처와 부정적 영향으로 인하여 특단의 대응책이 요청되고 있다.

통계청에 따르면 2011년 60세 이상 노인 자살자는 91.4명이다. 평균 자살률의 3배를 웃돌면서 10년 전과 비교하면 급증세를 타고 있다. 60세 이상 노인인구의 10만명당 자살률은 2000년 39.07명으로 지금의 40%에 그쳤다. 10년 만에 2.3배 증가한 것이다. 특히 80세 이상 노인의 자살률은 충격적이라 할 수 있으며, 2011년 자살을 택한 80세 이상 노인은 100명이 넘었다. 80~89세는 2000년 53.4명에서 2011년 127.95명으로, 90세 이상은 같은 기간 35.4명에서 129.1명으로 각각 뛰었다.

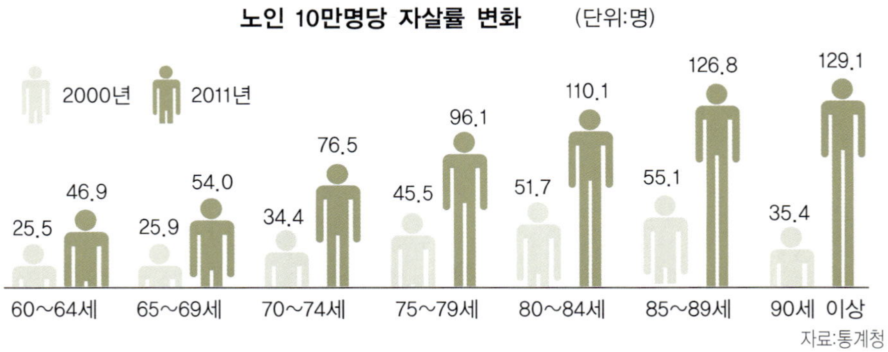

[그림 13-9] **노인10만명당 자살률변화(통계청, 2012)**

보건복지부에 따르면 65세 이상 노인의 자살 충동 원인 가운데는 건강문제가 39.8%, 경제적 어려움이 35.1%를 차지하며, 외로움(12.9%), 가정불화(4.3%)보다 훨씬 높은 수치를 기록했다. .

또한 OECD국가 중 노인 빈곤률이 49.6%로 가장 높으며 자살률도 1위에 육박한다고 한다. 특히 80세 이상 자살률은 20대 자살률의 4배에 달한다고 한다. 홀로 사는 노인의 비율이 늘어나면서 사전 징후가 나타나지만 이를 사회가 인지하지 못해 자살을 막지 못하는 것도 노인 자살의 급증 원인 중 하나다. 현재 국내에 최저생계비 이하로 생활하는 독거노인은 약 50만 명으로 추정된다. 이 중 기초생활수급 등 국가 지원을 받는 비율은 절반에도 못 미친다. 결국 노인빈곤이 자살을 부추기는 요인으로 가장 많이 차지한다는 것을 알 수 있다

〈표 13-7〉 주요 OECD 국가의 자살률(인구 100,000명당)

(단위 : %)

자살률 상위	국가명	자살률	자살률 하위	국가명	자살률
1	대한민국('07)	24.0	1	그리스('06)	2.9
2	헝가리('05)	21.0	2	멕시코('05)	4.4
3	일본('06)	19.1	3	이탈리아('03)	5.5
4	핀란드('06)	18.0	4	영국('05)	6.0
5	프랑스('04)	14.6	5	스페인('05)	6.3

* 연령구조 차이가 제거된 국제 간 비교를 위해서 OECD 기준인구로 표준화
* 자료원 : OECD Health Data, 2008 벨기에, 덴마크, 터키 제외

출처; 심의보 외(2012), p.151.

3) 노인자살의 요인

(1) 외적 요인

노인의 개인 내부 요인보다는 외부 요인에 기인하는 것으로 지역사회 내에서 역할이나 지위상실 및 교류 단절로 인한 사회적 고립, 경제, 건강 등 자원의 결핍과 사회적 분리 등이 해당된다.

(2) 내적 요인

유전・생물학적 관점에 의한 것으로 자살에 취약한 유전적 특성이나, 개인의 심리・사회적 특성 및 상황 스트레스 극복의 취약 등 개인적 특성이 주로 해당된다. 또한 신체적 질병과 기능적 장애가 자살동기를 촉진시키며, 이전의 자살시도 경험이 자살의 위험요인이나 경제적 불안 및 어려움과 빈곤 상태에 있는 노인 등이 내적 요인에 해당된다.

4) 노인자살이론

(1) 사회통합이론

사회통합이론의 기본전제는 구성원 개인의 주어진 사회적 집단에로의 응집력은 사회질서 유지뿐만 아니라 그 구성원의 주관적 행복감을 위해서도 필요하다는 점이다. 노인들은

정년으로 인하여 예전의 사회적 관계망이 점차 축소됨으로써 노인들의 주어진 사회집단으로의 통합은 점차 약화되게 된다. 결과적으로 노인들은 사회결집력의 붕괴 또는 약화로 말미암은 소외감과 외로움 등과 같은 부정적 심리 상태에 봉착할 수 있으며, 이에 대한 결과적 반응으로 일부는 자살관념을 형성하게 되고 극히 일부는 자살을 시도하기도 한다는 이론이다.

(2) 교환이론

노년기에 접어들면서 노인들은 예전에 지녔던 자원들(경제력, 건강 등)을 점차 상실하게 되어 타인들에게 의존적인 관계를 형성하게 된다. 또한 타인들과의 상호작용을 의도적으로 기피함으로써 타자에 대한 의존감과 부담감을 줄여 나가려는 경향성이 높아짐에 따라 노인들의 사회적 응집력이 약화되게 된다. 아울러 응집력의 약화로 그들은 외로움 등의 심리·사회적인 문제에 봉착하게 된다는 이론이다.

(3) 스트레스·취약성 이론

스트레스·취약성 모델에 따르면, 이상행동의 발생은 개인이 갖고 있는 취약성과 개인이 경험하는 스트레스의 상호작용에 의해 결정된다고 하며, 이러한 스트레스원의 조건은 다음과 같다.

첫째, 스트레스 유발상황이 일정 기간 이상 지속되고 있어야 한다.
둘째, 문제가 심각하여야 한다.
셋째, 예측이 불가능하여야 한다.
넷째, 통제 불가능하다고 지각하여야 한다.
다섯째, 자신감이 결여되어 있어야 한다.
여섯째, 사건이 우발적으로 발생하여야 한다.

5) 노인자살의 개입방안

첫째, 노인복지정책과 제도를 통해 노인 모두가 행복하게 살아갈 수 있는 제도적·정책적 장치가 필요하다. 즉, 자살예방을 위해 독거노인에 대한 현실적 지원정책 및 서비스 개발이 시급하다.

둘째, 노인질병과 장애를 해결하는 보건의료정책이 개선되어야 한다. 즉, 노인자살 예방을 위한 지역보건체계의 재구조화가 필요하다.

셋째, 노인들이 지역사회에서 소외되지 않고 즐겁고 보람찬 생활을 영위할 수 있도록 각종 여가활동, 노인교육, 자원봉사 등이 활성화될 수 있어야 한다. 즉, 노인 소득수준 향상을 위한 지역사회복지관 및 노인종합복지관 내 노인일자리사업 확대 및 시니어클럽의 제기능화가 필요하다.

넷째, 노인자살의 징후를 조기에 발견하고 이를 예방하는 등의 기능을 전담하는 노인자살방지기관 혹은 자살방지기관을 활성화시키고, 관련 전문가를 양성해야 할 것이다. 즉, 전국 노인자살예방센터의 확대 설치 및 운영지원 등과 관련한 법적 지원이 필요하다.

다섯째, 노인자살을 발생하게 하는 사회 전체의 가치관, 문화를 변화시키는 작업으로서 특히 초·중·고등학교에서 가족기능을 회복시키며, 경로효친의 문화를 현대화할 수 있는 교육과 문화활동을 진작시켜야 한다.

학습 실천과제

1. 우리가 알고 있는 노인의 성에 대해 토론해 봅시다.
2. 바람직한 노인 성생활을 위해 추진해야 할 것들은 무엇인지 생각해 봅시다.
3. 황혼이혼이 미치는 영향과 과제는 무엇이지 토론해 봅시다.
4. 노인학대의 유형에 대해 구분하여 설명해 봅시다.
5. 우리나라의 노인자살률 급증에 따른 노인복지방안에 대해 토론해 봅시다.
6. 노인 우울증을 유발하는 요인에 대해 탐색해 봅시다.

14

평생학습과 노인여가복지

1. 생애설계와 은퇴교육

1) 생애설계의 개념

생애설계(生涯設計, life plan)는 개인의 변화무쌍한 삶의 과정에 대한 구체화된 요인을 포함하고 조화가 시도되며 균형의 유지가 필요한 종합적인 계획을 세운다는 의미로 풀이될 수 있다. 생애설계와 유사한 개념으로 생활설계란 협의의 개념은 생계나 살림을 꾸려가는 것을 말하며, 광의의 개념은 현 시점에서 앞으로의 개인이 생애를 어떻게 살아가느냐에 대한 구체안을 마련하는 것이다. 즉, 생활설계는 인간의 삶 전체를 통틀어 인생 제반 요인에 대해 장기적 계획을 세우고 단계별로 삶을 실천해 나가는 과정을 설명하는 데 있어 재정, 건강, 위험관리 등을 설계한다는 의미를 지닌다. 따라서 생애를 설계한다는 것은 급변하는 생활구조에 대응하기 위하여 자율성을 확보한 미래지향적 생활의 경영능력을 실천하게 하는 것이라고 할 수 있다.

인생주기는 각 주기마다 중요하지 않은 시기가 없다. 사실 모든 생애주기마다 해결해야 할 과업이 있고 이를 잘 극복할 때 다음 시기의 인생주기에서 행복한 삶을 영위할 수 있는 기반이 된다. 이러한 인생주기에 맞춘 생애설계를 노인복지와 관련하여 은퇴준비, 퇴직준비와 연계하여 그 중요성을 인식하여 논의하는 것이 필요할 것이다. 에릭슨(Erikson, 1976)은 인생후반부를 4단계, 즉 청년기, 성인초기, 중년기, 노년기로 구분하여 해당되는 발달과제에 대해 주장한바 있다. 특히 노년기의 발달과제로 자아통합 대 절망감으로 보고 지혜로서 그 자질을 발휘한다고 제안하였다. 이와 같이 노년기에는 일생의 노력과 성취를 되돌아보고 자신의 삶을 평가하면서 자아통합－인생과 자아의 완성감, 일체감, 만족감－에 도달하는 것이 주요 과제이다. 여기에서 자아통합(ego integrity)이란 성공과 실패에 순응하면서 이전의 단계를 성공적으로 거쳐온 사람들이 취할 수 있는 인생의 결실이며, 여기에서 지혜가 발생한다는 것이다. 한편 자아통합에 이르지 못하는 사람들은 절망감을 느끼게 되는데, 이는 결국 자신의 삶을 수용하지 못하는 데서 비롯될 수 있다(김애순, 2004; 현외성, 2015).

2) 인생주기와 발달과제

한국 노년기의 인생주기에 따른 발달과제 중 성인전기에서 노년기까지의 발달과제는 다음과 같다.

〈표 14-1〉 한국인의 인생주기와 발달과제(성인전기~노년기)

	지적 영역	정의적 영역	사회적 영역	신체적 영역
성인전기	• 합리적 가정관리 • 부부생활 위한 성 지식 습득 • 경력과 사회생활 위한 지식, 기능, 식견 넓히기	• 배우자와 원만한 관계 유지 • 성공적 자녀교육 • 직장에서 원만한 인간관계	• 성공적 부모역할 • 만족스런 직무수행 • 풍부한 사회생활 영위하기	• 건강한 신체유지 • 규칙적 생활과 운동과로, 과음, 흡연 삼가하기
성인중기	• 경제적 생활수준 유지하기 • 청소년 자녀 교육 • 직무에 필요한 새로운 지식과 능력 • 사회변천에 적응할 수 있는 지식	• 배우자/자녀와 인격적 관계 유지 • 새로운 가족 맞아 융화하기 • 취미와 여가활용 • 젊은층 이해하기	• 부모 역할과 책임 수행하기 • 연로한 부모 봉양 • 사회 연장자로서 역할과 처신 • 사회발전 위한 참여, 미풍양속 실천	• 생리적 변화 수용하고 적응하기 • 적당한 섭생, 휴식 운동으로 체력보전 • 질병에 대한 지식과 가족건강보호
노년기	• 새대차이와 사회변화 이해하기 • 은퇴생활에 필요한 지식과 생활 익히기	• 적극적 생활태도 • 취미와 여가생활 • 소외감 극복하고 삶의 의미 찾기 • 죽음 수용하고 준비하기	• 친구관계 유지 • 일/책임 물려주기 • 가정과 사회에서 연장자 역할하기 • 자녀/손자들과 원만한 관계 유지	• 체력감퇴에 대비한 적절한 운동과 섭생 • 지병에 대한 바른 처방

출처: 현외성(2015), p.368, 재구성

3) 은퇴준비

(1) 은퇴의 의미

은퇴(retirement)의 사전적 의미는 "직임에서 물러나거나 사회활동에서 손을 떼고 한가히 지냄"으로 되어 있으며, 정년퇴직과 유사한 용어로 사용되고 있다.

정년제의 자발성과 강제성의 논의

노동부의 정년제 정의: '근로자가 일정한 연령에 도달하면 근로자의 의사나 능력과 무관하게 근로 계약관계를 종료시키는 제도' 근로자의 의사, 능력과 상관없이 강제적으로 노동시장에서 퇴장시키는 것

(2) 노화의 과정과 인생의 단계(Atchle, 1980; 양옥남, 2014, 재인용)

첫째, 사회적인 연령규범 측면에서 몇 세에 무엇을 해야 하고, 해서는 안 되는 것이 무엇인지 규정교육과 취업, 결혼, 퇴직 등에 작용하는 것을 의미한다.

둘째, 직업생활의 주기에서 개인의 사회적 지위와 역할을 규정하고 변화시키는 작용을 의미한다.

셋째, 가족생활의 주기에서 결혼 시기, 자녀의 출생과 양육, 자녀혼인 시기와 개인의 생활주기를 결정하는 데 영향을 미친다는 것을 의미한다.

(3) 퇴직태도에 영향을 미치는 요인

첫째, 정년 시기의 결정

둘째, 퇴직 이후의 경제적 보장 수준에 따라 긍정적 혹은 부정적 태도 형성

셋째, 퇴직의 자의성 혹은 타의성 여부

넷째, 퇴직 이후의 생활목표에 대한 계획의 분명성 여부

다섯째, 사회적 존경도와 직업의 종류에 따른 영향

4) 은퇴준비교육

(1) 국민연금공단의 노후설계 서비스

은퇴준비 영역은 대체로 '노인의 4고(苦)'라고 하는 문제 영역이 주요한 분야로 등장할

수 있다. 먼저 경제적 문제로서 소득의 상실과 빈곤, 노쇠로 인한 건강의 약화와 질병, 장애의 문제 그리고 사회적·가정적 역할상실 문제, 마지막으로 심리적 고립과 소외문제 등이 그것이다. 이러한 문제를 어떻게 은퇴 후에 대비할 수 있도록 준비시킬 것인가도 문제시 되지만, 이들 문제 하나하나를 구체적으로 풀어서 대응할 수 있는 역량을 갖추게 해야 한다.

이와 같이 정년퇴직 준비의 개인적 차원은 정년퇴직과 여건에 따른 작업시간의 단축, 교육을 통한 적응훈련, 건강과 가족관계의 변화에 대한 지식과 훈련, 여가 및 취미활동을 위한 구체적 준비 등으로 제시할 수 있다. 그리고 사회적 차원에서의 정년퇴직은 우선 퇴직준비를 위한 프로그램이 기업에 주는 이익을 생각해 볼 수 있다. 이에 대한 내용은 기업이미지의 개선, 기업 이윤의 증대, 기업 내 동료, 즉 사원들의 불만 감소, 정년을 목적에 둔 근로자들에게서 나타나는 비능률성의 감소 등이 있다.

이러한 퇴직자를 위한 퇴직준비 프로그램의 효과를 제시해보면 다음과 같다.

첫째, 퇴직 후의 생활설계에 대한 도움, 둘째, 퇴직의 불안을 경감시켜 퇴직생활 적응의 용이, 셋째, 퇴직금 및 연금에 대한 정확한 지식 획득, 넷째, 퇴직생활에 관련된 정보 습득 등을 들 수 있다.

현재 국민연금공단에서 노후설계서비스를 제공하고 있는데, 이는 은퇴준비 영역의 좋은 사례가 되며, 가입자를 대상으로 노후설계서비스를 상담하면서 지원하고 있다.

[그림 14-1] 국민연금공단 노후설계상담

출처: 국민연금공단, http://csa.nps.or.kr

[그림 14-2] 국민연금공단 노후설계정보

출처: 국민연금공단, http://csa.nps.or.kr

노후설계서비스(CSA: Consulting on Successful Aging)는 노후준비를 위해, 재무, 건강, 대인관계, 주거, 취미, 여가 등의 분야에서 체계적인 노후준비 및 건강하고 활기찬 노후생활에 도움을 줄 수 있는 유용한 정보를 제공하고 사회적인 자원을 연결해주는 공단의 대국민서비스이다. 2009년 5월 1일 시행된 국민연금법 개정으로 공단의 업무에 '노후설계상담 및 소득활동지원'이 명문화되어 있다. 2008년 4월부터 본격 추진한 노후설계서비스(CSA)가 고객들로부터 큰 호응을 얻고 있는 만큼 보다 체계적인 노후설계를 위한 인적·물적 인프라 구축에도 더욱 박차를 가할 계획이라고 한다.

한편, 국민연금공단 노후준비지표는 사회적 관계 11개, 건강 12개, 소득과 자산 12개, 여가 7개 지표로 총 42개 지표로 구성되며 다음과 같다.

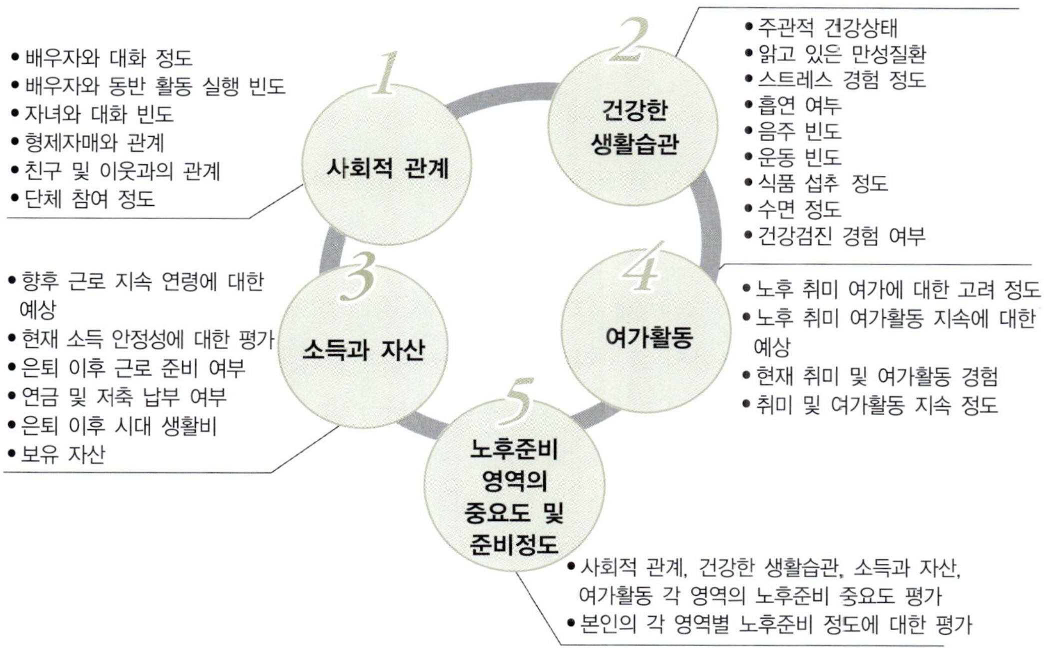

[그림 14-3] 국민연금공단 노후준비지표 구성

출처: 국민연금공단, 노후설계기획부(2012)

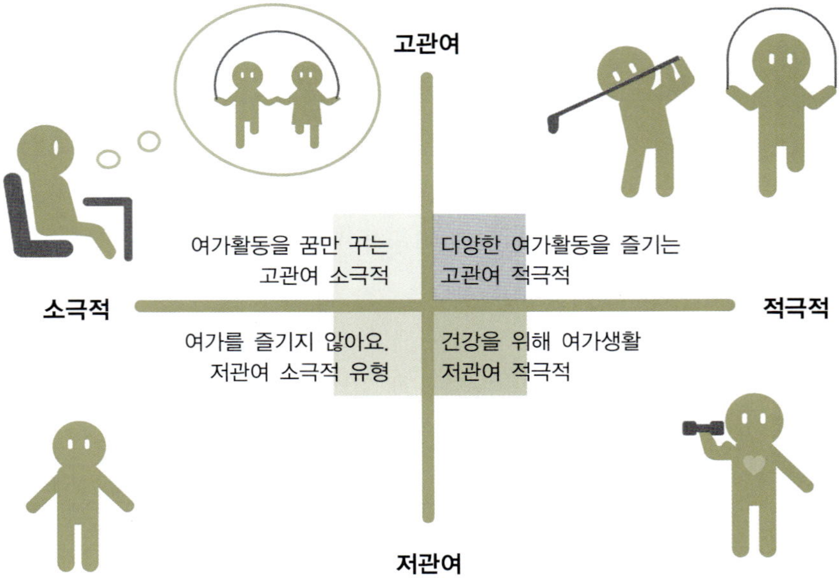

[그림 14-4] **국민연금공단 노후준비지표 구성 중 여가활동 지표**

출처: 국민연금공단, 노후설계기획부(2012)

통계청에 따르면 2014년 기준 65세 이상 고령인구는 국내 전체 인구 중 12.7% 차지하고 있으며, 베이비붐 세대가 포함된 준고령인구는 20.8%에 이른다. 게다가 고령인구는 계속 늘어날 것으로 예상되고 있다. 이런 추세라면 우리나라는 오는 2020년 초고령 사회(고령인구 20% 이상)에 진입할 것으로 전망된다. 따라서 현재 '80세 시대'의 패러다임에 맞춘 생애설계를 해왔다면 고령화에 따른 '100세 시대'에 맞춰 인생을 바라봐야 한다. 그렇다면 길어진 인생을 준비하는 첫 단계는 무엇일까. 우선 자신의 노후준비 정도를 진단해야 한다. 최근 화두가 되고 있는 노후설계는 현재 자신의 상태를 살펴보고, 미래의 모습을 그려보는 것이다. 이를 토대로 자신만의 계획을 세워 반드시 실천해야 한다.

다음은 국민연금공단의 영역별 노후준비수준이며, 노후준비수준을 상충하는 전 국민 설문조사를 바탕으로 각 영역별 다양한 분야의 전문가들의 의견으로 제시된 기준이다.

〈표 14-2〉 영역별 노후준비 수준

영역	점수	수준	상중하 기준		
			상	중	하
사회적 관계	41.7	하	70.2점 이상	44.0~70.1점	43.9점 이하
건강한 생활습관	68.5	중	79.8점 이상	61.7~79.7점	61.6점 이하
소득과 자산	70.6	상	60.7점 이상	33.5~60.6점	33.4점 이하
여가활동	39.6	중	65.6점 이상	26.6~65.5점	26.5점 이하

출처: 국민연금공단, 행복노후설계센터(2014)

(2) 은퇴준비교육

은퇴준비교육은 은퇴 후 생활적응과 관련하여 적절한 선택을 할 수 있도록 계획기술과 정보를 제공함으로써 은퇴 후의 생활을 미리 예견하고 대처하도록 돕는다. 또한 은퇴에 대한 긍정적인 태도를 가지게 함으로써 은퇴 후의 생활을 사전에 계획하고 계획을 현실적으로 실행할 수 있도록 동기 지우는 것을 목적으로 한다.

구체적인 은퇴준비교육의 목표는 다음과 같다.

첫째, 노화와 퇴직으로 인해 정상적으로 일어나는 상황에 대한 이해를 증진시킴으로써 건강, 경제상황, 가족관계, 역할 변화, 사회적 변화, 주택 등에 대한 정확한 인식을 돕는다.

둘째, 상황판단능력, 대안고려능력, 문제해결능력들을 강화시켜 미래생활에 대한 관리능력을 향상시킨다.

셋째, 수입, 건강, 주택, 여가활동, 사회적 관계 등 은퇴 후 생활 전반에 대한 계획을 수립하도록 한다.

넷째, 은퇴에 대한 불안과 근심을 감소시키고 은퇴 후 생활에 대한 긍정적인 인식을 배양한다.

다섯째, 은퇴에 대한 성공적인 적응으로 은퇴 후 사기, 생활만족도, 자아실현을 가능케 한다.

〈표 14－3〉 미국기업의 은퇴준비교육 프로그램 유형과 내용

프로그램 유형	구 분
가족관계개발 프로그램	퇴직 후 가족관계를 본인의 역할로 적용하는 프로그램
재정관리 프로그램	퇴직 후 재정적 자원을 관리하는 기술개발
수입원을 위한 고용 프로그램	퇴직 후의 재취업과 전직을 위한 기회와 요구 결정
취미 프로그램	취미에 대한 관심 개발
주거지역 프로그램	퇴직 후에 기거할 장소를 선택
정신적 건강 프로그램	노화에 대한 현실적인 태도와 퇴직자로서의 역할 확립
영양관리 프로그램	퇴직 후 건강을 유지하기 위한 식습관 형성
신체적인 건강 프로그램	퇴직 후 육체적인 건강유지
자기개발 프로그램	퇴직 후 자기개발 확립
사회적 관계유지 프로그램	현재와 퇴직 후 인생에 있어서 사회적 유형 이해
종교 프로그램	현재와 퇴직 후 종교적 열할 검토
여행 프로그램	퇴직 후 여행기회와 관심 결정
시간관리 프로그램	시간을 효율적으로 사용하기 위한 일상적인 것과 특별한 활동시간표를 작성 기술 습득
자원봉사활동 프로그램	퇴직 후 이루어지는 활동 가운데 하나로서 자원봉사에 대한 서비스 결정

출처: 김기홍(2003); 현외성(2015), p.386.

※ POSCO의 Green Life service program

국내 기업 중 정년퇴직 예정(1년) 직원을 대상으로 재취업교육을 실시하기는 포스코가 처음이다. 매년 4월과 10월에 1년 과정으로 두 차례 운영한다. 이 과정은 제2의 인생설계에 필요한 실용정보와 지식을 제공하고, 퇴직이라는 급격한 인생 변화에 따른 정신적 스트레스를 최소화하면서 사회에 조기 적응하도록 지원하는 것이다.

포스코에서는 2001년 10월 퇴직자들의 사회적응 지원을 목적으로 이 프로그램을 처음 시작했다. 그린 라이프 서비스란 정년퇴직을 1년 남겨둔 퇴직 예정 직원들을 1년간 현업에서 벗어나 곧 닥쳐올 퇴직 후 인생을 설계하고 개척할 수 있도록 회사에서 체계적으로 지원하는 정년퇴직자 대상 인생설계 프로그램이다.

포스코는 이 프로그램을 원활하게 운영하기 위해 포항과 광양에 그린 라이프 센터를 세우고, 센터에 들어온 모든 직원에게 2인 1실의 개인 사무공간과 컴퓨터, 전화기 등 각종 개인용 기기를 제공하고 있다. 포스코는 또 전직 교육전문 컨설턴트와 행정지원 요원을 센터 내에 상주하도록 해 센터에 머무는 직원들이 개인별 카운슬링과 개인학습을 지원받을 수 있도록 했다.

이 프로그램에 대한 퇴직 직원들의 만족도는 높은 편이다. 퇴직을 앞두고 있는 이들이 관심 있어할 만한 재테크, 재취업, 창업, 건강관리 등에 관한 정보를 제공하고 그에 맞게 컨설팅해준 것이 은퇴 후 유용하게 쓰였다는 평가다.

포스코 '그린라이프 서비스' 프로그램 단계
• 1단계 – 프리라이프 디자인 세미나 : 현재 자신의 위치를 정확히 파악할 수 있도록 하는 단계 • 2단계 – 파워스타트 워크숍 : 향후 진로를 설정할 수 있도록 개인별 카운슬링 • 3단계 – 현장체험 워크숍 : 4개월간 격주로 1일씩 8일간 현장체험을 위한 워크숍 실시 후 다음 2개월은 유망 아이템 선정 • 4단계 – 마스터플랜 워크숍 : 지금까지 수강한 프로그램을 종합하여 개인별 재정 계획, 능력배양 계획, 건강관리계획, 진로결정

출처; http://blog.naver.com/mcse1/80130932666

5) 퇴직의 개선방향

첫째, 퇴직 규정의 연령 적용에 융통성이 필요하다. 연금제도가 있는 경우라도 신축성 있는 운영으로 경제적 손실을 최소화해야 한다.

둘째, 퇴직을 맞는 각 개인의 준비 자세의 변화가 요구된다. 은퇴생활에 대비한 준비는 의학적·심리학적 건강의 유지, 여가활동을 위한 준비 등이 필요하다.

셋째, 퇴직준비를 위한 사회적·기업적 차원의 지원문제가 대두된다.

2. 노인여가복지

1) 노인여가의 의미

여가(leisure)란 직업활동으로부터 벗어나 자유, 휴식, 즐거움 등을 누릴 수 있는 여유 있는 시간을 의미한다. 그러나 노년기의 여가는 은퇴, 자녀 결혼 등으로 사회적, 가정적 책임으로부터 벗어난 상태이므로 다른 연령층의 여가와는 의미가 다르다. 노년기의 여가시간은 일상생활의 대부분을 차지하며 언제나 주어지는 시간이므로 기대감이나 즐거움보다는 무료함을 의미하고, 동시에 정서적·심리적 어려움으로 다가올 수 있다.

한국임상사회사업학회(2005)에서는 노인여가의 개념을 두 가지 측면에서 제시하였는데, 첫째는 고령기에 있어서도 일정한 사회적 또는 가정적 역할에 있어서 그 역할을 추구하는 도중에 갖게 되는 여유 있는 시간으로, 둘째는 자신에게 부여된 일정한 역할이 없어서 막연하게 보내는 긴 시간으로 보았다.

이런 의미에서 노년기의 여가활동은 일상생활의 무료함을 달래고 삶의 의욕을 높여 노년기 삶을 적극적이고 긍정적이며 보람 있는 것으로 변화시킬 수 있는 중요한 활동이라고 할 수 있다. 노인의 여가활동은, 퇴직 후 사회와 가족으로부터의 소외에서 벗어나 자긍심과 자신감을 주고 자아실현을 이룰 수 있는 계기를 마련할 수 있다.

카플란(Kaplan, 1961)은 노년기의 길어진 여가시간을 유용하게 보내려는 노인의 욕구와 연계하여 다음과 같이 구분하고 있다(현외성, 2015).

- 사회적으로 유용한 서비스를 제공하려는 욕구
- 자신이 지역사회의 한 부분으로 느껴지고 싶은 욕구
- 여가시간을 만족스러운 방법으로 사용하려는 욕구
- 정상적인 동반자 관계를 즐기려는 욕구
- 개인으로 인정받고 싶은 욕구
- 자기표현과 성취감의 기회를 가지려는 욕구
- 적절한 정신적 자극을 가지려는 욕구
- 건강을 유지하고 보호하려는 욕구
- 적절한 주거조건과 가족관계를 가지려는 욕구

• 영적인 만족감을 얻으려는 욕구

한편, 노인여가의 속성으로는 다음과 같이 분류하여 제시하였다(박차상 외, 2004, 재인용).

• 원칙적으로 경제적 기능을 하는 일과 반대되는 것
• 즐거운 것으로 기대하고 즐거운 것으로 회상될 수 있는 것
• 사회적 역할을 수행하기 위해서 자발적이면서 의무성이 적은 것
• 심리적으로 자유를 느낄 수 있는 것
• 문화적 가치에 위배되는 것
• 중요성과 관심의 정도가 다양한 것
• 가끔 놀이의 요소를 어느 정도 포함하고 있는 것

2) 노인여가의 필요성

첫째, 노인의 여가활동은 인생 최후의 자아실현을 위한 기회가 될 수 있다.

둘째, 노인의 여가활동을 통한 자아실현의 기회 확보는 노년기의 삶을 윤택하게 함과 동시에 일상생활을 계획적으로 구성하게 하여 건강한 삶으로 발전시킬 수 있으며, 이를 통해 사회적 건강도 도모할 수 있다.

셋째, 노인은 적극적인 여가활동을 통하여 친구와 집단과의 관계 속에서 서로를 격려하고 생활상의 위험을 대비할 수 있는 자원을 확보할 수 있다.

넷째, 노년기의 여가활동은 가족과 이웃과의 친밀한 관계형성은 물론 사회참여의 계기가 된다.

다섯째, 노인의 여가활동으로 이루어지는 사회참여는 노인복지와 사회발전을 위한 사회적 책임을 수행하고 세대 간의 이해와 공동체 문화의 창출에 기여할 수 있다.

이와 같이, 노인은 다른 연령층에 비하여 상대적으로 여가시간이 상당히 많기 때문에 여가시간을 어떻게, 어떠한 활동으로 보내느냐가 노후의 삶의 질(quality of life) 결정에 중요하다. 따라서 노인여가의 중요성을 들자면, 노인의 건강을 증진시키며, 삶의 목표를 재설정하게 하고, 자연스럽게 경제활동으로 유도될 수 있어 삶을 윤택하게 한다는 것이다. 또한 노년기의 고독 및 소외감에 따른 우울증 등 심리적, 정서적 어려움에 대하여 노년기 삶의

활력과 의욕을 제공할 수 있는 중요한 수단이 될 수 있으며, 이것은 노년기 생활에 긍정적인 영향을 준다.

3) 노인여가활동의 유형

(1) 생태학적 관점에 따른 분류

① 가정중심활동: 가사일, 손자녀 돌보기, 가족과 대화 등 가정에서 주로 하는 활동이다.
② 자기개발활동: 노인학교나 복지관 등에서 운영하는 취미활동, 학습 프로그램 참여를 통해 지적 활동과 건강유지 및 향상을 위한 활동이다.
③ 종교활동: 노년기의 긍정적 자아상 형성과 정신적 안정을 얻기 위한 활동이다.
④ 사교활동: 노인복지관, 경로당 등에서 동년배의 노인들과 어울려 고독과 소외를 완화하려는 활동이다.
⑤ 대중문화활동: TV시청, 라디오청취, 신문보기, 독서 등의 활동이다.
⑥ 휴식활동: 가정에서 쉬거나 수면 등으로 소일하는 활동이다.

〈표 14-4〉 **생태학적 관점에서 노인여가 유형의 분류**

분류	가족 중심형	지역사회/ 생활환경 중심형
활동	• 가족과 대화, TV시청 • 라디오 청취 • 정원수 손질 • 근교 산책	• 노인정 활동(바둑, 장기) • 공원산책(건강관리) • 노인학교, 사회교육기관(특강, 노래, 춤) • 운동활동(등산, 낚시, 테니스) • 지역사회봉사활동(교통정리, 청소, 선도) • 교회봉사

출처: 한국임상사회사업학회(2004); 박선태 외(2015), p.181.

(2) 노인의 여가활동 참여의도에 따른 분류

① 능동적 활동 : 사교, 취미활동, 여행/운동, 예술활동, 종교활동
② 수동적 활동 : 텔레비전 시청, 라디오 청취, 영화관람, 단순휴식, 가족대화

(3) 노인여가활동의 참여와 만족 정도에 따른 분류

〈표 14-5〉 노인여가활동참여와 만족 정도에 따른 분류

분류	긴장해소형	기분전환형	발전추구형	창조활동형	쾌락추구형
활동	홀로 있음, 조용한 휴식과 수면	사교, 손님접대, 경기관람, 게임 놀이, 대화, 취미 활동, 독서, TV 라디오 청취	체조 및 개인운동 학습활동, 독서 미술이나 음악(심리적 활동 참여) 클럽, 조직참여 관광 및 여행	예술, 문화, 음악 등 창작활동 양육활동, 수준 높은 토의, 미술교습 악기 배우기	성행위, 충동적 약물사용 무아지경의 종교 체험, 육체적 공격 행동, 경쟁게임 운동경기, 격정적 춤
만족도	매우 낮음	조금 낮음	보통	조금 높음	매우 높음

출처: 최남순(2002); 현외성(2015), p.400.

(4) 노인의 성격이나 과거의 습관에 따른 분류(김태현, 1994)

① 단독충실형: 미술감상, 음악감상, 서예, 다도, 사진촬영, 수집 등

② 가족충실형: 정원손질, 가옥미화, 가족소풍, 살림용구손질, 가족외식 등

③ 우인교류형: 친구교제, 관혼상제 참여, 우인회식, 우애방문

④ 독서형: 독서, 문집정리, 신문·잡지 스크랩 등

⑤ 사회참여형: 봉사활동, 정치참여, 동창회·향우회·친목회 참여 등

4) 노인여가활동의 현황

우리나라 노인의 여가활동을 조사한 결과, 지난 1년간 가장 즐거웠던 활동으로 나타난 것은 가족과 함께하는 여가활동이 52.3%로 가장 높았으며, 그 다음이 친구와의 만남·회식, 신문보기·TV시청, 영화감상, 바둑·장기·화투, 운동·등산·낚시, 노래·서예·그림·공예·다도 순으로 나타났다(계명대학교, 2009, 재인용).

따라서 우리나라 노인들은 여가활동보다는 가족과 함께하는 활동이 가장 즐거웠던 것으로 보아, 개별적으로나 친구들과 함께 하는 것보다는 가족과 함께하는 활동이 중요하다고 보여진다.

한편, 우리나라 65세 이상 노인의 사회활동 참여비율 및 정보화 능력에 대한 조사결과를 살펴보면, 친목단체 참가(43.3%), 컴퓨터인터넷 이용 가능률(17.0%), 학습활동 참가율(13.7%) 등의 순으로 나타났다(보건복지부, 2014).

계속해서 보건복지부의 2014 노인실태조사 결과 발표에 의하면, 노인의 82.4%가 TV를 시청하고, 그 외의 여가활동에는 산책(17.8%)이 가장 많고, 독서 종교책보기, 화초 텃밭 가꾸기, 화투 고스톱, 등산, 음악 감상 순으로 나타났다. 25.9%가 친목도모 등을 위해 경로당(6.4만개)을 이용하고 있으며, 8.9%가 여가복지 프로그램 이용 등을 위해 노인복지관(317개소, ' 13년 말 기준)을 이용 중인 것으로 나타났다. 이는 복지관 등이 도보로 30분 이상 원거리에 위치하고 있다는 응답(65.1%)으로 볼 때, 접근성이 낮기 때문인 것으로 보인다.

이어서 평생교육(복지관 평생교육원 등) 참여율은 13.7%로 지속 증가하고 있고, 지난 1개월간 기부(3.5%), 타인을 돕는 행위(9.5%)로 나타나 자원봉사활동도 4.5% 수준이었다. 또한 컴퓨터 인터넷을 이용할 줄 모름(83%), 핸드폰 소유(80%), 스마트폰 소유(13.7%)로 나타나 정보화 능력 수준은 2004년에 비해 2014년도가 월등히 높아졌음을 알 수 있다.

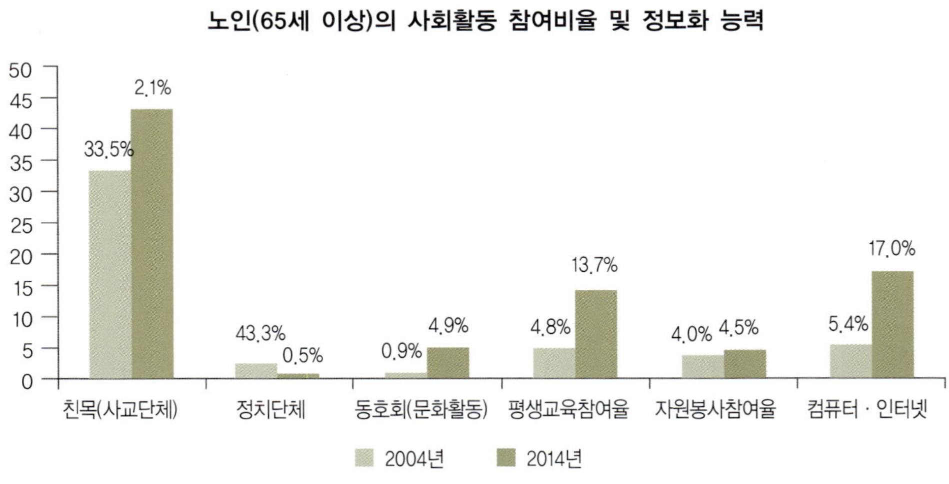

[그림 14-5] 65세 이상 노인의 사회활동 참여비율 및 정보화 능력

출처: 보건복지부, 보건사회연구원, 2014 노인실태조사 결과 발표 중

5) 노인여가복지시설

우리나라 노인여가복지시설은 현행 '노인복지법'상 노인복지관, 경로당, 노인교실 및 노인휴양소 등으로 규정되어 있다.

(1) 노인복지관

노인복지관은 노인여가활동을 기획하고 운영하는 노인복지시설로서 최근 전국적으로 급속하게 확대 운영되고 있다. 고령사회의 진전에 따라 노인수의 증가와 노인여가욕구의 증대로 인하여 노인복지관이 독립적으로 전문화의 길을 걷고 있는 추세이다.

노인복지관은 노인의 교양·취미생활 및 사회참여활동 등에 대한 각종 정보와 서비스를 제공하고, 건강증진 및 질병예방과 소득보장·재가복지, 그 밖에 노인의 복지증진에 필요한 서비스를 제공한다. 또한 노인의 전반적인 복지증진을 위한 종합적인 노인복지센터로서의 기능을 수행하며, 상담 및 지도, 취업상담 및 알선, 기능회복훈련, 교양강좌 등을 기본사업으로 시행하고 있다. 이외에 노인의 상태나 지역여건을 감안하여 필요한 사업을 할 수 있으며, 거동불편노인을 위한 재가노인복지시설을 운영할 수 있다.

(2) 경로당

경로당은 지역 노인들이 자율적으로 친목도모·취미활동·공동작업장 운영 및 각종 정보교환과 기타 여가활동을 할 수 있도록 장소를 제공하는 시설이다.

그동안 정부에서 운영비와 연료비를 지원하는 한편, 최근에는 활성화를 위해 보다 적극적이고 종합적인 지원을 하고 있다. 경로당을 독거노인 생활교육 실시장소로 활용하여 지역사회 독거노인 보호기능을 수행하도록 하고 있다.

경로당의 목적은 건전한 노인여가문화 조성과 확산에 기여하고, 지역사회의 세대 간 유대강화 및 노인세대 내 교류증진 그리고 봉사하는 노인상을 정립하는 것이다.

이러한 목적으로 경로당을 독거노인 생활교육 실시 장소로 활용하여 지역사회 독거노인의 보호기능을 수행하고, 경로당 활성화 협의체 구성, 경로당 순회 프로그램 관리자 배치 등을 통하여 경로당 운영 지원체계를 구축한다. 이를 바탕으로 지역봉사활동, 공동작업장 운영, 노후생활교육, 건강운동활성화, 노인복지관 연계 프로그램 등의 서비스 연계와 조정을 통하여 경로당 활성화 프로그램을 운영한다(보건복지부, 2009, 재인용).

다음은 지역농촌지역의 경로당 활성화 사업으로 선정된 두 개 지역에 대한 사례와 보건복지부 경로당 활성화 사업에 대한 주요 내용이다.

[그림 14-6] **농촌 경로당 활성화 사업 프로그램 사례**

출처: 상주시 낙동군 & 고령군 경로당 사업(2011, 농촌건강생활촌 건강교육 프로젝트 중, 이향란)

〈표 14-6〉 **경로당 활성화 사업의 주요 내용**

분 야	내 용
자원봉사활동	경로당 이용노인을 중심으로 지역사회 환경정리 및 재활용품 수집, 청소년 안전지킴이 등의 봉사활동 수행
공동작업장운영	경로당을 중심으로 노인이 지역특성에 맞는 일자리를 확보하여 공동으로 생산활동에 참여
노후생활교육	노후생활, 정보통신 등 다양한 교육을 실시함으로써 노인의 건전한 여가선용기회 제공
레크리에이션 활동	노래교실 등 각종 레크리에이션 활동
건강운동 활성화	노인의 신체적·정서적 건강유지 및 증진을 위한 건강운동 프로그램 지원
노인복지관 연계 프로그램 운영	노인복지관을 경로당과 연계시켜 이용노인에게 필요한 건강관리, 사회활동 서비스, 교양·오락 프로그램, 경로당 개·보수 등 환경개선사업 등 수행
기타	지역특성에 알맞은 각종 활동(맞춤형, 배달강좌 프로그램 등)

출처: 보건복지가족부(2009); 현외성(2015), p.405, 재정리

(3) 노인교실

노인교실 운동이 시작된 것은 1960년대 이후이며, 특히 1965년 유네스코 성인교육추진 국제위원회에서 평생교육을 강조하면서 전 세계적으로 노인교육에 대한 인식이 확산되기 시작하였다. 노인교실은 노인들의 사회활동 참여욕구를 충족시키기 위하여 건전한 취미생활, 노인건강유지, 소득보장, 기타 일상생활과 관련한 학습 프로그램 제공을 목적으로 하는 시설이다. 실제로 노인들이 원하는 분야의 교육 프로그램을 중심으로 운영되고 있어 학습보다는 여가의 성격을 많이 갖는다. 주 1회 이상 교육을 실시하도록 되어 있다.

향후 노인교실은 평생교육의 일환으로서 노인에게 필요한 지식과 정보를 제공하는 한편, 노후생활에 주어진 많은 여가시간을 의미 있게 보낼 수 있도록 노인여가의 측면에서 동시에 검토될 필요가 있다.

3. 노인평생교육

1) 노인평생교육의 의미

인구 고령화는 미시적으로는 수명의 연장이라는 긍정적인 측면도 있지만, 건강하고 행복한 삶을 영위하면서 장수할 수 있는 제반 조건이 개인적으로나 제도적으로 갖추어지지 않을 경우에는 인구 고령화는 많은 부정적 요인을 내포하고 있다(이향란, 2012).

이와 같이, 우리 사회는 사회경제적으로 노인인구의 평생교육에 대한 대비가 충분히 이루어지기 전에 이미 고령화 사회에 진입하고 있어 이로 인해 파생될 사회문제(경제, 빈곤, 질병, 건강, 역할상실 등)가 우려되고 있다. 한편, 정부는 고령화, 세계화 시대의 사조에 부응하여 이러한 변화와 필요의 일환으로 1995년 5.31 교육 개혁안을 통해 열린 교육체제 및 평생학습 사회의 욕구를 충족하여 누구나, 언제든지, 어디서나, 원하는 교육을 받을 수 있는 유비쿼터스(Ubiquitous) 평생교육체제와 더불어 노인 평생학습의 질적인 패러다임이 강구되고 있다. 또한, 최근에 와서 상당한 경제력과 교육수준을 갖춘 베이비부머 세대들의 출현으로 보다 자율적이며 활동적인 삶이 가능한 시기로 인식되면서, 노화를 바라보는 시각 또한 많은 변화를 일으켜 행복한 노후생활을 영위하고자 하는 사회·문화·복지적 움직임이 본격화되기 시작했다. 또한, 오랜 경륜과 노련한 견문 등 그리고 성숙함에 따른 지혜와 삶에 대한 만족은 노화의 또 다른 유형인 성장과 발달 측면으로 대두되었다(이향란, 2012).

2) 노인평생교육의 필요성

(1) 노인을 위한 교육복지

노년층은 젊은이들에 비해 급변하는 사회에 적응하는 능력이 부족하고, 심리적으로 위축되니 노인들을 그대로 방치한다면 각종 문제를 안은 채 고립된 삶을 살게 될 것이다. 고령화 사회에서 전체 인구의 상당비율을 차지하게 될 노령인구의 사회참여와 삶에 대한 만족도를 높일 수 있는 노인평생교육 프로그램의 필요성이 그 어느 때보다 강조되고 있다.

이러한 평생교육을 통하여 노인 개인의 사회적 적응능력을 높이는 동시에 사회적으로도 유용한 인력을 활용함으로써 사회에 기여할 수 있도록 하는 방안이 된다. 반대로 노인교육을 통하여 노인문제 발생을 예방하는 기능도 갖고 있다. 즉, 전인교육을 통해 노인을 위한 지·덕·체 교육을 제공할 수 있으며, 배려에 관한 이론과 실천으로 더불어 살아가는 사회를 건설하기 위한 취약계층을 지원하는 사회복지적 지원과 행복추구권을 보호받을 수 있다.

이와 같이, 노인교육복지란 노인이 노년기에 계속적으로 성장 발전할 수 있도록 사회가 책임을 공유하여 노인과 함께 더불어 살아가는 사회를 만들어가는 것이며, 노인의 행복추구권을 보호하는 것이다.

(2) 노인평생교육의 필요성

노인교육이 평생교육의 일환으로 처음 제시된 것은 1919년 영국 성인교육위원회의 보고서이다. 이 보고서에서 인간은 평생 지속적으로 교육을 받아야 할 것을 강조하였다. 1965년 유네스코(UNESCO)총회에서 프랑스의 폴 랑그랑(Paul Lengrand, 1970) 교수의 생애교육론이 채택되면서 노인교육에 관심을 갖기 시작하였다. 즉, 급속히 변화하는 현대사회에서 생산적이고, 문화적인 생활을 영위하기 위해서는 평생 지속적으로 교육을 받아야 한다는 것이다. 그러므로 노인교육은 평생교육 이념에 입각하여 급변하는 사회에 적응할 수 있는 능력을 향상시켜 능동적인 노후생활을 할 수 있도록 하는 데 목적이 있다.

기영화(2007)는 노인평생교육 프로그램의 필요성을 다음과 같이 제시하였다.

첫째, 노인평생교육 프로그램은 노인들이 학습의 주체가 되어 교육을 통해 지속적인 성장과 발전을 도모하며, 노년기에 경험하는 다양한 변화에 효과적으로 적응할 수 있도록 지원해야 한다.

둘째, 노인평생교육 프로그램은 장래에 다가올 노년기에 효과적으로 대응하고 준비하기 위한 길잡이가 될 수 있어야 한다.

셋째, 노인평생교육 프로그램은 노인이 사회에 기여할 수 있는 새로운 역할 수행을 모색하는 데 발판이 되어야 한다.

넷째, 노인평생교육 프로그램은 노인이 지역사회에 참여하고 다른 세대와 소통할 수 있는 기회를 제공함으로써 세대 간 화합에 기여할 수 있고, 다양한 인생 경험과 지식을 갖고 있는 노인들을 인적 자원으로 활용하는 효과를 창출할 수 있다.

〈표 14-7〉 **노년교육학의 범위**

구 분	노인을 위한 교육	노인에 관한 교육	노인에 의한 교육
학습자	노인	모든 연령의 학습자	모든 연령의 학습자
교수자	(노인을 포함하여) 모든 연령이 가능	(노인을 포함하여) 모든 연령이 가능	노인
목적	재교육, 사회적응, 여가활용, 직업준비 등	노년기 준비, 노인이해, 직업준비 등	세대 간 이해 확대, 사회 참여, 사회봉사 등
주요 내용	노인의 특성, 노년기에 필요한 건강, 여가, 직업기술 등	노인의 특성, 노화과정에 적응하기 위한 지식과 기능, 고객으로서의 노인의 특성 등	노인의 경험과 지혜가 기여할 수 있는 역사적 사실, 전통, 지식과 기능, 각종 봉사활동 등

출처: 한정란(2003), p.43; 이향란(2016), p.266.

(3) 노인평생교육의 실제

우리나라 최초의 노인학교는 1972년 10월에 개설된 서울 종로 태화관의 서울 평생교육원이었다. 그 후 노인교육기관은 노인관련 단체, 종교기관, 일반단체 및 시설 그리고 교육 · 훈련기관 그리고 학원 등으로 분류할 수 있으며 이들 기관에서 제공하는 노인교육 프로그램 내용을 보면 기관마다 차이는 있지만, 대체로 노인의 건강, 오락, 친목, 시사, 사회참여,

자원봉사, 선진시설 견학 등으로 노인의 여가활동에 중점을 두고 편성되어 제공하는 실정이다. 이미 앞서서 노인여가복지시설을 소개한바 있어 경로당과 노인교실을 제외한 노인복지관과 노인종합복지관, 대학부설 평생교육원 노인대학 등에 대해 살펴보기로 하겠다.

① 노인복지회관 및 노인종합복지관

노인복지회관의 프로그램을 보면 상담·지도·취업상담 및 알선, 기능회복훈련 그리고 교양강좌를 그 주요 프로그램으로 하고 있다. 즉, 교육문화 프로그램, 전통문화 프로그램, 건강문화 프로그램, 취미서클(동아리) 프로그램, 정보화 교육 등으로 운영되고 있다. 이러한 프로그램의 운영은 지역의 현재 실정과 여건을 고려하여 제공하고 있으며, 지방자치체제에서 운영하는 사례들도 많다.

한편 노인복지회관 및 노인복지관에서 제공하는 프로그램은 저소득층을 위한 서비스 프로그램이 주가 되고 있으며, 일반노인을 대상으로 하는 활동 프로그램은 부족한 상태이다.

② 노인대학

우리나라 노인대학의 노인교육 프로그램은 1주일에 2시간으로 1년 단위로 운영되고 있는 것이 보편적이며, 프로그램의 주 내용은 노인의 역할, 노년기의 죽음을 맞이하는 자세, 건강관리 등으로 편성되어 있다.

최근 대학부설 평생교육원에서 운영하고 있는 노인교육 관련 프로그램에 대한 강좌가 개설되고 있는데, 이 교육과정은 노인은 물론 성인 평생교육 차원에서 노후에 관심 있는 일반인을 위해 개설된 '노인에 대한 프로그램'의 일종이라 볼 수 있다.

노인 관련 프로그램이 시작된 것은 최근 2~3년 정도로 오래 되진 않았지만 노인들의 대학교육과 복지에 관한 프로그램은 노인관련 프로그램이 전무한 우리나라에서 큰 역할이 기대가 된다 할 수 있다.

③ 기타 노인교육 관련 기관

그 외 대한노인회, 지역사회 시니어클럽, 금빛자원봉사단 등 노인단체에서도 다양한 노인교육 프로그램을 제공하며, 참여율도 매년 상승하고 있는 편이다. 그리고 최근 지역 금융기관인 농협중앙회가 주관하는 농협 장수대학, 새마을 금고, 신용협동조합 등에서도 노인평생 교육프로그램을 운영하고 있어 지역사회 발전에도 한몫을 하고 있다. 다음으로 지역 보건소와 보건진료소에서도 지역 어르신들을 위한 건강교실 등이 행하여지고 있으며, 각 종교기관별 '어르신 성경대학', '불교대학' 등 종교단체의 어르신들을 위한 평생교육 프로그램도 매우 활성화되고 있다.

④ 노인 평생교육의 원리와 내용

㉠ 노인 평생교육의 원리(기영화, 2007)

첫째, 자기주도성의 원리이다. 이는 교육에 대한 노인들의 자기주도성의 범위는 매우 넓으며, 과거의 성공적인 학습경험을 한 자아개념이 높은 노인들은 다음 학습에서도 스스로 학습방법을 정하지만, 학습경험이 미흡하거나 없는 노인들은 성공적인 학습을 위해 교수자의 지지와 도움이 절대적으로 필요하게 된다.

둘째, 경험의 원리이다. 노인학습은 경험에 근거를 두고, 자신의 삶에 실질적으로 사용할 수 있는 학습을 원하므로 경험은 매우 유용한 자산이며 학습자료가 된다.

셋째, 발달단계의 원리이다. 대부분의 노인들이 유사한 문제에 직면하고 있고 문제해결책으로 찾는 것이 노인교육이다.

넷째, 문제해결의 원리이다. 노인학습자들은 이론적이기보다는 실질적인 내용을, 전반적인 이해보다는 사용할 수 있는 지식을 원한다.

다섯째, 내적 동기의 원리이다. 노인들의 학습에 대한 동기는 다른 사람의 기대치에 도달하기 위한 것보다는 문제해결에 대한 답을 구하고 이해하기 위한 것이다. 즉, 평생학습 참여동기가 외적인 권고보다 내적인 동기에 의해서 참여하는 경우가 많다.

㉡ 노인 평생교육 원리의 내용

첫째, 노인복지 측면 내용에는 노인학, 노년기의 인간관계, 노인발달 등이 있다.

둘째, 노인건강관리 측면에서는 댄스 스포츠, 라인댄스, 포크댄스, 체조 등이 있으며, 동료들과 더불어 즐길 수 있는 활동을 통해 인간관계의 욕구 또한 충족될 수 있다. 또한 신체적・인지적・정서적 능력의 쇠퇴로 인해 발생할 수 있는 안전사고의 예방과 대처방법도 배워야 할 필요가 있다.

셋째, 취미학습으로는 여가선용, 서예, 악기연주, 합창, 가요교실, 원예, 문예창작, 사진 등을 들 수 있으며, 프로그램 참여를 통해 새로운 취미를 발전시켜 나가며 성취감을 느낄 수 있다.

넷째, 생활상식/지식 분야로는 변화하는 사회에 적응하고 일상생활에서 부딪히는 문제들을 해결하기 위해서는 각종 생활상식과 정보가 필요하다. 이에 해당하는 법률, 시사문제, 문화 상식 등을 새로이 학습함으로써 일상생활에 편리함을 더하고 세대 차이를 극복하고 소통하는 역량을 취득할 수 있다.

다섯째, 직업역량개발로는 '노인취업박람회' 등 제2의 인생도약을 위해 직업능력 역량을 개발할 수 있는 노인 평생교육 프로그램의 욕구가 날로 증가하고 있는 추세이다. 한국대학평생교육협의회자료를 살펴보면, 노인교육지도사, 노인체육운동지도사, 노인미술치료, 노인심리상담사, 숲생태해설사, 문화예절지도사, 장례지도사, 시니어플래너 지도사 등이 있다(이향란, 2016).

⑤ 노인평생교육방법(노인교육계획의 절차)

일반적으로 노인교육전문가들이 제시하는 노인교육 프로그램의 계획절차는 다음과 같다(김남선 외, 2003).

첫째, 학습자(성인)의 필요(Needs)와 흥미를 파악하고,

둘째, 프로그램 계획에 있어서 성인학습자들을 참여하도록 하고,

셋째, 프로그램의 목표를 설정하고,

넷째, 학습경험을 선정하고,

다섯째, 선정된 학습경험을 조직하고,

여섯째, 적당한 학습방법을 강구하고,

일곱째, 학습활동을 수행하고,

여덟째, 해당 프로그램에 대한 평가를 한다.

⑥ 노인평생교육프로그램 사례

〈표 14-8〉 노인종합복지회관 교육프로그램 사례

사업장	프로그램명	세부내용
사회교육사업	정서함양	교양프로그램, 성북시니어아카데미(SSA), 합창, 서예(한문 · 한글 · 사군자), 가요교실, 민요교실
	문화교육	한글교실, 일본어회화, 영어회화, 중국어교실, 천자문교실, 산수교실, 문예창작, 한국무용, 민속체조, 포크댄스
	컴퓨터교실	인터넷, 문서편집, 윈도우기초, 컴퓨터동아리반, 인터넷카페 운영
	건강증진	멧들체조, 단전호흡, 요가, 태극권(기공체조), 댄스스포츠, 웰빙체조
	취미서클, 지역복지자치활동	합창반, 풍물동아리, 차밍디스코동아리, 스포츠동아리, 사진반, 탁구반, 바둑장기반, 민속체조동아리, 멧돌체조동아리
	경로당 순회지도 프로그램	월 2회 관내 경로당 순회교육

출처: 서울성북노인종합복지관 노다지(老多知)교실 프로그램(2008년 1학기), 이향란(2016), p.277.

〈표 14-9〉 박물관 노인교육 프로그램

제 1 학기				
월	1~2교시		3~4교시	
3월	개강안내, 삼국사기,	한국사의 흐름 인류와 문화	올바른 역사관, 삼국유사,	한국사의 흐름 인류와 문화
4월	형질인류학, 신석기문화,	고고학 개론 낙랑 문화	비교문화론, 청동기문화,	구석기문화 전시실교육
5월	철기문화, 가야문화,	백제 문화 몽골 문화	고구려문화, 발해문화,	신라문화 일본고대문화
6월	중국고대문화, 분청사기,	중국도자 중국회화	한국미술의 흐름, 조선백자,	고려자기 전시실교육
7월	조선회화,	한국풍속화	조선회화,	한국불화

*입학자격 : 만63세 미만 대학졸업자

출처: 국립중앙박물관 특설강좌 프로그램(2009년 1학기), 이향란(2016), p.278.

4. 노인자원봉사

1) 노인자원봉사의 의의

(1) 노인자원봉사의 의미

노인은 일반적으로 은퇴 후에 많은 여가시간을 갖게 되며, 그 여유 있는 시간을 어떻게 유용하게 보내느냐 하는 것이 일과가 될 수 있다. 이와 같이 노년기의 사회활동은 대부분 여가를 활용한 활동으로 노인의 사회통합을 가능하게 하고 소외와 고독문제를 해결하여 노년기 생활에 보람과 존재감을 줄 수 있다. 이런 의미에서 노인의 자원봉사활동 참여는 노년기의 새로운 사회적 역할로서 사회적 지위와 역할을 다시 수행할 수 있는 대안이 될 수 있다.

또한 지역사회의 가정과 사회 속에서 소외되거나 도태될 수 있는 노인계층이 자원봉사활동을 함으로써 자신의 삶의 질을 높여가는 동시에 국가나 지역사회의 한 구성원으로 역할을 수행하며 기여할 수 있는 계기가 마련되기도 한다. 즉, 그들의 경험과 지혜를 활용할 수 있는 기회를 제공함으로써 사회적으로 유능한 인적 자원이 활용될 수 있도록 도울 수 있다는 것이다.

자원봉사활동에 참여하는 노인은 사회주류에 통합되어 의미 있는 노후생활을 영위하고 평생 축적한 경험과 지혜를 활용하여 젊은이를 지도하고 공익사업에 유휴인력을 제공함으로써 사회발전에 기여할 수 있다. 따라서 노인인구의 증가와 더불어 현실에서 노인이 겪는 빈곤, 질병, 고독, 무위, 소외감 등은 자원봉사활동이 해결의 실마리가 될 수 있다.

(2) 노인자원봉사의 특성

자원봉사(volunteer)의 본래의 특성은 자발성, 이타성, 무급성, 지속성, 자아실현성, 학습성, 헌신성, 공공성, 협동성, 전문성 등의 성격을 지니고 있다.

노인자원봉사는 노인이 주체적으로 자원봉사자가 되어 활동하는 측면을 강조하므로 일반자원봉사활동과는 다른 특성을 가진다. 즉, 자원봉사 대상자에게도 유익하지만, 노인복지학의 측면에서 볼 때 노인복지 증진을 위한 매개체로서 노인자원봉사활동 자체가 중요성을 지니고 있다고 할 수 있다.

한편 노인자원봉사는 양방향성, 양면성, 치료성, 자조성이라는 네 가지 특성을 지니기도 한다(김동배, 2000). 양방향성이란 노인자원봉사를 행하는 측과 받는 측의 상하관계로 구분되는 것이 아니라 '줌'으로서 '받는 것'이며 '하는 것'이 자신의 삶의 보람이나 즐거움으로 이어진다는 것이다. 양면성은 노인들은 젊은 시절에 한 봉사에 대한 보상으로 봉사를 받을 수 있으며, 또 다른 사람에게는 노인 자신이 봉사를 행할 수 있다는 것이다. 치료성은 노년기에 타인을 돕거나 사회발전에 기여하는 활동에 참여하면, 신체 및 심리적으로 긍정적 보상을 받고 자신이 가진 심신의 문제를 해결할 수 있는 효과가 있다는 것이다. 자조성은 동일한 문제로 고민하는 노인이 집단을 구성하여 서로 문제해결을 돕는 경우가 많다는 것이다.

〈표 14-10〉 **노인자원봉사활동의 특성**

특성	내용
양방향성	노인자원봉사는 자원봉사를 행하는 측과 받는 측의 상하관계로 구분되는 것이 아니라 '줌'으로서 '받는 것'이며 '하는 것'이 자신의 삶의 보람이나 즐거움으로 이어진다.
양면성	노인들은 젊은 시절에 한 봉사에 대한 보상으로 봉사를 받을 수 있으며, 어떤 사람에게 봉사를 받지만 또 다른 사람에게는 노인 자신이 봉사를 행할 수 있다.
치료성	노년기에 타인을 돕거나 사회발전에 기여하는 활동에 참여하면 노인 자원봉사자는 신체 및 심리적으로 긍정적 보상을 받고 자신이 가진 심신의 문제를 해결할 수 있는 효과가 있다.
자조성	동일한 문제로 고민하는 노인이 집단을 구성하여 서로 문제해결을 돕는 경우가 많다.

출처: 박선태 외(2015), p.236

(3) 노인자원봉사의 필요성

첫째, 노년기 자원봉사활동 참여는 자긍심 회복, 적극적인 자기표현, 성취감 경험, 적절한 가족관계 유지, 노화 완화 등의 효과로 자기 성숙이 가능해질 수 있다.

둘째, 공동체 의식의 강화이다. 노인도 지역사회의 성원으로서 지역사회를 위한 자원봉사활동을 통하여 은퇴로 상실되었던 사회적 지위와 역할을 다시 얻어 사회적으로 필요한 존재로 인정받을 수 있다.

셋째, 젊은 세대와 함께 자원봉사를 할 경우 세대 간의 연대감을 키워 나갈 수 있다. 이와 같이 노인자원봉사활동은 노년기 삶의 질 향상과 생산적이고 통합적인 노후생활을 영위할 수 있도록 한다.

넷째, 타인에게 봉사하며 여가를 즐기는 것은 축적된 인생경험을 살리고 사회적 위치도 재확인할 수 있게 해준다. 그리고 노인에게 삶의 의미를 부여해주며, 창조적이고 성취하는 삶을 유지한다는 것에 대해 자긍심을 갖게 해준다.

다섯째, 사회봉사활동을 하면서 해당 업무에 대하여 사회교육적인 측면에서 재교육을 받고, 동료 자원봉사자들이나 이웃과 유대관계를 형성함으로써 노인의 소외감이나 고독문제를 해결할 수 있다.

여섯째, 노인의 지위향상과 노화에 대한 사회적 인식의 확산을 기대할 수 있다.

즉, 상기의 필요성에 대한 내용을 요약해서 덧붙이면, 첫째, 자기성숙, 둘째, 공동체의식의 강화, 셋째, 자원봉사의 당사자성 등으로 정리할 수 있다.

2) 노인자원봉사활동의 유용성(이점)

(1) 노인자신에 대한 유용성

- 노인의 상실된 사회적 지위를 상당한 정도 회복시켜 준다.
- 노인이 아직도 사회적으로 가치 있는 존재임을 확인시켜 준다.
- 노인의 자아상을 긍정적으로 유지시켜 준다.
- 노인의 신체적·정신적 건강을 유지시켜 준다.
- 노인의 소외감과 고독감을 극복하는 데 도움이 된다.
- 노인의 자기성장에 도움이 된다.
- 노년기 생활목표를 세우는 데 도움이 된다.

(2) 사회에 대한 노인자원봉사활동의 유용성

- 평생 동안 축적하여 온 경험과 기술을 사회발전을 위해 계속 기여한다.
- 노인의 경험과 기술이 사회의 유용한 자원이 된다.
- 활발하게 활동하는 노인의 모습은 노인에 대한 편견을 해소하고 사회의 인식을 새롭게 한다.

- 노인의 자원봉사활동 참여 모습을 통해 새로운 노인상을 정립한다.
- 사회복지에 기여하고 국가의 사회복지비용을 절약해 준다.

3) 노인자원봉사활동 현황

최근 노인의 자원봉사활동에 대한 관심은 날로 증대하고 있으나, 실제 노인의 참여율은 저조한 편이다. 우리나라의 노인자원봉사활동은 인식이나 홍보 부족, 사회적 지원체계 미비, 노인의 경제적 문제 등으로 아직도 초기단계에 있다고 볼 수 있다.

다음은 연령별, 각 연도별 자원봉사활동 참여율에 대한 조사 자료이다.

〈표 14-11〉 **연령별 자원봉사활동 참여율**

(단위 : %)

연령	2006년	2009년	2011년	2013년
전체 인구	14.3	19.3	19.8	19.9
20세 미만	59.5	79.8	77.7	80.1
20 ~ 29세	8.3	13.9	13.2	13.7
30 ~ 39세	10.2	13.6	11.2	11.2
40 ~ 49세	13.9	18.6	17.0	17.3
50 ~ 59세	12.4	15.5	14.6	14.5
60세 이상	6.5	7.0	7.2	7.8

출처: 통계청(각 년도). 사회조사; 박선태 외(2015). 재인용.

노인자원봉사활동 실태에서 성별 자원봉사활동 참여 희망 분야 중 가장 많이 차지하는 것은 남성노인은 사회복지 분야(51.2%)로 밝혀졌으며, 여성노인은 교통 및 환경 분야(87%)로 나타났다. 전반적으로 남, 녀 모두 사회복지 분야가 많이 차지하는 것을 볼 수 있다. 이는 노인자원봉사 영역에서 사회복지 분야가 보다 접근성이 좋고 보람 있는 결과를 초래하기 때문일 것이다.

〈표 14-12〉 성별 자원봉사활동참여 희망 분야

(단위; %)

	사회복지 분야	교통 및 환경 분야	스포츠 및 문화예술	교육 및 문화예술	보건의료	정치 및 사회활동	국제협력 및 홍보	기타
남성노인	51.2	25.9	4.9	6.4	3.6	3.7	3.5	0.9
여성노인	74.3	87	2.3	3.8	7.0	1.5	0.6	1.7

출처: 계명대학교(2009), 2008 노인생활실태조사; 현외성(2015), p.415.

2008년 노인실태조사(보건복지부, 2008)에서 우리나라 노인의 10.2%가 자원봉사 참가 경험이 있다고 응답하였다. 지역별로는 동부지역 노인(14.1%)이 읍·면부 지역 노인(7.6%)보다 자원봉사활동 경험이 더 많았으며, 남자노인(13.4%)이 여자노인(11.1%)보다 봉사 경험률이 높게 나타났다. 또한 연령이 적을수록, 교육수준과 가구소득이 높을수록 자원봉사활동 경험률이 높게 나타났으며, 일반적으로 노인복지 관련 기관이나 지방자치단체 또는 종교단체, 자원봉사단체 등에 소속되어 이루어지고 있다.

(1) 대한노인회

대한노인회에서 실시하고 있는 자원봉사활동으로는 도덕윤리회복운동(충효교실, 향토교실 등을 통한 전통예절교육, 경로효친 운동 등), 청소년 선도 및 지도(청소년선도 캠페인, 교통봉사대, 청소년 유해환경 순찰 등), 환경정화운동(환경정화 및 자연보호캠페인, 폐휴지 수거 및 재활용품 수집 등), 지역봉사활동(거리질서 캠페인, 교통정리, 거리청소, 꽃 가꾸기와 물주기 등)이 있다.

(2) 노인복지관

노인복지관에서는 보다 체계적으로 자원봉사활동을 실행하기 위하여 노인봉사단을 구성하고 있다. 노인자원봉사는 복지관 안내 및 행사도우미, 식사배식, 업무보조, 각종 프로그램 전문강사 활동 등을 하고 있다. 또한 교통질서, 청소년 선도, 환경보호, 세대 간 연계를 위한 연합자원봉사뿐만 아니라 경로당 및 요양원을 순회하면서 문화공연, 체조지도, 독거노인을 위한 밑반찬 배달 및 말벗활동, 이동보조, 가사도우미 봉사 등 다양한 활동을 하고 있다.

(3) 자원봉사센터

자원봉사센터는 자원봉사를 희망하는 개인이나 단체에 대해 자원봉사 수요처를 연결해 주고, 자원봉사자의 교육・훈련과 자원을 관리하는 등 자원봉사 인프라를 구축해 나가는 것을 목적으로 한다. 주요 활동으로는 청소, 교통정리 등 지역사회봉사와 관공서에서 서류 및 자료의 번역 그리고 도움이 필요한 노인을 방문하여 봉사하는 것 등이 있다. 대부분의 자원봉사센터는 노인자원봉사활동을 직접 담당하지 않고 자원봉사가 필요한 기관과 연결하는 역할을 하고 정기적으로 자원봉사자와 만남을 가지고 있다.

(4) 기타활동단체

한국노년자원봉사회, 한국노인복지회, 노인의 전화, 노인상담소, 노인대학, 대한적십자사 등 각종 노인단체, 종교단체 등에서도 노인이 중심이 되어 다양한 자원봉사활동을 하고 있다. 퇴직교원단체인 교육삼락회는 전국적으로 회원들이 공원, 유원지 등에서 쓰레기 수거활동, 구청에서 청소년 한문지도, 도서관의 생활지도위원, 족보상담위원 등으로 활동하고 있다. 중소기업청에서는 전문지식과 풍부한 경험이 있는 원로전문가를 초빙하여 어려운 중소기업의 경영 및 기술적 애로사항에 대해 자문, 상담, 지도하는 원로봉사단을 운영하고 있다. 또한 교육과학기술부의 지원으로 실시되고 있는 금빛평생교육봉사단은 퇴직교원을 중심으로 교육봉사활동을 실시하고 있다. 노인자원봉사활동 단체 중 현재까지 꾸준히 활성화되고 있는 단체를 소개하고자 한다.

4) 노인자원봉사활동의 현황

노인들의 자원봉사활동에 대한 인식이 조금씩 확산되어 가고 있지만, 아직까지는 저조한 실정이며, 개별적으로 자원봉사 활동처를 찾아가 자발적으로 필요한 도움을 주는 경우도 있으나, 대부분은 노인복지 관련 기관이나 지방자치단체 또는 종교단체, 자원봉사단체 등에 소속하여 활동하고 있다.

자원봉사센터는 2010년도 기준 전국 시・군・구에서 248개소가 운영되고 있다. 현재까지 활성화 되고 있는 노인자원봉사단체를 몇 가지 소개하고자 한다.

(1) 한국교육삼락회

한국교육삼락회총연합회(韓國敎育三樂會總聯合會)란 이름의 삼락회(三樂會)는 '청소년선도, 학부모 교육, 학교교육지원 등 평생교육 봉사활동을 지원함으로써 국가발전과 사회공익 증진에 이바지함을 목적'으로 조직된 퇴직교원 평생교육단체다.

자신이 살아온 경험을 국가와 사회에 도움이 되겠다고 만든 이 단체는 그 역할을 잘 하고 있을까? 퇴직교장들이 퇴직 후에도 '가르치는 즐거움, 배우는 즐거움, 봉사하는 즐거움'을 누리는 삼락(三樂)을 실천하겠다는 것은 참으로 바람직한 일이다.

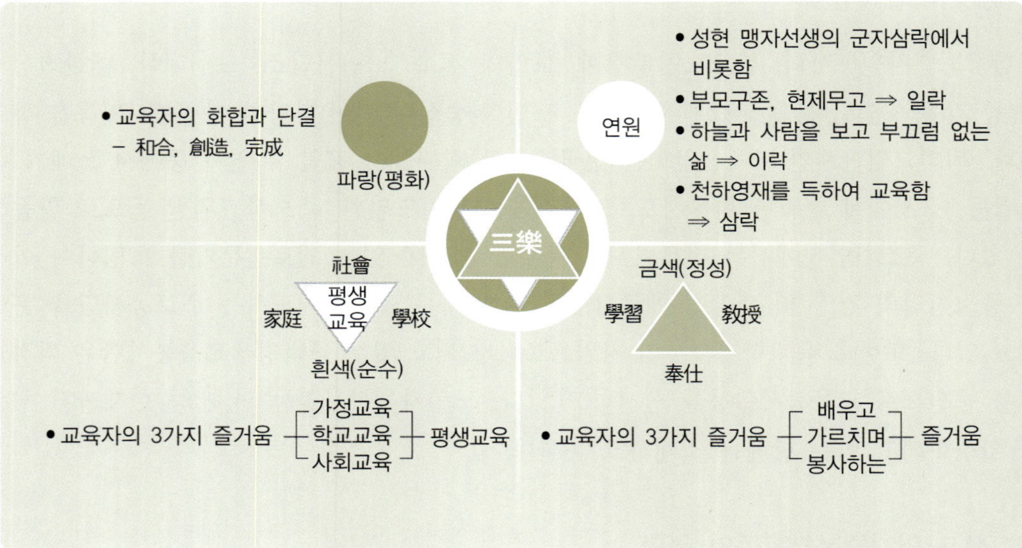

[그림 14-7] **한국교육삼락회의 로고해설과 취지**

출처: 한국교육삼락회총연합회, http://www.hansamrak.or.kr/

(2) 금빛평생교육자원봉사단

금빛평생교육자원봉사단의 주체는 오랜 사회활동을 통해 전문적인 능력과 경험을 축척한 55세 이상의 퇴직자들이다. 즉, 경제적인 이유보다는 자아실현 욕구와 사회참여 의식을 갖기 위해 사회에서 역할을 원하는 계층, 예를 들면 퇴직한 교원, 공무원, 민간 전문가 등으로 구성되어 있다.

첫째, 추진목적은 퇴직자의 전문지식을 지역사회 평생교육 자원으로 활용, 평생교육자로서의 새로운 역할 부여로 활기찬 노후생활 영위와 지역사회와 국가를 위해 봉사하는 긍정적 퇴직자상 정립에 있다.

둘째, 추진방향은 지역사회 평생교육의 활성화와 지역사회의 제반 인적 자원을 활용하여 지역중심의 평생교육을 실시를 한다. 또한 교육과 자원봉사활동의 연계로 전문화된 평생교육 자원봉사자 양성을 하며, 자원봉사자에게 실비지원으로 최소한의 보상체계를 마련한다. 그리고 봉사단원의 교육 및 활동관리에 내실을 기하며, 양성평등에 입각한 여성 전문 인력 확대에 있다.

셋째, 기대효과는 퇴직자의 인적 자원을 활용하여 평생교육 및 자원봉사활동이라는 1석 3조의 효과를 거두고자 한다. 또한 교육현장에서 세대 간의 경험적 지식을 전수하고 공유하는 경험을 확장하며, 퇴직자의 적극적인 사회참여를 통한 지역사회를 개발하는 데 있다.

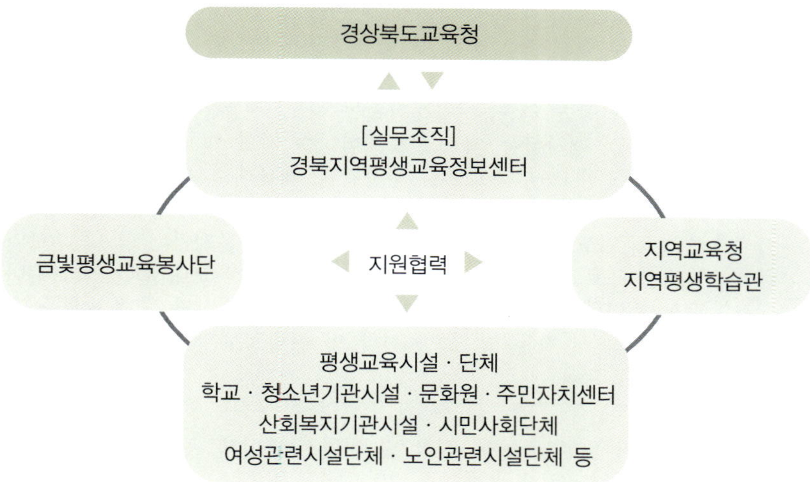

[그림 14-8] **금빛평생교육자원봉사단의 운영체계도 예시**

출처: 경상북도교육정보센터, 2013년도 경북금빛평생교육봉사단 운영계획 중

〈표 14-13〉 금빛평생교육봉사단 기관별 평생교육 봉사활동 유형

구분	봉사활동 내용(예시)
도서관	독서지도, 도서관 안내 및 열람지도
박물관	박물관 안내 및 홍보
미술관	미술관 안내 및 홍보, 아동미술지도
문화원/문화의집	문화원 안내 및 홍보, 각종 문화행사 지원, 프레젠테이션 교육 등
교육청 (시 · 군청)	행정업무(취학아동 명부열람 안내, 행사보조), 민원업무 자문(세무, 법률상담, 이해관계 민원조정위원회 참여), 문화행사 찬조출연, 건강교실 및 레크리에이션 및 주민자치센터 운영 프로그램 강사
보육원	육아관련 서비스
유치원 및 어린이집	동화구연, 레크리에이션, 부모역할교육, 캠프지도 보조, 아동미술지도
초 · 중등학교	정규수업보조(교육교재 및 부교재 만들기, 질서 · 예절 · 교양강좌, 체험강의, 직업소개 및 진로지도, 방과 후 학습부진아 보습활동), 특별활동 지도(방과 후 한문수업, 생활예절 수업, N.I.E.지도), 과외활동 지도(거리질서 캠페인, 순회지도 보조, 체험학습 인솔, 여가문화활동 지도, 전통문화 클럽 활동 운영, 인성교육, 훈화지도), 행사활동 지도(현장체험학습 지도 및 보조, 행사시 질서지도 교육, 보조 및 안내요원, 학교행사 준비위원, 체육대회 시 운동회 심판관, 답사현장에서의 안내 및 지도, 캠프지도 보조), 상담(정규상담, 생활상담, 성교육, 부적응아 상담 및 지도, 결손가정아 상담 및 생활지도, 문제아 상담 및 부모와의 상담, 심성계발 프로그램 운영), 교내생활 지도(방과 후 교내 순찰, 학교주변 순찰, 등하교시 폭력학생으로부터 보호), 교직원 연수 및 상담, 교육교재나 교안 연구, 지도안 작성 시 자문 및 조언, 진학 및 취업정보 탐색, 부모역할 교육, 효과적인 대화기술 교육
전문대학 및 대학교	시간관리 및 인생설계, 진학 및 취업정보 탐색, 진로지도
각종 평생교육기관	어린이 놀이학습장, 어린이 동작놀이센터 운영보조, 부모역할교육
평생교육원	학습자 상담, 학습자 관리, 프로그램 강사
시민단체	주민대상 교육(전문분야 기획강좌), 주민대상 현지상담업무(청소년 문제, 교육문제, 환경문제 등), 행사 및 사업 관련한 실사 및 평가활동(옴부즈맨), 환경관리(환경오염 조사), 환경교육, 유해환경 퇴치 캠페인, 환경감시운동, 소비자 보호운동 캠페인, 유해환경 적발/신고/계도하기

구분	봉사활동 내용(예시)
교도소	레크리에이션, 재활교육, 상담
우체국	민원상담
시민회관/군민회관	부모역할교육, 강의보조
양로원	레크리에이션, 효과적인 대화기술교육
노인교육기관 (노인대학 및 학교)	가정한방교육, 효과적인 대화기술교육, 노인운동 지도보조, 노인학교 강사
상담기관	상담, 성폭력 재활교육
청소년교육기관 및 단체	어린이 컴퓨터 교육, 부모역할 교육, 캠프지도 보조
보건소	육아관련서비스, 가정한방교육
종합병원	치매가족 관리교육
복지관/복지회관	노인교육 강사
기타	관광통역가이드, 국내여행 안내인 과정, 외국어 통역 및 안내 봉사

출처: 경상북도교육정보센터, 2013년도 경북금빛평생교육봉사단 운영계획 중

5) 노인자원봉사활동의 문제점과 과제

노인자원봉사의 문제점을 분석해 보면 다음과 같다.

첫째, 노인들의 자원봉사 참여율이 낮다. 그 주된 원인으로는 노인의 건강 및 경제 수준이 남을 도울 만큼 여유롭지 못하다는 것이다. 현실적으로 은퇴한 노인들은 어느 정도의 경제적 여유와 건강을 유지하지 못하면 자원봉사의 필요성을 인식하고 있다고 해도 적극적으로 참여하기 어렵다. 한국 노인의 대다수는 경제적으로 자립능력이 부족하여 자원봉사활동 참여를 기대하기에는 어려움이 있으며, 또한 한국 노인들의 권위주의적, 가족주의적, 수동적 성향이 자원봉사 참여에 부정적 영향을 미치는 걸림돌이 될 수 있다.

둘째, 자원봉사활동에 대한 노인들의 인식 부족이다. 노인의 자원봉사에 대한 인식을 알아보는 한 연구조사에서 자원봉사 무경험 노인들의 경우 70% 이상의 노인이 자원봉사자를 희생자로 보는 것으로 나타났다. 이것은 자원봉사에 대한 노인들의 인식이 매우 부족하다

는 뜻으로 보여진다.

이와 같이 노인자원봉사활동의 문제점들을 요약해서 정리해 보면 다음과 같다.

첫째, 노인의 자원봉사활동에 대한 사회의 인식 부족과 지원체계의 미비이다.

둘째, 노인의 신체적·경제적 문제로 인한 자원봉사활동의 어려움이 있다.

셋째, 노인의 낮은 참여의식과 자원봉사활동에 대한 정보획득의 어려움이 있다.

넷째, 다양한 프로그램의 미비와 노인자원봉사활동 수요처가 부족하다.

다섯째, 노인자원봉사자를 위한 체계적이고 지속적인 교육의 부재이다.

이러한 노인자원봉사활동의 문제점을 직시하고 향후 정책적 방향과 과제를 제시해 보면 다음과 같다.

첫째, 노인을 위한 활동에서 노인을 위한 활동으로 주체 전환

둘째, 자발적인 노인자원봉사활동조직의 육성

셋째, 자원봉사활동을 위한 기존 자원의 활용

넷째, 노인자원봉사활동을 위한 민간조직의 육성

다섯째, 노인에게 적합한 자원봉사활동 영역의 개발

여섯째, 노인자원봉사활동의 재원 확보

일곱째, 노인자원봉사활동을 위한 제도의 정비(노인자원봉사활동제도의 도입, 노인자원봉사저축제도 창설, 행정위촉자원봉사제도 참여, 노인자원봉사시범사업의 실시 등)

학습 실천과제

1. 노인평생교육의 참여촉진 방안에 대하여 각자 의견을 제시해 봅시다.
2. 우리나라 노인자원봉사단체를 나열해 봅시다.
3. 노인자원봉사활동의 활성화 방안에 대해 논의해 봅시다.

15

장수사회와 케어복지

1. 장수사회와 장수생활

1) 장수의 의미

장수(長壽)란 문자 그대로 오래 사는 것, 즉 수명이 긴 것을 의미하는데, 예로부터 99세를 백수(白壽)라 칭했으며, 100세는 하늘이 내려준 축복이라 하여 천수(天壽)라고 칭해왔다(한창영, 1996; 현외성, 2015).

현대사회에 와서는 자연환경이나 보건의료의 발달과 영양, 그리고 건강에 대한 개인적 관심이 증가하고, 경제사회적으로 안정된 환경을 갖추어 평균수명이 점차적으로 높아지고 있는 추세이다.

장수도는 65세 노인인구 중 85세 이상 인구가 차지하는 비율을 말하는 것으로, 지역의 장수인구마을을 산출하여 장수지역을 조사할 경우 사용하는 개념이다. 경우에 따라 장수벨트라는 용어를 사용하기도 한다.

$$\text{장수도} = \frac{\text{80세 이상 노인인구}}{\text{65세 이상 노인인구}} * 100$$

[그림 15-1] **장수도 공식**

출처: 현외성(2015), p.348.

2) 장수인의 생활습관

(1) 규칙적인 생활습관
(2) 독립적인 생활습관
(3) 음주 및 흡연 : 가장 많은 비율의 백세인은 처음부터 음주나 흡연을 하지 않았고, 그 다음으로 많은 경우는 중단한 경우이다.
(4) 건강상태 : 스스로 건강하다고 생각하는 노인이 절반을 넘고 있으며 건강이 나쁘다고 생각하는 노인은 비교적 적은 편이다.

3) 장수지역과 장수벨트

2000년대 초반 조선일보와 한국노인과학학술단체연합 연구팀과 함께 100세 이상 노인이 10만 명당 21명 이상 분포하는 지역과 장수도가 5% 이상인 지역을 조사한 결과, 영호남 산간지대를 중심으로 한 10개 지역과 제주도가 장수지역인 것으로 나타났다. 즉, 경북예천과 상주를 비롯해 전북 순창, 고창, 전남 함평, 영광, 보성, 담양, 곡성, 구례를 잇는 지역에 '장수벨트'가 형성되어 있었다. 일명 '구·곡·순·담 장수벨트'라 하여 구례, 곡성, 순창, 담양을 총칭한 지자체 '100세 장수벨트'행사가 매년 이어 지고 있다(2010. 3. 25. 장수벨트행정협의회 워크숍, 박상철 교수 발표내용 중에서). 또한, 김종인 원광대 장수과학연구소장(보건복지학부 교수)은 100세 이상 초고령자 2명 이상이 사는 전국 114개 시·군지역을 대상으로 '1975년부터 2011년까지의 100세 생존율'을 분석한 결과 이같이 나타났다고 18일 밝혔다. 100세 생존율은 1975년 당시 65세이던 노인이 2011년에 100세까지 생존하는 확률을 본 개념이다. 연구팀은 이런 연구결과를 국제학술지 '국제노년과 인간개발'(The International Journal of Aging and Human Development) 최근호에 발표했다. 이번 연구에는 통계청이 집계한 1975년, 2011년의 연령별 인구센서스와 지역사회조사 자료가 활용됐다. 또 7대 대도시를 제외한 140개 시·군 중 100세 인구가 없거나 1명인 지역을 제외한 114개 지역이 조사대상에 포함됐다

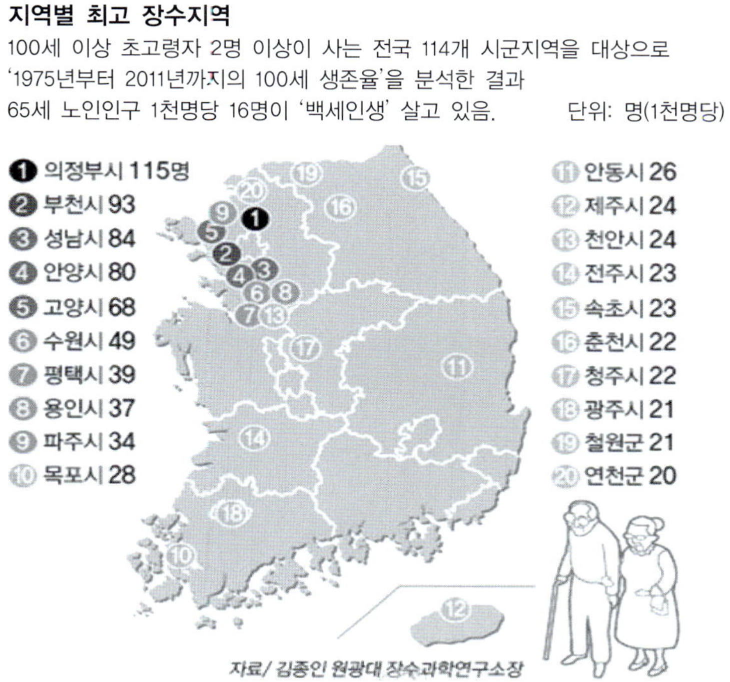

[그림 15-2] 전국지역별 최고장수지역

출처; 연합뉴스TV, http://www.wowtv.co.kr/newscenter/

[그림 15-3] 세계적 장수도시 블루존, http://blog.naver.com/tomatona/220456747741

통계청에 따르면 2011년 11월 현재 100세 이상 고령자 인구는 1,836명이다.

지난 2005년 조사에 비해 875명으로 91.1% 증가했다. 인구 10만 명당 100세 이상 인구 비중도 지난 2005년 2.0명에서 지난해 3.8명으로 늘어났다. 시 · 도별로는 경기도가 360명(19.6%)으로 가장 많았으며, 서울(270명)과 전남(163명)이 뒤를 이었다. 시 · 군 · 구별로는 제주시가 58명(3.2%)으로 가장 많았다. 인구 10만 명당 100세 인구는 전북 장수군(36명)으로 가장 많았고, 전북 임실군(29.6명), 전남 곡성군(29.3명), 전남 강진군(26.3명)순이었다.

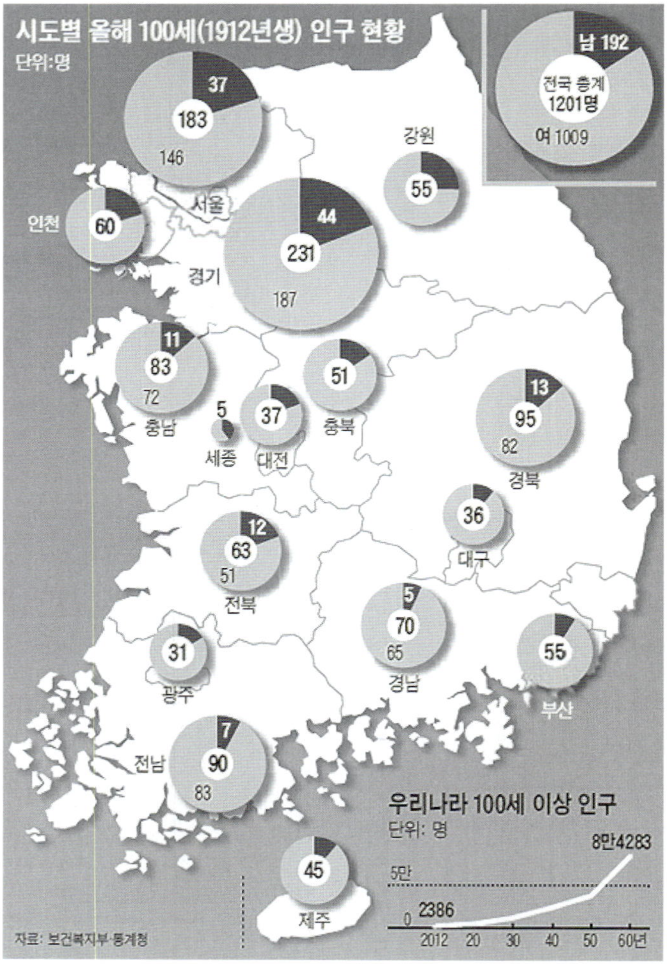

[그림 15-4] 시 · 도별 100세 이상 인구현황(통계청, 2011)

한편, 100세 이상 고령자의 장수 사유로 가장 높은 것은 절제된 식습관으로 나타났다.

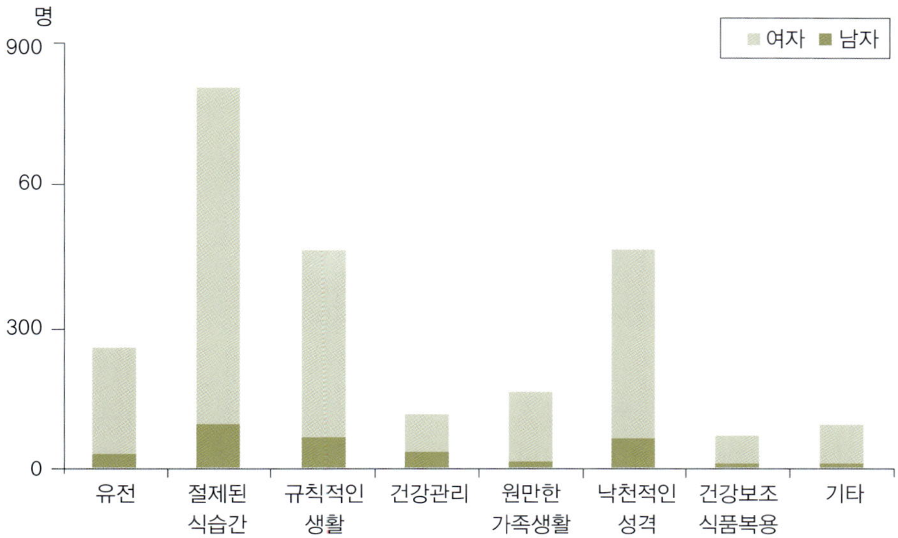

[그림 15-5] 100세 이상 고령자의 장수사유

출처: 통계청(2011), 2010 센서스 중

(1) 제주장수마을

제주의 85세 이상 최고령 인구는 인구 10만 명당 710명 수준으로 전국 평균의 2배에 해당된다. 그것도 고령으로 올라갈수록 여성의 비율이 더 높아진다. 제주도에서 할머니의 비율은 65세에서는 70%, 85세에서는 86%, 100세 이상에서는 99%에 이른다. 이것은 할아버지보다 할머니수가 30배 이상이나 더 높은 수치이다.

2011년 현재 한림읍이 100세 이상 12명으로 가장 많고 전체 65명에 달한다.

첫째, 장수마을의 지리적 환경은 물·공기가 깨끗하고 환경오염이 덜 된 청정지역으로 중산간 지대 혹은 해안가 마을에 위치해 있으며, 혹은 고산지대에 장수마을이 있는 경우도 있다. 또한 장수지역은 대체로 기후가 온난하고 따스하다.

둘째, 장수마을의 생활주거 환경을 보면, 마을주민들 사이에 원만한 관계를 형성하고 있고, 그리고 마을의 인심이 좋으며, 또한 커다란 욕심을 갖지 않고 소박한 생활을 영위하고 있다.

셋째, 경제적 환경과 관련하여 장수마을은 농업 중심(가끔 어업을 겸임하는 경우도 있음)의 산업활동이 지배적이며 자급자족적 생활에 익숙해져 있다.

넷째, 장수마을의 사회문화적 환경을 보면, 노인들이 항상 부지런하고 근면한 생활을 하고 있으며, 노인들에 대한 공경심이 높다는 것이다.

장수마을에서 주민들은 일반적으로 전통적 음식을 먹고, 소식하는 생활습관을 가지고 있다.

(2) 오키나와현의 오기미 지역

오기미 마을의 고령자 생활상을 안내하면 다음과 같다.

고령자들 가운데 약 30%가 독립세대를 이루어 생활하고 있다. 대부분의 고령자가 자신이 직접 농사를 지어 음식을 먹고 있고 주로 야채류 중심의 식생활을 하고 있으나 20% 정도의 고령자는 외부 기관에서 배식서비스를 희망하고 있다. 고령자는 월 7만 앤 이상의 생활비가 들고, 금전관리는 아내에게 맡기고, 남성노인은 여성에게 생활의존도가 높다. 고령자 가운데 80%가 자신의 가계(家系)는 장수가계(長壽家系)로 인식하고 있으며, 건강이 좋지 않은 70% 정도 노인들은 병, 의원에 통원치료를 받고 있으며 건강관리에 신경을 쓰고 있다. 고령노인들이 지역행사에 참여하는 참여의식이 높으며, 남성노인은 이웃과의 관계되는 일은 주로 아내에게 맡기고 집단에서 취미활동은 거의 없고 외부의 일을 주로 하는 편이다. 고령자 노인들은 개호보험 및 보건복지서비스에 대한 인지도가 낮으며, 하루 생활리듬 안에 적당한 휴식시간(오후 수면 등)을 넣고 있으며 낙천적인 기질을 갖고 생활하는 편이다.

오기미 마을 「일본 제일의 장수 선언」

「80세는 아동에 불과하고, 90세가 되어 마중 나오면 100세까지 기다리라고 내쫒는다. 우리들이 늙어서 점점 더 의기가 왕성해지고, 늙어서는 자녀들에게 응석 부리지 말라. 장수를 자랑하려거든 우리 오기미촌 노인은 여기서 일본 제일의 장수를 드높여 선언한다.」

1993년 4월 23일. 오기미촌 노인클럽연합회

2. 노인케어와 케어복지

1) 노인케어의 개념

(1) 협의의 개념

보건, 의료, 복지의 개념과 구분하여 각 분야 전문가들과 팀워크 접근을 할 때 케어서비스만을 제공하는 활동을 의미한다. 일본에서는 개호(간병, 수발, 돕는다, 지킨다, 돌본다)라는 용어로 사용되어져 왔으며, 요보호대상자가 질병이나 장애로 일상생활 활동에 지장이 있을 때 식사보조나 목욕, 배설 등의 수발을 들거나 시장보기, 세탁, 청소 등 생활지원서비스를 제공하는 의미를 내포하고 있다(이해영 · 안향림, 2004; 박차상, 2011).

(2) 광의의 개념

협의의 개념보다 좀 더 폭넓은 개념으로 보건, 의료, 복지 그리고 케어를 합하여 그들이 인간다운 생활을 영위하면서 행복하게 살 수 있도록 해주는 모든 활동을 말한다.

따라서 노인케어에 대한 개념은 노후의 일상생활상의 평안함을 유지하고자 하는 목적으로 실천되는 사회적 활동을 의미하며, 노쇠로 인하여 건강의 유지와 증진을 필요로 하는 일반 노인, 다양한 문제와 장애를 가진 노인, 부양가족을 대상으로 하는 케어활동 등 노인케어는 그 영역이 다양화되고 있다. 즉, 거동불편, 일상생활동작 불편, 만성질환 및 정신적 · 심리적 문제, 와상상태, 치매 등의 문제에 직면한 노인에게 기존의 보건, 의료, 복지서비스에 더하여 케어서비스를 제공함으로써 노후생활의 평안함을 유지하고 만족스럽고 인간다운 생활을 영위하게 하는 사회적 노력으로 개념화할 수 있다.

2) 케어복지의 개념과 이념

케어복지란 신체활동에 있어 자우롭지 않은 이의 삶에 관심을 갖고, 자립성 확립을 목표로 하는 일련의 복지서비스를 의미하며, 다음과 같은 이념을 내포하고 있다.

첫째 인권존중의 이념으로, 존엄성을 지닌 인간이므로 항상 존경의 태도를 보여야 하며, 자존감 등의 감정을 헤아리는 서비스가 되어야 한다.

둘째, 자립생활지원으로 생활의 주체자로 일상생활을 유지토록 기반을 마련하고,

적절한 정보제공 및 다양한 방법의 자립을 지원한다.

셋째, 정상화에 대한 이념으로, 최대한 정상에 가까운 삶을 살게 하는 것으로 최대한 근접한 일상생활의 형태와 여건을 마련한다.

넷째, 자아실현의 이념으로, 인간은 인정받는 것을 통해 자아를 실현하고자 한다. 즉, 신체적, 정신적, 사회적인 생활과 환경적 측면에서 다양한 서비스를 제공해야 한다.

(1) 전문직으로서의 노인케어

예전에는 케어가 가족구성원들의 수발 혹은 보호, 보살핌을 의미하였는데, 현대화의 결과로 가족의 기능이 분화, 사회 제도화되어 보건, 복지, 의료, 보육, 교육 등의 분야로 전문화되면서 케어의 기능 역시 전문화되었다.

즉, 오늘날의 케어는 단순한 '생명체의 유지'에서 '일상생활 기능의 유지'로, 더 나아가 '사회활동 기능의 유지'로 확대되고 있는 추세이다. 따라서 케어는 신체적·정신적·기능적 장애로 인하여 자립생활이 어려울 때 필요한 서비스를 제공하는 보다 질 높고 자립을 목표로 한 '생활지원활동의 총체'로 정의될 수 있다. 또한 케어란 장애를 가진 클라이언트의 기능을 회복시켜 더욱 인간적인 일상생활이 가능하도록 돕는 것을 의미한다.

한편, 노인케어 실천을 위해서는 책임성 실현을 위한 가치, 지식 그리고 기술이라는 3대 요소가 필요하다.

첫째, 가치는 인간의 존엄성, 자기결정, 민주주의, 변화 가능성 등에 대한 철학을 뜻한다.

둘째, 지식은 인간과 환경, 커뮤니케이션, 보건, 의료, 사회복지 등에 관한 전문지식을 의미한다.

셋째, 기술은 전문적 원조관계 형성 기술, 호스피스 기술, 경청, 해석, 이해의 능력, 문제해결능력 등을 뜻한다.

(2) 사회문제로서의 노인케어

재가노인이나 재가 장애인의 경우 요보호대상자뿐만 아니라 케어를 제공하고 있는 주부양자(caregiver)나 그 가족을 위한 사회적 케어(social care)가 필요하다. 즉, 사회문제로서의 노인케어 문제는 공적인 개입을 필요로 하며, 전 세계적으로 다양한 정책 및 프로그램이 실시(일본－개호보험, 독일－간병보험)되고 있다.

3) 케어복지의 구조

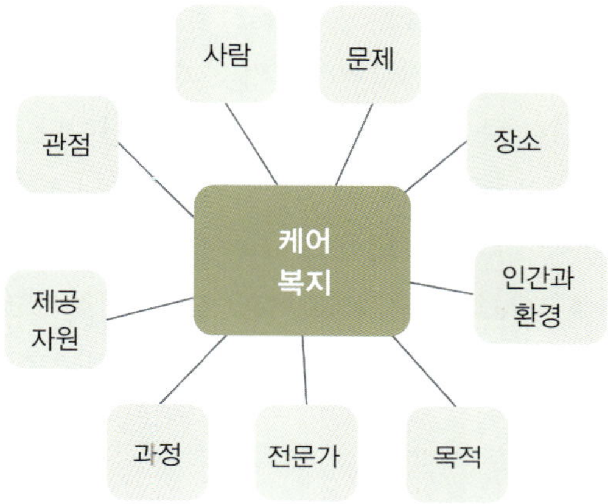

[그림 15-6] **케어복지의 구조**

출처: 이태희 외(2014).

4) 노인케어의 필요성

(1) 고령사회의 급속한 진전

평균수명의 연장과 출생률 감소는 사회보장비의 부담을 초래, 역할상실로 인한 노인의 범죄 증가, 연금재정의 악화, 노인 의료비의 증가 등으로 케어서비스와 관련한 비용의 문제, 수발을 담당해야 할 가족의 직장 포기 등 다양한 사회문제를 유발하게 된다. 특히 독거노인의 증가와 일상생활동작(ADL)에 어려움이 있는 노인이 31.9%, 수단적 일상생활동작(IADL)에 어려움이 있는 노인이 11.5%, 상시 수발을 필요로 하는 노인이 3.5%를 차지하고 있다는 조사결과가 이를 대변해주고 있다.

(2) 부양기능의 약화

가족규모의 축소(핵가족화), 장남 위주의 부양의식 감소, 여성의 사회진출 증가 등으로 인한 노인케어에 대한 사회적 역할 분담이 요구되고 있으며, 가족중심에서 벗어나 사회적 시스템을 통한 체계적인 서비스의 정비가 요구되고 있다.

(3) 케어서비스에 대한 인식변화

노인 대상자의 삶의 질 향상과 자립을 지원하는 전문적이고 종합적인 서비스가 필요하다. 더불어 적절한 서비스의 대가를 지불함으로써 스스로 서비스의 내용과 질을 선택하고 이용할 수 있는 소비자 의식이 증가하고 있다. 즉, 만성질환이나 난치병 질환의 증가는 장기치료를 요하는 중도장애인을 증가시키고 있다. 의료기술의 발달로 수명이 연장되고 재활치료로 신체기능도 회복할 수 있게 되었고, 이들에 대한 전문적 원조가 필요하게 되었다. 이로 인해 케어의 수준은 ADL에서 QQL(생활의 질)로 변화하고 있으며, 케어서비스 이용자(보호자)도 서비스의 대가를 지불함으로써 스스로 선택하고 이용할 수 있는 높은 질과 다양한 서비스를 원하고 있다.

5) 케어의 요소

(1) 케어서비스 이용자

자립생활을 영위하는 데 있어 타인의 원조를 구하는 당사자 및 그 가족원으로 치매, 중풍, 허약 노인, 장애인 등 어려움을 가장 많이 갖고 있는 사람들이 해당된다. 이들은 다음과 같이 몇 가지 특성을 가지고 있다.

첫째, 일상생활에 지장이 있다.

둘째, 고유한 생활사를 갖고 있기 때문에 이용자의 의견을 존중하여야 한다. 즉, 개인의 생활양식을 존중, 의사를 묻고 동의를 얻어 행동하도록 한다.

셋째, 연령, 학력, 장애 정도, 수입, 이전 직업 등 개별성이 강하다.

넷째, 정신적으로 불안하기 때문에 생각하고 있는 것을 표출하도록 유도한다.

다섯째, 생명을 스스로 지키기 어렵다.

(2) 케어제공자

케어는 자립적인 생활에 지장이 있을 때 이를 보충·지원하는 것이므로, 케어 제공자는 건강을 잃은 원인을 규명하려는 것이 아니라 일상생활에서의 부자유한 면을 규정하고 그 문제를 해결하려는 것에 중점을 두도록 한다. 따라서 케어제공자는 상호주체성을 중시한 상호원조가 되어야 하며, 케어에는 한계가 있어도 케어방법은 숙달되고 발전할 수 있으며 한계가 없다는 점을 인식하여야 한다. 또한 자기통찰이 필요하고, 기계적으로 서비스를 제공해서는 안 되며, 이용자의 자조 및 자립을 기억하도록 한다.

(3) 협동의 장

케어서비스 이용자의 일상생활에서의 부자유함을 발견하고, 좋은 원조방법이 있는가를 상호 확인하고 해결을 위해 실천하는 과정을 말하며, 이 과정은 케어제공자가 일방적으로 지시하고 결정하는 것이 아니라, 상호 대등한 관계에서 상호방법을 확인하고 케어실천에 상호 협력하는 과정으로 '생활의 장'이란 곳에서 이루어진다.

3. 노인케어 실천과정

1) 케어복지 실천방법의 체계

인간은 서로 도와주고 의지하면서 살아가는 존재이다. 예로부터 오늘날까지 인간 사이에 이루어지는 숱한 배려와 도움, 원조와 헌신으로 인해 인류문화와 정신이 발전하였다. 원조활동은 해결하기 곤란한 상황이나 처지에 놓여 있는 사람에게 도움을 건네는 것에서 비롯되었다. 한 사람이 상대방에게 도움을 주면 그 두 사람은 도움을 주는 자와 도움을 받는 자라는 원조관계가 성립되면서, 특정한 목적과 목표가 있는 원조활동이 이루어진다. 원조의 내용으로는 경제적(자금) 원조, 기술적 원조, 정신적 원조, 신체적 원조 등으로 구분할 수 있다. 케어복지 원조의 주체는 도움을 받는 노인이나 장애인, 이용자 등이며, 객체는 케어의 지식과 기술을 지닌 케어복지사이다.

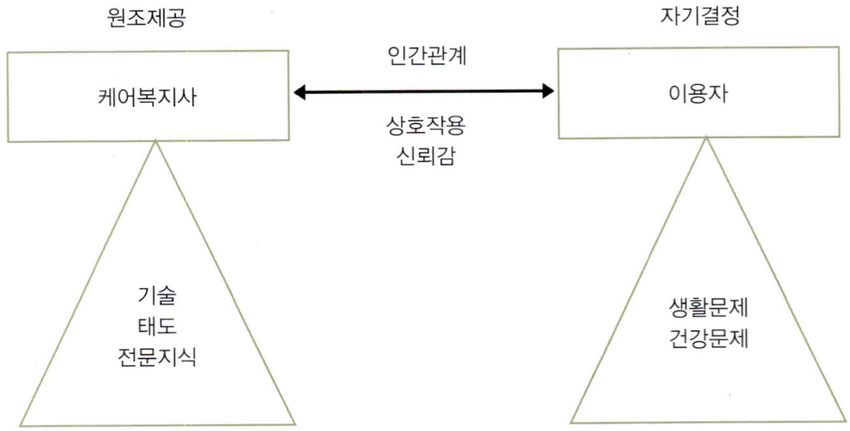

[그림 15-7] **케어복지의 일반적인 원조관계**

출처: 박차상 외(2011), p.90.

2) 노인케어 실천방법

(1) 직접적 원조방법(구체적 대인서비스)

① 신변케어서비스에 관한 원조

노인의 신체·정신적 기능장애가 심할수록 신변케어의 욕구와 의료적 욕구는 증가하며, 이때 고려해야 할 원칙은 다음과 같다.

첫째, 쾌적하고 효과적인 케어를 실시한다.

둘째, 정확한 대응을 위해 보건과 의료를 기초로 한 신변케어에 관한 지식, 기술이 불가결하다. 특히 이용자의 신변자립 지도, 가족에 대한 케어지도, 케어제공자는 물론 이용자의 신체적 부담을 경감시키기 위한 인체역학에 관한 지식과 기술이 필요하다.

셋째, 케어에 관한 다양한 결정은 이용자의 의사확인 및 자기결정에 근거한다. 만약 의사소통이 곤란한 경우는 본인의 건강과 행동 면에서의 안전도와 반응의 정도를 참고하면서 서비스의 평가를 적절히 행할 필요가 있다.

넷째, 신체적 케어에 대한 이용자의 다양한 감정을 이해하고 이를 배려한 케어활동이 되도록 한다.

② 가사활동서비스에 대한 원조

가사에 대한 원조는 가족과의 동거 여부에 따라 가족이나 친구, 봉사자의 협력을 얻을 수 있는가에 따라 달라질 수 있다.

③ 사회생활 유지 및 확대에 관한 원조

케어는 기능훈련, 생활기능훈련, 여가활동이란 세 요소로 나눌 수 있다.

첫째, 기능훈련은 재활분야의 작업요법과 이학요법의 영역을 포함한다.

둘째, 생활기능은 생활력(생활기술능력) 혹은 사회생활능력을 의미한다.

셋째, 여가활동은 이용자의 개별성에 근거하여야 한다.

따라서 사회생활의 유지확대를 위한 케어는 이용자의 의사를 존중하는 것이 중요하다.

④ 심리적 문제에 관한 원조

심리적 문제는 케어서비스 이용자, 가족에 따라 달리 나타난다. 이용자의 경우는 부자유한 몸에서 오는 초조감, 굴욕감, 고뇌, 불안, 불만, 인간관계의 문제, 경제적 불안 등에서 야기되는 어려움을 호소하는 경우가 많다. 이와 비교하여 가족의 경우는 수발 자체에 대한 부담감 등에서 야기되는 심리적 문제와 사회적 관계 단절에서 비롯되는 심리적 문제로 구분되는 양상을 보인다. 즉, 수발의 피로, 질병에 의한 케어력의 저하, 케어의욕의 저하, 불안, 케어지식과 기술, 생활기능 면에서의 능력 부족, 가족협력의 부족, 경제적 문제, 직업과 자녀양육, 케어와 직업의 양립의 어려움, 친척의 간섭, 상속을 둘러싼 문제, 본인과의 갈등과 긴장 등에서 비롯되는 심리적 문제가 있으며, 다른 하나는 케어대상자와의 애증관계, 케어서비스 이용의식 결여, 가족의 폐쇄성 및 이웃 간의 교류단절로 인한 고립화 등에서 비롯되는 심리적 문제이다.

따라서 케어제공자는 이용자와 가족의 심리적 케어를 해야 하며, 여러 문제의 조정과 각종 복지 및 관련 서비스를 적절히 활용하면서 구체적인 해결을 도모해야 한다.

(2) 간접적 원조방법(환경조정)

① 관계조정

노인과 관련하여 인간관계만이 아니라 환경과의 상호작용을 포함하며, 네트워크를 형성하는 등 바람직한 서비스와의 연결을 의미한다.

② 생활환경 정비

물리적인 환경의 정비, 시설과 가정, 근린지역 주민이 이용자에 대해 수용적이고 따뜻한 태도를 갖도록 하는 것 그리고 가족에게 케어지식과 기술교육 등을 대표적인 예로 들 수 있다.

③ 인적 · 물적 조건의 정비

케어서비스의 부담을 완화할 수 있는 인적 · 물적 조직체계를 만드는 것이 해당된다.

④ 사회자원의 활용 개발

노인의 가족, 친지, 친구, 이웃 등의 비공식적 자원을 포함하여 이용 가능한 공식자원을 조사하여 자원망을 구축한다. 이와 같이 케어복지의 실천방법에서 케어복지사의 역할은 대단히 중요하게 차지한다는 것을 인지할 수 있다. 케어복지서비스의 교육과 인력으로 역할을 할 수 있는 전문인으로서는 간호사, 사회복지사, 물리치료사, 간호조무사 등 요양보호사로 구성되어진다. 다음은 케어복지사의 구체적 업무내용을 제시하여 이해를 돕기로 하겠다.

〈표 15-1〉 **케어복지사의 구체적 업무내용**

구분	업무	과업
기본 업무	정보 파악	경청, 건강상태 관찰, 의료건강 정보 및 관련 정보의 파악
	케어계획 입안, 평가업무	사전평가-문제 확정, Needs평가, 계획 입안 계속적인 사정과 원조의 수정, 사후평가
	신변케어	식사, 배설, 의류교환, 목욕, 청결, 신체의 안락, 수면의 원조, 거주환경의 정비, 복지기구용품의 활용
	가사원조	조리, 의류 세탁 및 수선, 청소, 정리정돈, 생필품의 구입, 기타 가사 일반에 대한 원조
	사회생활 유지 및 확대	이동(기계동작, 휠체어 등), 레크리에이션 실시, 이송 및 외출 원조, 재활실시
	건강관리, 보건 업무	약복용 및 처치에 관한 원조, 사망 시 원조, 수진원조, 욕창예방, 감염예방, 활력징후 측정, 종말기 케어, 건강관리·보건에 대한 조언
	심리사회적 원조	생활상담, 사회자원 활용, 인간관계 조정, 케어부적응 조정, 생활환경 정비, 관계자 기관·시설과의 조정, 심리적 원조, 인적·물적 조건의 정비
	케어기술 지도	케어기술 지도, 이용자·이용자집단, 가족대상
	협동, 연대업무	동직종, 타직종, 상사·소속장, 가족에의 연락조정, 봉사자, 기타 관계자와의 연락·조정, 케이스 매니지먼트
	안전관리	전도방지, 화재방지점검, 문단속, 긴급피난경로 점검
관련 업무	자기의 건강관리	피로예방, 요통예방, 감염예방, 건강진단
	연수, 연구	슈퍼비전, 사례회의, 연수참가, 연구활동
	문서 업무	일지 및 기타기록, 기록의 활용, 개별케이스 기록, 문서보전과 관리
	회의관련 업무	동직종 및 타직종의 담당자 회의출석과 운영관리, 직원회의 출석, 타기관과 타시설 관계자 합동회의 출석과 운영관리
	사회자원 개발	가족에의 개발, 영향, 교섭, 동직종·타직종에의 개발, 영향, 교섭, 타기관, 시설관계자, 상사봉사자 등에의 개발·영향·교섭
	교육·개발업무	실습생, 자원봉사자, 지역주민 교육·개발
	기타	가족, 시설방문자에 대한 대응, 잡용의 관리

출처: 이해영(2014), p.80-81.

케어실천의 원조방법으로서는 신체적·사회문화적 생활지원과 거주환경의 정비, 가정경영과 관리, 상담, 위급상황에 대한 대응, 종말기 케어 등으로 나누어 살펴볼 수 있다. 다음은 전문직으로 제도화되어 있는 일본 케어복지사의 전체적인 업무내용을 나타낸 것이다(岩橋成子(히로아키 시게코) 編著(편저/2003). 新版 介護福祉概論, 建帛社).

〈표 15-2〉 **노후의 라이프 스테이지에 따른 케어복지의 실천방법**

케어 단계	실천내용
자립지원서비스 (Self Service)	-기초적인 생활환경 정비 -생활향상을 위한 일반적인 서비스 -전화상담, 레크리에이션, 친구소개 활동 -취미모임 소개 활동, 보조용구에 대한 정보 제공 -생활환경정비·보건·교육·레저서비스
가사원조서비스 (Residential Service)	-청소, 세탁, 장보기 -음식 만들기 보조 및 가사원조, 급식서비스 -그 밖의 잡무
인적 케어서비스 (Personal Care)	-기상 및 취침보조, 휠체어와 침대와의 이동보조 -옷 갈아입기 보조, 목욕보조, 배설보조, 발치료 -머리감기, 손톱깎기, 이야기상대, 외출 수행 등
간호서비스 (Nursing Care)	-간호, 관찰, 기저귀교환 등의 처치 -복용약의 투약과 연고 발라주기, 점약(안약투여)
의료서비스 (Medical Care)	-진료, 검사, 치료, 운동 등의 재활치료
종말기 케어 (Terminal Care)	-상담, 고통완화, 가족에 대한 정신적 케어·훈련

출처; 박차상 외(2011), p.109.

3) 케어복지서비스의 실천과정

(1) 사전평가

정보의 수집, 분석, 문제파악 등이 이루어지는 과정으로 도움이 되는 정보를 분별하고 문제점을 명확히 함과 동시에 가능성에 대한 열린 자세가 필요하다(강점사정).

(2) 서비스 계획

문제 해결에 대한 의욕과 자기결정권이 가능한 대상자는 문제해결과정에 참여 구체적인 케어방법을 협의하되 서비스의 우선순위를 정하도록 한다.

(3) 서비스 실시

서비스의 목적 : 대상자의 안전과 안락, 삶의 질 향상, 자립추구팀워크를 이루며 적극적으로 사회자원을 활용한 서비스를 진행한다.

(4) 사후평가

설정된 목표달성에 근거하여 효과성을 측정 문제해결이 불충분하다 평가되면 재사정단계로 피드백 되어야 한다.

4) 장소별 케어복지서비스

(1) 가정에서의 서비스 원칙

재택케어(indoor care)는 가장 기본적인 가정이라는 공간과 환경에서 전개되는 서비스라는 점에서 타인의 출입이 부자연스러운 공간이 될 수 있다. 이러한 특징을 고려하여 일상적인 행위를 원조하는 일련의 모든 서비스 원칙을 살펴보면 다음과 같다.

첫째, 가정은 생활습관, 문화, 가치관을 존중해야 한다.

둘째, 의사결정의 존중이 필요하다.

셋째, 자립의 동기부여가 활성화되어야 한다.

넷째, 대상자 가족과의 신뢰관계 형성이 필요하다.

다섯째, 안전의 확보가 절실하다.

여섯째, 사회생활의 확대가 필요하다.

일곱째, 안락한 죽음에의 원조 등을 들 수 있다.

(2) 시설에서의 서비스 원칙

입소자는 미지의 환경에서 생활을 하게 됨에 따라 환경적응이 어렵고, 불안과 긴장, 고독과 외로움, 혼란, 우울 등 복잡한 심리적 상태에 놓이게 된다. 이에 따른 적응력 향상과 다른 삶에 대한 의지를 부여하여야 할 것이며, 다음과 같은 시설서비스의 원칙을 지향하는 바이다.

첫째, 쾌적한 생활공간 제공이 필요하다.

둘째, 개인의 프라이버시 및 가치관이 존중되어야 한다.
셋째, 자립성 추구가 필수적이다.
넷째, 교제활동을 통한 삶의 보람을 확보하여야 한다.
다섯째, 가정적 분위기를 조성하여야 한다.
여섯째, 편안한 죽음에의 원조가 필요하다.

(3) 가정과 시설에서의 서비스

〈표 15-3〉 **가정과 시설에서의 서비스 비교**

구분	가정	시설
장소	대상자와 그 가족의 주도	시설 종사자의 주도
대상	요양보호사, 방문간호사	시설종사자의 다양한 서비스
협동, 연계	지역의 필요직종, 다른 서비스	시설 내 직종의 역할분담
활동 프로그램	비정기적, 수시변경 가능	시설의 사회화에 의한 일상생활의 보장
다양성	가족케어, 주·야간, 단기보호 등에 의한 일상생활의 보장	시설의 사회화에 의한 일상생활의 보장
장점	- 대상자는 친숙한 환경(가족, 이웃, 동네)에서 생활이 가능하다. - 사생활이 존중되고 개인생활이 가능하다.	총체적으로 의료, 간호, 요양서비스의 제공이 가능하다.
단점	- 대상자의 요구나 변화의 파악이 미흡하다. - 의료,간호,요양서비스가 단편적일 수 있다. - 서비스제공에 이동시간이 걸리고 효과적이지 못하다. - 서비스 제공의 책임소재가 불분명하다. - 서비스의 효과적 평가가 어렵다.	- 대상자는 지역사회(가족, 형제, 이웃)와 연결이 어려워지고 접촉이 끊어지고 소외되기 쉽다. - 대상자의 개인 생활이 어렵다.

출처: 이태희 외(2014), p.75.

5) 케어복지실천 종사자의 직업윤리

케어복지사는 지금까지 살펴본 케어원칙에 따라서 케어서비스를 실천하도록 해야 할 것이다. 또한 인간의 생명과 직접적으로 관련이 깊은 전문직으로서, 케어복지사는 이용자에게 있어서 가장 안전하고 바람직한 서비스를 실천하는 것이 바로 직업윤리라고 말할 수 있다. 1995년 케어복지에 대한 실천윤리를 구체적으로 명문화시켜서 책정하고 있는 일본 케어복지사의 생명윤리 원칙과 윤리강령은 다음과 같다.

(1) 생명윤리 원칙

첫째, 자율존중의 원칙 : 본인의 의향을 최우선으로 하는 것을 중시하는 원칙

둘째, 선행(先行)의 원칙 : 바람직한 결과가 기대되는 것의 실천을 최우선으로 하는 원칙

셋째, 악행(惡行)불가의 원칙 : 사람에게 피해나 손해를 끼치는 일을 하지 않도록 하는 원칙

넷째, 정의・공평의 원칙 : 정당하다고 생각되는 것을 실천하는 것을 최우선으로 하는 원칙

(2) 케어복지사의 윤리강령

케어의 윤리를 실천하기 위해 케어복지사는 윤리강령의 내용을 충분히 이해하는 것이 매우 중요하다. 또한 케어실천은 생명윤리 원칙을 바탕으로 하고 있다는 점을 이해하도록 한다.

따라서 케어복지사는 위에서 살펴본 케어의 원칙과 생명윤리의 원칙, 그리고 다음의 윤리강령에서 제시하는 관련내용에 대해 종합적으로 이해하고 실천하는 전문인으로서의 자세가 필요하다.

케어복지사 윤리강령에서 제시하는 내용은 전반적으로 케어복지서비스를 필요로 하는 사람들의 행복을 유지하고 지원하는 것을 전제로 하고 있다. 또한 지역복지활동의 실천을 통해서 노멀라이제이션(Normalization)의 실현을 공약하고 있는 것으로 해석할 수 있다. 노멀라이제이션은 1950년대에 덴마크의 지적장애인 단체의 운동으로부터 시작되어 세계적으로 확산된 사고방식으로, 신체에 장애가 있는 사람들을 장애인으로서 특별하게 대하는 것이 아니라, 한 사람의 인간이자 일반사회인으로서 보통의 생활환경 속에서 생활할 수 있도록 사회체계를 실현해 가고자 하는 이념이다.

일본 개호복지사의 윤리강령(1995. 11. 17.)

〈전문(前文)〉

우리 케어복지사는 케어복지 니드(Need:욕구)를 가지고 있는 모든 사람들이 지금까지 살아온 지역에서 편안하게 늙어갈 수 있고 계속해서 생활할 수 있는 사회실현을 목표로 한다.

이를 위해서 케어복지사는 개개인의 풍요로운 생활을 지원하는 케어복지의 전문직으로서 윤리강령을 정하여 전문적 지식·기술 및 윤리적인 자각을 가지고 최선의 케어복지서비스를 제공하도록 한다.

1. 이용자 중심, 자립지원

케어복지사는 모든 사람들의 기본적 인권을 존중하고 각각의 주민이 편안한 생활과 노후를 보낼 수 있도록 이용자 중심의 입장에서 자기결정을 최대한 존중하며 자립을 위한 케어서비스를 제공하도록 한다.

2. 전문적 서비스의 제공

케어복지사는 항상 전문적 지식·기술의 연마에 힘쓰며, 풍부한 감성과 정확한 판단력을 키우고 통찰력을 지니면서 전문적인 서비스를 제공하기 위해 노력한다. 또한 케어복지사는 케어복지서비스의 질적인 향상을 위해 노력하며 본인이 실시한 케어복지서비스에 대해서는 항상 전문직으로서 책임을 갖는다.

3. 프라이버시의 보호

케어복지사는 사생활을 보호하기 위해 직무상 알게 된 개인정보를 누설하지 않는다.

4. 종합적 서비스의 제공과 적극적인 연계, 협력

케어복지사는 이용자에게 최선의 서비스를 제공하기 위해 복지, 의료, 보건 그 외의 관련된 업무에 종사하는 사람과 적극적인 관계를 도모하고 협력하여 행동한다.

5. 이용자 니즈의 대변

케어복지사는 생활을 지원한다는 점에서 케어서비스 이용자의 진정한 니즈를 파악하고 이를 대변하는 일도 중요한 역할이라는 사실을 이해한 후 생각하고 행동한다.

6. 지역복지의 추진

케어복지사는 지역 내에서 발생하는 케어문제를 해결해 가기 위해서 전문직으로서 항상 주민과 적극적으로 접촉하여 개호문제에 대한 깊은 이해를 얻을 수 있도록 노력함과 동시에 주민들의 케어의 힘을 키우기 위해서 협력한다.

7. 후계자의 육성

케어복지사는 모든 사람들이 미래에도 안심하고 수준 높은 케어서비스를 받을 권리를 부여할 수 있도록 교육수준의 향상과 후계자 육성에 힘쓰도록 한다.

출처: 이해영(2014), p.221.

4. 케어매니지먼트

1) 케어매니지먼트의 개념

케어매니지먼트(care management)란, 서비스의 디자인과 조직화를 도모하는 것으로 대상자의 욕구에 대응하여 필요한 서비스를 종합적·일체적·효율적으로 제공하도록 서비스 제공기관 간에 조정을 도모하는 방법을 뜻한다.

케어매니지먼트는 최근 미국, 영국 및 일본의 대인서비스 기관에서 가장 널리 보급되어 있는 서비스 전달방식이며, 가장 급속히 성장하고 있는 사회복지실천의 분야이다(이근홍, 2008, 재인용). 또한 일본에서는 케어담당자가 본인과 가족의 입장에서 욕구를 정확히 파악하고 그 결과에 의하여 케어계획을 세우고 실행해가는 시스템을 의미한다.

따라서 케어매니지먼트란 다양하고 복합적이며 장기적인 욕구를 가진 클라이언트를 대상으로, 케어매니저가 클라이언트의 욕구를 충족시키고 사회적 기능을 향상시키기 위해서 클라이언트와 사회자원과의 연결과 점검을 통하여 클라이언트에 대한 보호(care)를 개별적 연속적으로 관리하는 과정이다.

2) 케어매니지먼트의 기능

(1) 통합적 서비스의 제공

케어매니지먼트는 대상자의 다양한 욕구에 대응하여 서비스가 제공될 수 있도록 하되, 연계성을 갖고 각각의 서비스를 통합적으로 제공하는 시스템을 추구한다.

(2) 욕구에 적합한 서비스 제공

최근의 서비스는 대상자의 욕구를 중심으로 하는 욕구지향형 서비스를 추구하므로 대상자가 원하는 생활을 실현하기 위하여 지역의 욕구와 서비스의 균형을 객관적으로 잘 파악하여 서비스를 제공하도록 한다.

(3) 개별적 서비스의 제공

서비스 대상자의 생활습관과 거주상황, 경제적 형편, 가족관계, 케어의식의 차이 등에 의해 발생하는 문제와 욕구는 다양하므로 개별적 케어계획을 세우고 적정한 서비스를 제공하도록 한다.

3) 케어매니지먼트의 목적

(1) 자립성 고취

인간의 존엄성 보전과 삶의 질 향상을 위하여 신체적, 정신적, 사회적 자립을 도모한다.

(2) 자기결정권 실행

대상자가 자신의 삶을 최대한 보장하기 위하여 서비스를 선택할 수 있는 조건을 정비한다.

(3) 삶의 질 개선

대상자와 가족의 삶의 질을 향상시켜 보다 나은 쾌적한 생활을 위한 생활조건을 개선하며, 이를 위해 원조하는 것을 뜻한다.

(4) 보건 · 복지 · 의료의 연계

대상자의 다양한 욕구에 대응하기 위한 전문직과의 연계가 필요한데, 이 중 보건, 의료와의 연계에 대한 팀 서비스 지원은 필수 불가결하다.

4) 케어매니지먼트의 과정

케어매니지먼트는 대상자에 대한 각종 서비스를 제공하는 직접적 원조와 간접적 원조가 있는데 직접적 원조과정에 대하여 살펴보기로 하겠다.

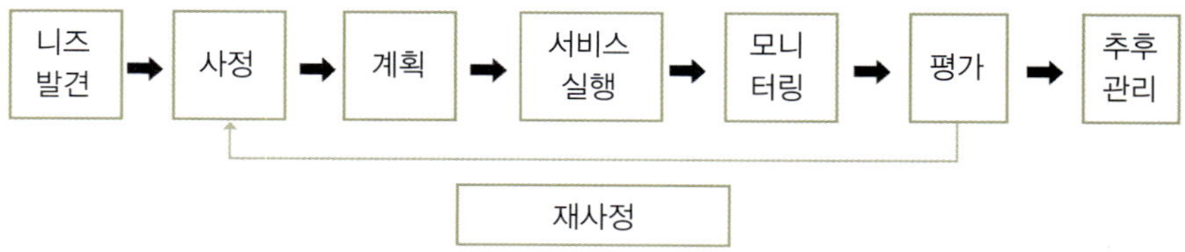

[그림 15-8] **케어매니지먼트의 과정(직접적 원조과정)**

출처: 이태희 외(2014), p.82.

5. 치매노인에 대한 케어서비스

1) 치매의 개념 및 정의

치매(dementia)의 원어는 라틴어 'dement'에서 유래한 말로 '없다'라는 'de'와' 정신'이라는 'ment'가 합해져' '제 정신이 아니다, 정신이 나갔다'를 의미한다. 한문으로는 '어리석을 치(痴)'와 '어리석을 매(呆)'가 합쳐진 단어로 '의심이 많아지거나 아는 거세 병이 든 상태'를 의미한다.

치매란 뇌의 인지기능과 고등정신기능이 감퇴되는 대표적인 기질성 정신장애로서 기억장애가 특징적으로 나타나며, 추상적 사고장애와 판단장애, 지남력[3] 장애, 성격변화 등이 수반됨으로써 일상적 생활활동 또는 대인관계에 지장을 초래하는 복합적인 임상 증후군이다. 주로 노인 연령층에서 나타나므로 '노망'이라는 말로도 흔히 불리며, 65세 이상 노인에게 나타난 경우에 '노인성 치매'라고 한다.

세계보건기구에서는 매년 9월 21일을 '세계 치매의 날'로 정하고 특별한 관심을 부여했다. WHO에서는 뇌의 기능 저하로 발생하는 인지장애로 대개 만성적이고 진행형으로 기억장애의 기본증상 이외에 실인증, 실행증, 실어증, 수행기능의 장애가 최소한 한 가지 이상 동반되어야 하는 것으로 개념적 정의를 시사하였다.

현재 한국의 65세 노인 중 9%, 80세 이상은 약 20%가 치매라 할 정도로 그 비율이 높고, 노인인구를 기준으로, 치매를 일으키는 병 중에 가장 흔한 것은 알츠하이머병이다.

2) 치매의 원인과 유형

치매는 노화에 의한 신체기능의 저하와 함께 발생하는 노인성 질병으로서, 대뇌부의 신경조직 및 세포의 손상이 주원인인 질병이지만, 고립감, 우울, 음주습관 등의 정서적 요인에 의해 발생하거나 악화될 수도 있기에 사회적 요인과도 밀접한 관련이 있다. 즉, 퇴행성 질환, 뇌혈관 질환, 대사성 질환, 결핍성 질환, 중독성 질환, 뇌종양, 뇌외상 감염성 질환, 수두증 등이 원인이 된다. 최근에는 알코올중독증에게 흔히 나타나는 알코올성 치매도 증가하고 있는 추세이다.

3) 지남력 : 시간, 장소, 상황이나 환경 따위를 올바로 인식하는 능력

치매의 유형분류를 살펴보면, 신경병리학적 소견에 의한 분류, 원인에 따른 분류, 병변의 진행에 따른 분류로 구분할 수 있는데, 국제질병분류 제10판(ICD-10)의 치매의 유형분류를 소개하고자 한다.

〈표 15-4〉 **국제질병분류 제10판(ICD-10)의 치매의 유형분류**

구분	원인질환
알츠하이머형 치매	조발성 알츠하이머형 치매, 만발성 알츠하이머형 치매, 비정형 또는 혼합형 알츠하이머형 치매, 분명하지 않은 알츠하이머형 치매
혈관성 치매	급성 혈관성 치매, 다발성 경색 혈관성 치매, 피질하 혈관성 치매, 혼합형 혈관성 치매, 기타 혈관성 치매
기타 질병에 의한 치매	픽병, 크로이츠펠트-야콥병, 헌팅턴병, 파킨슨병, HIV감염에 의한 치매, 루이소체 치매, 기타 질병으로 인한 치매
불분명한 치매	분명치 않은 치매

출처: 박귀영 외(2014)

(1) 알츠하이머형

치매 중에서 가장 흔한 형태로서 전체 치매의 절반 정도를 차지하는 것으로 1911년 독일의 알로이 알츠하이머(Aloi Alzheimer, 1906) 박사가 처음으로 보고한 대표적인 치매유형이다.

이 유형은 정상적 기능을 수행하던 뇌세포들이 특정한 원인 없이 서서히 죽어 감으로써 개인의 인지기능은 점진적으로 감퇴하며 성격 변화, 대인관계 위축, 사회활동의 제한은 물론 기본적 일상생활조차 어렵게 만드는 퇴행성 치매이다.

발병 초기 단계에서는 일상생활의 수행능력이 좀 늦거나, 대화 중에 얘기의 초점을 잊어버리는 정도여서 노년기의 건망증 정도로 잘못 판단할 수 있다. 또한 치매가 진행되면서 실언, 지남력 장애, 배회, 야간착란증세, 환상이나 망상 등의 증세가 뚜렷하게 나타나고 말기에는 고도의 인지장애가 수반되어 자신의 이름이나 가까운 가족도 알아보지 못하며, 자기 자신을 전혀 돌보지 못할 정도로 황폐화된다.

(2) 혈관성 치매

뇌출혈, 뇌경색 등 뇌혈관 질환이 그 원인이며, 치매 중에서 둘째로 흔한 유형이다. 혈관성 치매는 뇌혈관 질환이 누적되어 나타나는 치매로 고혈압, 당뇨병, 고지혈증, 심장병, 흡연, 비만 등이 있는 사람에게서 잘 나타난다. 또한 정상적으로는 부드럽고 탄력 있는 뇌혈관이 지속되는 고혈압이나 당뇨병 등에 의해 딱딱해지고 두꺼워지며, 혈관이 좁아지거나 막히거나 터져서 뇌의 원활한 혈액순환이 안 되어 뇌활동에 필요한 산소와 영양분이 공급되지 않게 됨으로써 나타난다.

(3) 파킨슨병에 의한 치매

뇌의 신경전달물질 중 도파민이 부족하여 운동신경망이 원활하게 작동하지 못하여 생기는 운동 신경장애이다. 이 병은 원래 신체 떨림이나 손·발·관절의 마비, 언어장애, 신체를 움직이는 데 어려움을 보이며, 말기에는 치매로 발전되는 경우가 있다.

(4) 알코올성 치매

알코올성 치매(코르사코프증후군)는 술을 지속적으로 많이 마시면 비타민 B_1의 결핍으로 뇌손상을 일으키게 되어 나타난 치매이다. 이 병은 기억력이 손상되고, 그 밖에 계획을 세우고 조직하고 판단하거나 대인관계기술과 균형을 담당하는 곳이 가장 많이 손상된다.

3) 치매환자의 증상과 문제행동

(1) 인지기능장애

① 기억장애

- 방금 했던 말을 기억하지 못한다.
- 자기 물건을 놓아 둔 곳을 잊어버린다.
- 고인이 살아 있는 것처럼 이야기한다.
- 자기 집 주소를 모른다.

② 지남력장애

- 가족이나 친지를 잘 모른다.
- 계절에 맞지 않는 옷을 입는다.
- 지금 몇 시인지 모른다.
- 아들을 남편이라고 한다.

③ 판단력장애

- 내 것과 남의 것을 구별하지 못한다.
- 더러워진 옷을 벗지 않는다.
- 시장에 혼자 가지 못한다.
- 상황에 맞지 않는 행동을 한다.

④ 계산능력장애

- 돈 관리를 못한다.
- 간단한 계산이 안 된다.
- 물건을 구매하지 못한다.

(2) 정신, 신체적 장애

① 망상, 환각, 초조, 불안, 우울증, 조증
② 무감동, 공격적 행동, 수면장애
③ 요실금, 변실금

(3) 언어, 심리적 장애

① 건망증으로 인한 만성적 불쾌감, 자긍심 저하로 인한 우울 및 불안·초조, 급격한 감정변화, 작화행동, 동어반복, 혼잣말, 실어증, 폭력적 언어 등
② 극도의 피해의식으로 인한 증오심, 장기기억에 대해 현실과 과거를 혼돈하는 특성

(4) 행동장애

① 배회, 수면장애, 흥분폭력
② 수집벽, 거부행동, 반복행동, 일상생활수행장애

4) 치매의 실태와 현황

(1) 치매의 실태

2013년 보건복지부의 치매유병률 조사에 따르면 치매유병률은 57만 명 9.4%로 나타나 65세 이상 노인 10명 중 1명은 치매인 것으로 추정, 앞으로 노인인구 증가 속도에 맞춰 20년마다 약 2배씩 증가할 것으로 예상된다.

〈표 15-5〉 치매노인의 수

(단위 : 명, %)

구분	2010	2020	203	2040	2050
치매노인 수	474,066	840,010	1,272,444	1,964,056	2,710,032
치매유병률	8.7	10.4	10.0	11.9	15.1

출처; 보건복지부, 서울대학교병원(2012), 2012년 전국 치매유병률조사; 임병우 외(2011), 재인용

(2) 치매상담센터

※ 보건복지부는 전국 보건소에 치매상담센터를 설치 운영 중(치매관리법 제17조, 지역보건법 제9조)
① 지역에 있는 치매노인 등록 및 관리
② 치매노인과 가족에 대한 상담 및 지원, 치매가족 자조모임 활성화
③ 배회 염려 치매노인에게 신원확인 인식표 보급
④ 치매예방 및 치매노인 간병요령 등 교육 실시, 홍보활동
⑤ 재가 치매노인에 대한 방문, 관리 실시(방문보건사업과 연계)
⑥ 치매노인의 사회적 지원에 대한 안내(장기요양보험, 치매거점병원, 주간보호시설, 장기요양시설, 치매전문 요양병원 입소 안내)

5) 치매노인 케어서비스

(1) 치매노인과 함께하기

- 일상생활을 규칙적으로 하게 한다.
- 환자가 같은 질문을 반복해도 화내지 마라.
- 인간의 존엄성이 유지되도록 한다.
- 대립하지 않도록 한다.
- 간단하고 쉬운 일을 맡김으로써 역할을 제공한다.
- 치매노인의 기억을 조금이라도 되살리도록 돕는다.
- 항상 유머를 잃지 않는다.
- 안전사항을 확인한다.
- 치매노인의 건강이 유지되도록 한다.
- 치매노인의 남은 능력을 최대한 발휘토록 돕는다.
- 고독하지 않게 한다.
- 자존심을 상하지 않게 한다.
- 항상 현실을 알려준다.
- 이야기를 나눌 때 마주보고, 천천히 명확하게 이야기한다.

(2) 치매예방 10대 수칙

- 고혈압을 치료한다.
- 당뇨병을 조절한다.
- 콜레스테롤을 점검한다.
- 비만을 조절한다.
- 심장병을 초기에 발견하고 치료한다.
- 우울증을 치료한다.
- 적절한 운동을 꾸준히 한다.
- 절대로 흡연을 하지 않는다.
- 과음은 절대 안 한다.
- 적당한 일과 취미활동을 꾸준히 한다.

(3) 치매 치료의 원칙

자아 존중감을 잘 유지할 수 있도록 도와주고 특징적인 방어기제를 평가하여 그것을 건설적으로 사용할 수 있도록 지남력장애를 극복하기 위하여 달력을 가까이 두도록 하거나, 기억력 장애에 따른 불편을 줄이기 위해 기록을 반드시 하게 하고 일일 계획표를 짜게 한다든가 하는 것처럼 인지기능의 한계성을 보완하는 방법을 찾아 준다. 또한 부정적인 관계를 줄임으로써 환자의 자아 존중감을 지지해 주는 새로운 방식의 관계를 가질 수 있도록 가족들을 도와주는 것이 중요하다.

① 정신사회적 치료

㉠ **행동지향적 치료** ; 행동의 유발요인과 결과를 평가하고 이에 따른 치료적 개입을 결정한다.

㉡ **감정지향적 치료** ; 지지적 정신치료, 회상치료, 조정치료, 감각통합 치료 등이 포함된다.

㉢ **자극지향적 치료** ; 오락치료와 예술치료를 통하여 문제행동을 줄이고 감정을 개선시킨다.

㉣ **인지지향적 치료** ; 현실지남력과 기술훈련이 포함되며, 인지적 결손을 교정하는 데 목적으로 치료한다.

② 치매증상의 단계별 치료전략

㉠ **경도**

치매노인이 효율적으로 생활에 적응하기 위해서는 어떠한 능력에 장애가 있고 어떤 능력이 아직 잘 유지되고 있는지 파악하는 것이 중요하며, 이 시기에 중요한 것은 아직 인지기능의 장애가 심하지 않을 때 환자 스스로 처리하는 것이 좋다.

㉡ **중등도**

우선 환자의 안전과 사고의 가능성을 염두에 두고 이 시기에 가족도 신체적, 심리적 부담이 증가하므로 주위의 도움을 적절히 활용하도록 하고 요양시설에 입소하는 문제를 고려하도록 한다.

㉢ 고도

다른 사람에게 전적으로 의존하게 되어 기본적인 생활, 즉 식사, 목욕, 옷 입기 등에서도 도움이 필요하고 이 시기에는 심한 심리적 부담과 상실감을 겪게 되며, 원망하는 마음이나 죄책감 등을 솔직하게 털어놓을 수 있도록 하는 것이 중요하다.

(4) 치매가족의 부양부담 경감을 위한 지원방안

① 정책적 지원방안

- 치매환자 조기발견 및 치매검사 접근성을 높이기 위한 제도적 지원체계 마련
- 저소득층 대상의 치매치료비 지원금 현실화 필요
- 치매상담센터의 확대 설치 및 운영의 내실화 필요
- 돌봄서비스의 치매지원 서비스대상자 확대지정 필요함
- 한국형 '오렌지 플랜' 개발 및 시행 필요
- 치매환자의 사회적 부양이라는 책임의식 함양 위해 '치매 서포트' 제도의 실시

② 실천적 지원방안

- 치매가족을 위한 교육, 지지집단 프로그램 실행
- 치매에 대한 의학적 이해, 치매노인의 증상 대처방법, 효과적 관계형성방법, 자기보존 전략, 집단성원 간 부양부담 공유 및 상호 지지
- 치매가족 상담과 치료 : 전화상담, 온라인 상담, 가족상담과 치료
- 휴식서비스 : 부양자 부양부담과 역할부담 경감 및 신체・정신건강 사기 증진, 가정도우미, 가정방문 간호사 파견, 여가서비스 제공
- 치매가족 자조집단 : 정서적 지지 및 자원・정보 상호교환을 하며 가족부양 기능 강화와 가족의 부양부담 경감

③ 제3차 치매관리종합계획('16~'20)

보건복지부는 2015년 12월 17일, 국가치매관리위원회를 개최하여 위와 같은 내용의 '제3차 치매관리 종합계획('16~'20)'을 확정하였다. 이번 계획 추진기간('16~'20) 동안 치매환자・가족 대상 지원예산은 약 4,807억원(국비 및 지방비)이 소요될 예정이다. 보건복지부는 '제3차 치매관리종합계획'의 실효성 확보를 위하여 정책 분야별 주요지표를 선정하고 5년

후의 변화된 모습을 목표치로 설정하여 관리할 계획이다.

제3차 치매관리종합계획('16~'20)의 주요 내용은 다음과 같다.

첫째, 예방・인식개선 : 치매정밀검진 급여전환, 치매고위험군 관리 강화, 치매안심마을 지정, 치매 파트너즈 50만명 양성, 치매예방실천지수 개발・보급

둘째, 진단・치료・돌봄 : 치매가족상담수가 신설, 치매전문병동 운영, 24시간 단기 방문요양 제공, 장기요양 치매유니트 설치 확대, 치매노인 공공후견제도 도입 검토

셋째, 가족지원 : 치매가족 여행 바우처 지원, 치매가족 온라인 심리검사 지원, 치매상담콜센터 가족상담 강화, 치매환자 소득공제 홍보

넷째, 연구・통계 : 치매연구・통계연보 발간, 치매노인 연구 코호트 구축, 치매진단 및 치료연구 지속 지원

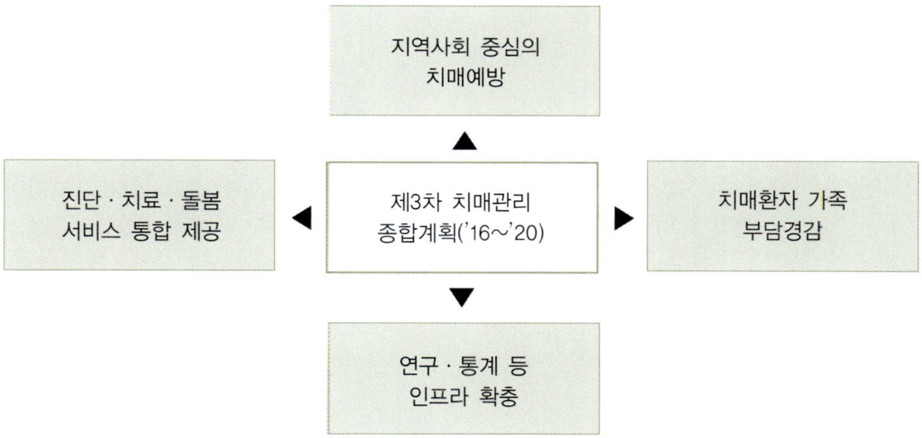

[그림 15-9] **제3차 치매관리 종합계획**(보건복지부, 2015)

(5) 치매대상자와의 의사소통

〈표 15-6〉 치매단계별 의사소통

	의사소통 손상 정도	단계별 의사소통 방법
초기	- 일관성 및 연결성 손상 - 빈번한 확인과 설명 요구 - 대화의 주제가 자주 바뀜 - 사용 어휘수의 제한성 - 물건, 사람이름 명명의 어려움 - 시제 사용 결여	- 간단하고 직접적인 언어 사용 - 대상자의 집중시간 파악 - 대상자가 응답 충분한 시간확보 - 긍정적 사건, 기억을 회상케 함 - 중요한 내용은 반복
중기	- 애매모호한 내용의 이야기 - 대화의 주제가 제한적 - 불특정 다수 지칭 용어 증가 - 사용 어휘수의 제한 증가 - 명칭 실어증 증상 - 대화 중 말이 끊기는 횟수 증가 - 적절한 어구 사용의 결여가 빈번 - 부적절한 명사 선택과 부정확한 시제 사용	- 대상자가 볼 때만 이야기 - 대상자에게 친숙한 물건 활용 - 반응할 때까지 기다려주기 - 친숙한 활동을 통해 대화 시도 - 반복해서 설명하기 - 길고 복잡한 문장 피하기
종기	- 의사소통 유지의 어려움 - 말이 없어진다(무언증) - 대화 시 눈맞춤이 어려움 - 현저한 사용 어휘의 감소 - 명명의 현저한 어려움 - 부정확한 발음 - 자발적 언어표현 감소, 타인의 말 따라함	- 대상자의 이름 부르며 이야기 - 편안하고 부드러운 모습 유지 - 대상자가 듣고 있다고 가정하기 - 적절한 스킨십 활용 - 대상자의 비언어적 메시지 확인

출처: 보건복지부(2010); 이태희 외(2014), pp.113-114.

6. 죽음과 호스피스 케어

1) 죽음에 대한 이해

(1) 죽음의 개념 및 정의

한국의 경우는 죽음을 삶과 마찬가지로 자연의 현상으로 이해하면서, 죽음을 삶의 단절로 보지 않았다. 즉, 비현실적 내세에 대해 거는 기대나 소망이 서양인들에 비해 크다고 볼 수 있다. 죽음에 대한 견해는 즉음의 유형, 죽음의 현장, 종교, 문화적 배경, 철학, 생활경험 등에 따라 다르다. 또한 죽음을 '삶의 소멸'로 인식하거나, '삶으로부터의 해방', '삶의 연장' 등으로도 의미를 두는 견해도 있다.

WHO에서는 죽음을 '소생할 수 없는 삶의 영원한 종말'이라고 정의하였으며, 임종은 죽어가는 과정 또는 죽음 전 24시간 또는 약간의 시간 연장의 과정을 말한다.

한편, 대한의사협회에서는 심폐기능의 정지상태인 심폐사 또는 뇌사로 판단하여 뇌사를 죽음으로 인정하기도 하였으며, 뇌, 심장 등 인간의 생명과 관계되는 장기의 기능이 멈추는 것으로 생물학적 죽음을 의미한다고 하였다.

그리고 사전적 정의로 임종이란 생명이 끝나 감, 죽음이 임박함, 생명이 점차 소멸되는 것으로 정의되어 있으며, 죽음은 동식물에서 소생의 가망이 없는 모든 생체기능의 영구적 정지, 생명의 종결, 죽는다는 사실이나 행동 및 과정으로 제시되어 있다.

(2) 죽음의 과정(큐블러 로스, Kubler－Ross, 1969)

① 부정(denial)하는 'no, not me의 단계'

현실감이 없고 진단을 믿지 않으며 다른 병원이나 의사를 찾아다닌다. 이것은 죽음의 두려움에 대한 완충역할을 하며, 위장적 행동으로 웃고 일하고 더 적극적인 모습을 보인다. 혼자 고민하면서 외로움을 느끼게 되고, 나를 버리지 않을까 하는 두려움을 보이기도 한다.

② 분노(anger)를 느끼는 'why, me의 단계'

거부할 수 없는 현실에 격노한다. 비합리적 행동으로 환경에 투사하기도 하며, 의료인이나 가족이 그 표적이 될 때가 많다. 불평이 많으며 관심과 위로, 심리적 안정감을 요구하는 표현을 한다. 이로 인해 슬픔, 죄의식, 수치감을 느끼기도 한다. 이 시기에는 환자를 위해 충분한 시간을 할애해 주고 분노를 사적인 일로 받아들이지 않으며 수용적인 태도를 취해주는 것이 좋다.

③ 타협(bargaining)의 단계

고통과 슬픔, 생명 연장을 위한 연기작전을 한다. 절대자와 은밀한 약속을 하고자 하며 죄의식을 갖는다. 이 단계의 기간은 짧으며 환자의 행동은 미성숙하고 어린아이 같다.

④ 우울(depression)의 단계

타협이 효과가 없음을 무효를 느끼면서 상실감이 커지고 우울해진다. 슬픔과 애통의 감정으로 행동은 유아적인 모습을 보인다. 눈물과 한숨이 많아지고, 심리적으로 약해진다. 이때에는 옆에 있어주기만 해도 된다.

⑤ 수용(acceptance)의 단계

싸움에서 패배한 것 같은 느낌으로 체념한다. 마치 내적 평화처럼 보이기도 한다. 점차로 죽음을 수용하게 되며, 이전에 자기 심증을 거쳐 간 감정들을 털어놓을 여유가 생기면 건강한 사람에 대한 질투와 분노를 이야기하게 된다.

[그림 15－10] **퀴블러 로스의 죽음의 5단계**

(3) 노년기 죽음의 의미와 태도

① 바람직스러운 노년기

그동안의 실패, 좌절, 실망과 성공에 대한 재통합이 이루어지는 시기로 인식되었다.

② 지금까지의 결과에 만족하지 못하는 노인

절망에 빠지고, 자신을 낮게 평가하며, 죽음을 미완성의 삶을 중단시키는 사건으로 인식되어졌다.

③ 생의 마지막 과업을 성취하지 못한 노인

후회, 우울, 슬픔에 잠겨 죽음으로 인생의 끝을 맺는다는 생각 때문에 죽음을 두려워한다고 한다.

한편, 노인들이 생각하는 편안한 죽음, 즉 웰다잉은 첫째, 적절한 수명, 둘째, 무병사(無病死), 셋째, 자손이나 배우자보다 먼저 죽는 것, 넷째, 자손들에게 폐를 끼치지 않고 죽는 것, 다섯째, 가족들이 다 있는 앞에서 죽는 것, 마지막으로, 자손들이 다 잘사는 것을 보고 죽는 것이다(이명숙, 2012; 이향란, 2016, 재인용).

(4) 노년기 죽음준비교육

① 죽음준비교육의 목적

첫째, 사람들로 하여금 죽음을 깊이 있게 생각함으로써 자신의 죽음을 준비시키고 자신의 죽음이 얼마나 존엄한 것인가를 느끼도록 도와주고 자신의 죽음을 특수한 개인적인 죽음을 준비하도록 도와준다.

둘째, 가족이나 친구 등 사랑하는 사람의 죽음을 경험하는 사람을 도와줌으로써 슬픔을 극복하여 인간적인 성장을 도모한다.

셋째, 죽음을 삶의 자연스러운 종결로 보도록 도와 지나친 죽음에 대한 공포와 불필요한 심리적 짐으로부터 해방시켜 준다.

넷째, 죽음에 대하여 금기시하는 것을 제거시킴으로써 사람들이 죽음에 관련된 문제나 정서지적인 것을 해결하도록 한다.

다섯째, 인간의 가치에 대해 새롭게 방향을 정립하도록 도와주고 시간의 중요성을 발견한다.

여섯째, 개인적인 죽음의 철학을 추구하도록 한다.

일곱째, 삶의 마지막 단계를 맞은 사람에게 최선의 도움을 제공하도록 하기 위해 죽음의 과정을 이해하고 그들을 인간적으로 이해하고 이해심 있게 대할 수 있도록 돕는다.

여덟째, 죽음에 관련된 윤리적인 문제를 가르친다.

출처; 노인심리상담연구원, http://cafe.daum.net/tntedu/

② 이것만은 꼭! 죽음준비 다섯 가지(유경, 2008, 유경의 죽음준비학교)

〈몸의 준비〉

- 몸의 변화를 받아들인다.
- '무의미한 연명치료 중단'에 대해 생각해 본다. 생존 시 유언서와 사전의료 지시서를 준비한다.
- 호스피스 활용과 장기기증을 생각해 본다.

〈마음의 준비〉

- 스위스의 정신의학자 엘리자베스 퀴블러 로스는 죽음에 이르는 심리과정을 거부, 분노, 타협, 우울, 수용의 다섯 단계로 나눴다.
- 죽음은 치료의 실패가 아니라 자연스러운 과정임을 인지하라.
- 죽음은 끝이 아니라 새로운 출발이고, 모두가 성장하고 성숙할 수 있는 소망의 단계임을 마음속에 새긴다.

〈법적 준비〉

- 유언과 상속을 꼼꼼하게 챙긴다. 안 그러면 후일 유족 간 분란의 씨가 될 수 있다.

〈장례와 장묘 준비〉

- 내가 원하는 장례방식을 생각해 본다.
- 변화하는 장묘에 대해 알아본다. 사별의 아픔 나누기
- 나의 죽음 준비로 끝나는 것이 아니라 타인의 죽음에 대한 준비도 함께 한다.

③ 죽음준비교육 프로그램

〈표 15-7〉 건강보험공단 웰다잉 프로그램(2015. 8.)

주제	교육장소	영등포 남부지사	아현실버 복지관	강남 서부지사	구로지사	공단본부 강당
	교육요일	월	화	수	목	금
	교육시간	14:00~16:00	10:00~12:00	14:30~16:30	10:00~12:00	16:00~18:00
	대상연령	65세 이하	65세 이상	65세 이하	65세 이상	20~30대
	대상자수	30명 내외				50명 내외
오리엔테이션/설문조사	도입	8.10	8.11	8.12	8.13	8.21
나의 이야기	1주차	8.17	8.18	8.19	8.20	8.28
소중한 사람들	2주차	8.24	8.25	8.26	8.27	9.4
아름다운 내 삶	3주차	8.31	9.1	9.2	9.3	9.11
죽음 이해하기	4주차	9.7	9.8	9.9	9.10	9.11
웰다잉	5주차	9.14	9.15	9.16	9.17	9.18
아름다운 존엄유지를 위한 준비/(수료식)	6주차	9.21	9.22	9.23	9.24	10.2

멋진 인생 멋지게 내려놓기

(아름다운 삶, 아름다운 마무리)

회기	주제	소제	준비물	효과
1회기	자신의 삶 돌아보기	인생곡선, 꽃, 그림	색연필, 유입물	자신의 삶을 회상함으로써 삶의 통합이 일어난다.
2회기	준비하는 삶	사전 의료 의향서, 사전 장례 의향서	유입물, 영상, 꽁트	언제, 어디서, 어떻게 일어날지 모르는 자신의 죽음에 대해서 스스로 준비하고 결정함으로써 당하는 죽음이 아니라 맞이하는 죽음을 통해 개인과 가족과 사회에 기여하게 된다.
3회기	정리하는 삶	정리할 물건, 일, 재산	유입물, 유서작성 버킷리스트	막연하게 생각되는 일과 물건, 재산을 정신이 있을때 리스트 만들어 봄으로써 당황하지 어떤 순간이 와도 당황하지 않을 수 있다.
4회기	화해하는 삶	용서, 화해	"한달밖에" 유입물	그동안 살아오면서 잊고 있었던 사람들(서운했던 사람, 미안했던 사람, 화해해야 할 사람)을 떠올려보면서 실제 용서를 주고받을 수 있는 기회를 가지게 된다.
5회기	새로운 인생 설계	행복나무 (건강, 경제, 친구, 의미)	"다시 삶이 주어진다면" 유입물	과거와 현재를 정리한 후 남은 삶에 있어서 새롭게 성찰한 내용을 실행에 옮길 수 있는 결단의 기회를 가질 수있게 된다.

출처: 해피엔딩.웰다잉과 장례. http://blog.daum.net/jjdupi/3675347

2) 호스피스케어의 이해

(1) 호스피스의 정의

호스피스의 어원은 라틴어의 라틴어인 'hospice(손님)' 'hospitium(손님 접대, 손님을 맞이하는 장소)'에서 기원한 것으로 알려져 있다. 호스피스는 낯선 사람 혹은 손님을 의미하며, 중세시대 유럽에서 나온 말로 여행자들을 위한 숙소를 제공하거나 아픈 사람, 죽어 가는 사람들을 보호하기 위한 곳으로 알려졌다.

현대 호스피스의 창시자는 19세기 중엽에 Charity수녀회 소속인 Dublin이었다. 현대적 의미의 호스피스 개념은 영국 여의사인 시실리 손더스(Sicely Saunders)에 의해 시작되었으며, 미국 호스피스협회(NHO)에서는 '말기환자와 가족에게 입원간호와 가정간호를 연속적으로 제공하는 프로그램'으로 정의하였다.

한편 큐블러 로스는 '호스피스는 서로의 안녕을 빌 수 있는 시작이며, 분리된 관계를 치유하며, 서로 용서를 주고받으며, 마지막 삶을 정리하여 인간의 삶에서 가장 의미 있는 기간이 될 수 있다'고 하였다.

이를 종합하면 호스피스는 말기환자와 그 가족을 위한 프로그램으로 편안하게 죽음을 맞이할 수 있도록 의학적으로 관리함과 동시에 말기에 발생할 수 있는 여러 가지 부정적 증상을 경감시키기 위해 신체적, 정서적, 사회적, 영적으로 도우며, 사별가족의 고통과 슬픔을 경감시키기 위해 지지와 격려를 제공하는 한 총체적인 돌봄이라고 할 수 있다. 즉, 죽어가는 이와 가족에게 전인적(holistic), 동정적(sympa thetic), 감정이입적(empathetic), 개별적(personal) 돌봄을 제공하는 것으로 정의내릴 수 있다.

(2) 한국의 호스피스 역사

우리나라는 1965년 강원도 강릉에서 '마리아의 작은 자매회' 수녀들이 '갈바리의원'에서 호스피스를 처음 소개하였으며, 이후 1981년 가톨릭대학교 의과대학과 간호학과 학생들을 중심으로 호스피스 활동이 시작되어 1988년에 호스피스 병동이 생겨났고, 세브란스 병원도 1988년도에 암센터에 가정 호스피스 프로그램을 시작하였고, 1992년부터는 이화여대도 가정 호스피스가 생겼다. 그 후 여러 종합병원이나 대학병원 그리고 민간단체(충북 음성 꽃동네 등)에서 호스피스 시설을 설립하여 운영하고 있다. 1991년에는 한국호스피스협회가 결성되었고, 2003년 현재 76개 병원이나 단체에서 호스피스를 실시하고 있다.

(3) 호스피스의 철학

호스피스 운동은 과학의 발달로 인한 인간 존엄성에 대한 경시와 노인 소외, 임종자에 대한 소홀 그리고 윤리관 및 가치관의 혼란에 대한 반응으로 생겨났다. 즉, 호스피스는 인간 존중과 인간이해, 자기결정(self-determinism)과 창의성을 주요시하는 인도주의(humanism)와 인간을 전체로 이해하는 총체주의(holism)를 기반으로 발전했다. 따라서 호스피스에서는 치료보다 돌봄의 개념을 강조함으로써 대상자에 대한 연민으로 표현되는 사랑이 내재되어 있다.

이와 같이 호스피스의 철학과 목적을 요약하면 다음과 같다.

① 말기환자와 임종환자 그리고 그 가족들을 돌보고 지지한다.
② 그들의 남은 생을 가능한 한 편안하게 하고 충만된 삶을 살도록 해준다.
③ 삶을 긍정적으로 받아들이며 죽음은 삶의 자연스런 일부분으로 받아들인다.
④ 호스피스는 삶을 연장시키거나 단축시키지 않는다.
⑤ 환자와 그 가족의 요구에 부응하도록 가능한 한 모든 자원을 이용하여 신체적, 사회심리적, 영적 요구를 충족시키고 지지하며 죽음을 준비하도록 돕는다.

(4) 호스피스의 대상자 선정기준

① 암으로 연명기간이 6개월 이내로 진단받은 환자로서, 질환의 말기상태에 있거나 치료불가능한 질병을 가진 환자로서 주치의나 담당자가 호스피스 돌봄을 추천하는 환자
② 환자나 가족이 진단을 이해하고 비치료적인 간호를 받기로 결정한 환자
③ 가족이나 친지가 없어 호스피스의 도움이 필요한 환자
④ 치료적 처치의 효과를 더 이상 기대하기 어려운 환자
⑤ 통증완화 및 증상관리를 주 목적으로 하는 환자로서 의식이 또렷하고 의사소통이 가능한 자
⑥ 호스피스의 대상은 환자는 물론 그 가족까지 포함한다.

(5) 호스피스케어의 종류

호스피스는 장소에 따라 구분되며, 미국의 다섯 가지 모델은 다음과 같다.

① 홈 케어 : 집에서 받는 케어는 가끔 전문가와 자발적인 봉사자들에 의해 도움을 받는다.
② 건강 케어기관 혹은 간호협회에 의해 제공되는 유형으로 집에서 받는 케어
③ 호스피스 시설의 케어
④ 병원 호스피스 : 특별한 단체 혹은 고통의 경감을 강조하는 케어 기관이다
⑤ 요양원(nursing home)의 케어 : 호스피스의 형태를 가진 가장 최근의 케어

▸한국호스피스의 유형과 관리

① **독립형 시설 호스피스 :** 병원 밖에 독립시설을 갖추고 전인적인 호스피스 봉사를 제공하는 형태
② **산재형 :** 병원 내 일반 환자와 말기 환자가 섞여있는 상태에서 호스피스 봉사를 제공한다.
③ **병동형 :** 병원 내 호스피스 환자만을 위한 특별 병동이 별도로 설치되어 봉사를 제공한다.
④ **재가형 :** 경제적 이유로 가정에 머물고 있는 말기 환자에 대한 호스피스이다.
⑤ **호스피스 전용병원 :** 독립형 시설 호스피스에 병동형, 가정형의 장점을 모두 갖추고, 호스피스환자에 대한 전인적(영적 · 정신적 · 육체적) 지지와 돌봄을 제공하는 종합적인 호스피스의 형태이다.

보건복지부는 말기암 환자가 자택에서도 호스피스서비스를 받을 수 있도록, 2016년 3월 2일부터 '말기암 가정 호스피스 · 완화의료 시범사업'을 17개 기관에서 실시한다고 밝혔다. 복지부 관계자는, "가정 호스피스는 호스피스 전달체계의 기본이라고 강조하며, 생의 마지막 기간을 우리가 살고 있는 지역사회에서 사랑하는 가족 · 이웃과 함께 존엄하고 고통 없이 지낼 수 있도록, 시범사업을 통해 가정 호스피스 제도를 충실히 만들어가겠다."고 밝혔다. '말기암 가정 호스피스 시범사업'은 서울성모병원, 충남대병원, 국민건강보험공단 일산병원, 대구의료원, 서울시 북부병원, 모현센터의원 등 총 17개 의료기관에서 1년 간 실시한 후, 제도를 더욱 발전시켜 본 사업으로 확대 시행할 예정이다.

이번 시범사업은 말기암 환자를 대상으로 하나, '16. 2월에 제정된 「호스피스완화의료

및 임종과정에 있는 환자의 연명의료결정에 관한 법률」이 시행('17. 8월)되면, 말기암뿐만 아니라 후천성면역결핍증(AIDS), 만성간경화, 만성폐쇄성호흡기질환 등에 대해서도 호스피스를 적용할 계획이다. 가정 호스피스 이용에 대한 상세한 사항은, '건강보험심사평가원 홈페이지(www.hira.or.kr) → 제도・정책 → 보험제도 → 완화의료'에서 확인할 수 있고, 02−2149−4670, 4674(건강보험심사평가원 급여기준실)로 전화하면 자세한 내용을 직접 문의할 수 있다.

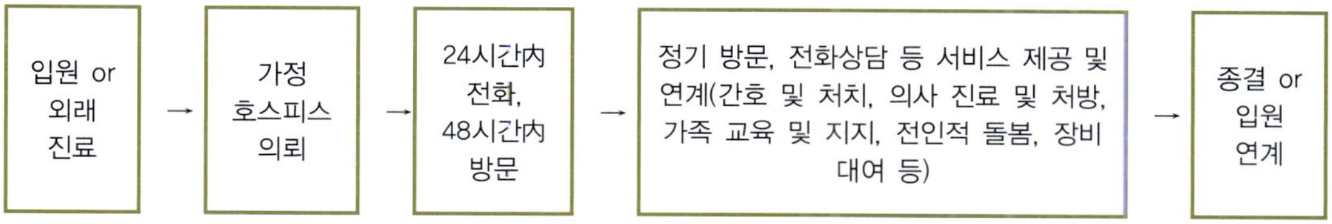

[그림 15−11] **보건복지부 가정 호스피스・완화의료 시범사업 신청절차**(2015)

▸ **방문료**
- (의사) 초회 방문료 102,310원 수준 (환자 부담 5,120원)
- (의사) 재방문료 71,620원 수준 (환자 부담 3,580원)
- (간호사) 65,160원 수준 (환자 부담 3,260원)
- (사회복지사) 41,130원 수준 (환자 부담 2,060원)

▸ **교통비** : 거리・시간 구분없이 7,690원 수준 (환자 부담 380원)

▸ **임종 가산** : 가정에서 임종 시 방문료 30% 가산

※ 말기암 호스피스 환자 본인부담률 5%

(6) 호스피스 팀과 역할

호스피스 팀은 조정자(coordinator)가 있어서 팀 구성원을 조정하며 팀 구성원이 그들의 역할을 제대로 하도록 중재역할을 하며, 통합된 팀이 되도록 한다.

호스피스 구성요원으로 전문팀에는 조정자, 간호사, 가정간호사, 의사, 사회사업가, 사목자, 약사, 영양사, 심리학자, 치료사(물리치료사, 작업치료사, 언어치료사, 예술치료사, 음악치료사)가 있으며, 비전문 팀에는 환자, 가족 및 자원봉사자 등으로 구성되어 있다. 이 구성원 중 가장 밀접한 관계가 있는 팀은 호스피스 대상자 가족이라 할 수 있다.

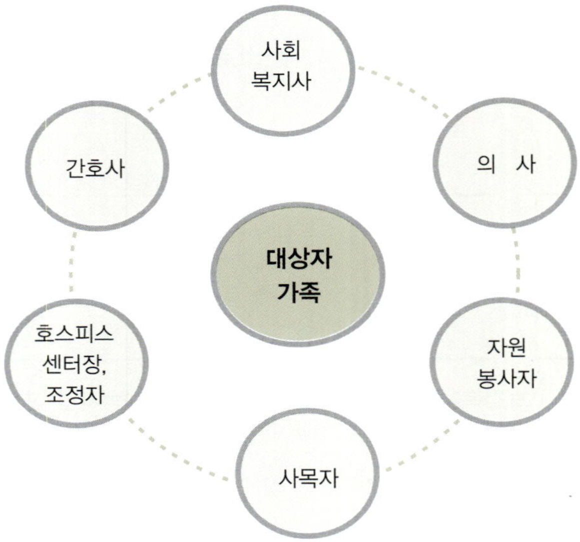

[그림 15-12] 호스피스 구성원

(7) 호스피스 대상자의 특성과 케어

① 신체적 특성과 케어

활력이 떨어진다, 소변량 감소, 그르렁거림, 의식이 점차 흐려진다, 극도의 불안상태를 보이기도 한다, 음식과 수분의 섭취량이 감소한다, 호흡이 불규칙적으로 변한다, 맥박이 점차 느려진다(심장의 박출량 감소), 기억력이 흐려진다, 청각과 시력이 감퇴된다 등이다. 임종이 임박하면 무호흡과 과소 환기의 특성을 지닌 체인 스톡스 호흡(Cheyne Stoke's Respiration)이 나타난다.

㉠ 전신쇠약감에 대한 케어

원인을 찾아 교정하거나 경감시키고, 환자가 일상생활을 할 수 있도록 도와주며 취미생활을 가지도록 한다.

㉡ 입마름과 입안관리

첫째, 2~4시간 간격으로 입안관리를 해주며, 입술에 바세린을 바르고, 침샘을 자극하는 음료나 음식을 제공한다.

둘째, 자주 양치질을 하고, 소다수나 소독약으로 입안을 헹구며, 틀니는 소독액에 담그고 닦는다.

셋째, 입안에 궤양이 있을 경우나 아픈 경우 원인을 찾아 치료한다.

넷째, 입맛의 변화로 불쾌감을 느끼거나 입냄새가 날 경우 비타민 C나 아연을 사용할 수 있다(식욕부진, 수면장애, 변비, 가려움증, 피부관리, 욕창 등 문제).

② 심리 · 사회적 케어

- 환자나 가족의 두려움을 감소시킨다.
- 환자의 심리, 정서간호에 가족을 포함시킨다.
- 가족행사 또는 소식에 환자를 제외시키지 않는다.
- 환자나 가족이 질병에 대해 부정하고 거부하는 심리가 있음을 이해하고 희망을 준다.
- 예견되는 가족이나 환자의 슬픔과정에 자녀도 포함시킨다.
- 죄의식을 감소시킨다.
- 가까운 사람과 서로 함께 있고 싶어 하는 욕구를 만족시킨다.
- 가족을 위로하고 정서적으로 지지해준다.
- 주변에 있는 가능한 지지그룹을 동원한다.
- 죽음이 임박한 사실에 대해 실감하고 인정하여 준비하도록 환자와 가족을 돕는다.
- 가족의 신체적 부담감 감소를 도와준다.
- 환자의 임종 순간을 도와준다.
- 유가족의 슬픔을 정신적으로 극복하도록, 실질적이고 자존감을 향상시킬 수 있도록 도움을 준다.

③ 사회 · 경제적 특성과 케어

환자는 오랜 기간 동안 투병생활을 하는 동안 경제적 어려움을 겪는다. 직업의 중단 · 상실에 따른 수입의 감소, 막대한 치료비 등의 지출로 경제적인 어려움이 있으며, 이러한 경제적 고통은 또 다른 파생적 어려움이 있다. 또한 자신으로 인한 이사, 자녀의 학업중단,

바라던 일의 중단, 가족 내의 문제에 등에 대한 가중된 부담으로 작용하기도 한다.

이러한 문제들에 대한 지원책은 경제적 부조나 지역사회의 물적·제도적 자원 알선, 지원이 필요하다. 이를 위하여 지역사회 자원체계의 공동정보망을 활용하는 등 환자와 가족에게 필요한 자원을 지원하고, 후원자 연결, 각종 기금 조성에 힘써야 할 것이다.

④ 영적 케어

임종환자의 남은 생애 동안 삶의 질을 높여주며 하느님, 자신, 이웃, 환경과 올바른 관계를 유지함으로써 현재의 상황과 죽음을 긍정적으로 수용하고, 내세에 대한 희망 속에서 평온한 죽음을 맞이하도록 도와주는 데 있다.

영적 욕구란, 삶의 의미 및 목적을 추구하려는 욕구, 용서에 대한 욕구, 사랑과 관심에 대한 욕구, 희망에 대한 욕구 등이다.

영적 고통은 '힘과 희망의 근원이 되는 믿음이나 가치체계의 붕괴를 경험하는 위험한 상태'(Carpenito, 1983)로, 이에 대한 적절한 도움이 필요하다. 이에 호스피스 대상자의 영적인 상태는 영적 고통에서 영적 안녕에 이르는 연속선상에서 기복을 나타낸다.

⑤ 사후 케어

임종 시 의사로부터 죽음이 선고되고 결정되었다고 하더라도 인간적 존엄을 존중하고 가족에 대한 위안을 생각해서 행하는 것이 중요하다. 가족에게 애도의 뜻을 전하고 잠시 자리를 피한 후, 사후경직이 일어나기 전에 다음과 같이 사체(死體)를 정리한다. 우선 대변기와 소변기를 대고 하복부를 압박하여 배변과 배뇨를 처리한 후 체강(體腔: 비강, 구강, 외이도, 항문, 직장, 질 등)을 솜으로 막는다. 그리고 하비텐 액(液) 0.02%의 미지근한 물로 안면과 전신을 닦는다(이경희·서화정, 2002; 박차상 외, 2011). 정발(整髮)미용은 가족의 희망에 따르지만, 머리카락을 풀고 여성은 옅은 화장, 남성은 수염을 깎는다. 그리고 눈꺼풀과 입을 닫도록 하고 의치를 뺀 경우 끼워서 얼굴형태를 바르게 한다. 그리고 준비된 의류를 속옷부터 순서대로 입히도록 한다. 대개 이런 형태로 사후 케어를 하지만, 생전에 본인이 원하거나 가족의 풍습에 따라 상담하여 행하는 것이 중요하다.

⑥ 사별 후 유가족에 대한 케어

목적은 사별로 인한 충격을 완화시켜 상실로 인한 슬픔의 과정을 극복하여 일상생활과 사회생활에 적응할 수 있도록 하며, 지속적이고 적극적으로 사별가족의 위기와 질병으로부터 예방하고 정상적인 삶을 살아가도록 돕는 것이다.

가족에 대한 케어의 시기는 사망 후 최소 1년으로 본다.

방법은 가정방문, 전화방문, 편지 보내기, 유가족 모임 등의 다양한 방법이 있다.

▶ **유가족에 대한 실제적 케어**

- 마음으로 가족의 이야기를 듣는다.
- 마음을 함께 한다.
- 상투적인 말을 피한다.
- 슬픔의 독특한 양상이 가족마다 다툼을 일으킨다.
- 실제적인 도움을 준다.
- 자주 접하도록 노력한다.
- 사별가족과 '함께 걷는 것'으로 인생의 가장 소중한 선물 즉, 당신 자신을 주고 있는 것이다.

(8) 노인 호스피스에서 주의할 점

노인 호스피스의 중요점은 노인의 삶의 질, 임종 노인의 품위 있는 죽음, 자살과 안락사 그리고 사별노인의 지지 등이다. 대부분의 노인은 죽을 때까지 자신의 삶의 질이 높은 상태로 유지되기를 원한다. 특히 과거의 삶이 보람되고 노인 자신이 의미 있는 존재이기를 염원할 수 있다. 따라서 임종기간 중에 노인에게 스스로 삶의 과정을 돌아볼 수 있도록 시간과 방안을 제시할 수가 있다.

이와 같이 노인에게 품위 있는 죽음은 자신의 삶이 완성기에 도달했다는 것과 죽음을 수용할 준비가 되어 있음을 포함한다. 이러한 통합에는 노인의 총체적 요구들이 충족되어야 하며, 물리적 · 환경적 요인들드 노인 죽음에 대해 지지해야 한다. 그 중 임종 노인에서는 영적 요구는 충족이 더욱 중요하다고 할 수 있다. 그 까닭은 노인이 자신의 존재를 긍정적으로 평가하고, 초월적 존재인 신과의 교류가 있을 경우 죽음과 관련된 여러 가지 고통이나 어려움 속에서도 그 의미를 찾을 수 있기 때문이다. 따라서 영적인 부분과 종교와의 연계는 노인 호스피스에서 매우 중요한 역할을 할 수 있다. 그러나 원하지 않는 종교에 대해 강압적인 권유나 절차는 유의하여야 할 것이다.

(9) 호스피스 교육의 필요성과 대안

- 호스피스제도의 정착, 호스피스 표준화에 대한 합의가 필요
- 정규 교과과정을 통해 죽음과 삶에 대한 이해가 필요
- 적극적인 홍보를 통해 죽음에 대한 일반 대중의 태도 변화 필요
- 호스피스에 대한 관심의 고취
- 호스피스서비스를 쉽고 저렴하게, 그리고 지속적으로
- 이용할 수 있게 다양한 시설과 프로그램을 마련
- 양질의 호스피스를 제공할 전문가들과 자원봉사자를 위한 체계적인 교육 프로그램이 시행
- 많은 사람들이 호스피스 서비스를 받을 수 있도록 국가적으로 법적 장치 및 정책을 마련

학습 실천과제

1. 노인 치매케어에서 가장 우선시되어야 할 점은 무엇인지 논의해 봅시다.
2. 케어복지사와 케어매니지먼트의 차이점은 무엇인지 분류하여 설명해 봅시다.
3. 호스피스케어의 원칙에 대해 토론해 봅시다.

16

실버산업과 노인복지의 전망

1. 실버산업의 이해

1) 실버산업 및 고령친화산업의 개념

실버산업의 용어는 1980년대부터 우리나라와 일본에서 사용하기 시작하였으며, 일본은 '실버 서비스', '실버 비즈니스' 등으로 일컬어졌으며, 서구사회에서는 'elderly market', 'mature market' 등으로 칭하기도 하였다.

실버산업(silver industry)이란, 노인을 대상으로 한 상품과 서비스 또는 노령기에 그 효력을 발생하게 되는 상품과 서비스를 시장경제의 원칙에 입각하여 생산하고 공급하는 활동"(최성재, 1995)이며, 대개 고령친화산업으로도 칭하기도 한다. 즉, 실버산업은 고령자를 대상으로 상품이나 서비스를 시장경제원리에 의하여 생산 · 공급 · 판매 · 유통하여 공익에 증진하는 산업으로, 고령화 사회를 맞이하여 주요 사업으로 성장하고 있으며, 수요와 기대가 높아지고 있다. 이러한 실버산업은 경제시장의 한 영역에 속하지만, 노인을 대상으로 한다는 점과 해당 시장에서 제공되는 서비스의 성격과 사회적 기능이 일반적 경제시장과 다르다는 점에서 사회시장의 성격을 더불어 갖고 있어 양면성의 개념을 포함하고 있다고 할 수 있다.

한편, 고령친화산업진흥법(2007)에서는 노인을 주요 수요자로 하는 고령친화제품 또는 서비스를 연구 · 개발 · 제조 · 건축 · 유통 · 판매하는 산업으로 정의내렸으며, 삼성경제연구소 · 삼우설계(1992)에서는 '고령층의 정신적 · 육체적 기능을 향상시키거나 유지시키고 고령자의 완전한 사회활동을 위하여 민간이 시장경제에 입각해서 상품이나 서비스를 공급하는 산업'으로 개념화하였다.

2) 실버산업 개념의 구성요소

첫째, 고령친화산업의 대상은 노인이나 혹은 노후를 대비하는 연령층이다.

둘째, 서비스 제공주체 혹은 운영주체가 주로 민간 차원을 중심으로 한다.

셋째, 서비스의 제공은 시장경제의 원리에 의해 공급하는 것이다.

즉, 고령친화산업 및 실버산업이란 '고령자 및 예비고령자들의 정신·육체적 건강유지 및 증진을 위해 민간기업이 시장경쟁원리를 통해 고령자의 욕구에 맞는 상품·서비스를 제공하는 산업'으로 정의할 수 있다.

3) 실버산업의 등장배경과 특징

(1) 실버산업의 등장배경

급속한 노인인구의 증가는 복잡하고 다양한 문제들을 불러일으킬 수 있으며, 이러한 문제는 사회복지제도만으로는 한계가 있다. 현재 우리나라는 생활수준의 향상으로 노인들의 욕구수준도 향상되고 있는 실정이다. 이에 노인들의 욕구와 문제는 전 노인계층에 공통적으로 나타나고 있다. 1993. 12. 노인복지법의 개정으로 영리단체나 개인사적 단체들 및 개인도 유료양로시설 및 유료 재가노인복지서비스의 운영이 가능하도록 허용하게 되었다. 즉, 실버산업의 배경은 고령인구의 증가, 노인의 복지욕구의 다양화와 고급화, 가족기능의 변화, 고령자의 경제력 향상, 노년공학의 발달 등으로 요약할 수 있다.

여기에서 노년공학(gerontechnology)은 노년학(gerontology)과 기술(technology)이 결합된 용어이다. 노년공학은 인간공학의 한 분야로서 노인의 일상생활에서 일어나는 여러 가지 신체적·정신적·기능적 문제를 공학기술을 활용해서 해결함으로써 노인 및 노인부양자의 최적생활을 추구하는 것이다.

(2) 실버산업의 특징

첫째, 국가가 실버산업체계를 인정하고 국가가 관여하므로 사회복지 성격을 지닌 산업이다.

둘째, 시장경제 원리에 따라 공급되는 수익자부담의 영리산업이다. 실버산업의 공급주체는 국가보다는 민간부문의 주도에 의해 시장경제원리에 따라 상품과 서비스가 공급되는

영리 추구형 산업이다

셋째, 시간소비형 산업, 여성주도형 산업이다. 실버산업은 60세 이상 노인 중 여성이 차지하는 비율이 60% 이상이다.

넷째, 정보산업, 다품종 소량형 생산과 공급이 주류이다. 실버산업은 다양하고 변화에 민감한 '소형시장의 합'으로 대기업보다 중소기업이 유리한 특성을 지닌다.

다섯째, 평판사업, 서비스 지향형 산업이다. 고령자들은 건강과 생명에 대한 욕구가 높을 것이며 따라서 이를 충족해야 한다.

여섯째, 노동집약적 산업이다. 실버산업은 매우 세분화된 서비스의 제공이 필요하므로 특정한 자격을 갖춘 노동력이 많이 소요되는 산업이다.

일곱째, 정보산업이다. 실버산업은 노인고객의 관리와 정보가 사업성패를 가져올 수 있다.

한편, 우리나라 노인 65세 이상이 받고 싶은 서비스는 시간이 흘러도 건강검진서비스가 가장 높은 것으로 나타났으며, 다음으로 간병서비스, 취업알선, 가사, 여가 프로그램 등으로 나타났다.

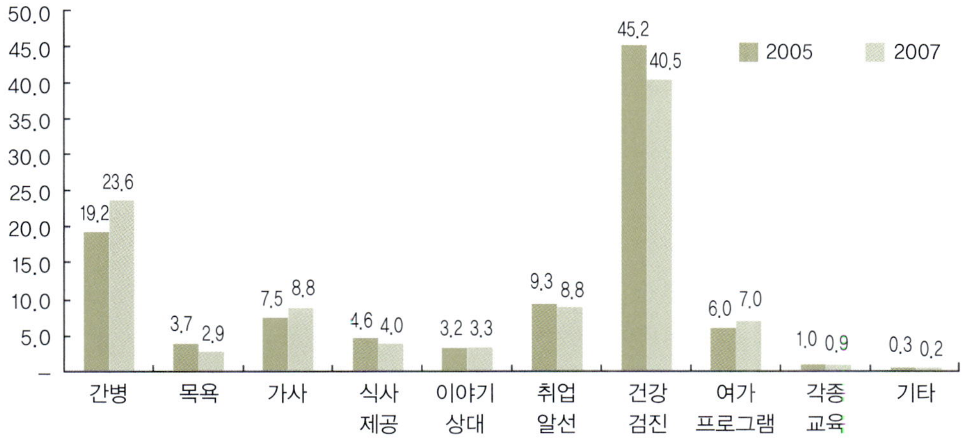

[그림 16-1] 65세 이상 받고 싶은 서비스(%)

출처: 김욱 외(2012), 재인용

4) 실버산업의 분야와 현황

현재 우리나라의 실버산업의 분야는 매우 다양화되고 있다. 하지만 한국의 실버산업은 아직 활성화되지 않았으며, 고령친화제품에 대한 인식이 다소 부족하다. 또한 관계법령 및 제도 미비 등으로 내수기반과 공급기반이 취약하며, 소득이 낮은 고령자가 보험 없이 고령친화제품을 구입하기 어렵다. 또한 고령친화산업은 중소기업적 특징을 갖고 있으나, 참여 부족으로 고령친화제품시장의 협소 및 국제경쟁력 확보와 수출산업화에 어려움이 있다.

그러나 노인인구 증가와 케어서비스 필요성이 증가하면서 복지용구・금융・주거・여가 분야가 성장할 것으로 예상되며, 우리나라 실버시장 규모도 2010년 22조원에서 2018년에는 4배 수준인 84조원으로 급성장할 것으로 예상되고 있다(중소기업청).

고령친화산업의 유형을 품목별로 구분해보면 다음과 같다.

〈표 16-1〉 고령친화산업의 유형

부 문		전략 품목
1차: 8대 산업 (19개 품목)	요양	재가요양서비스
	기기	재택/원격진단/진료 및 휴대형 다기능 건강정보시스템, 한방의료기기, 간호지원 및 실내외 이동지원시스템
	정보	홈케어, 정보통신보조기기, 노인용 컨텐츠 개발
	여가	고령친화휴양단지
	금융	역모기지연금, 자산관리서비스
	주택	고령자용주택개조, 실비고령자용임대주택
	한방	한방보건관광, 항노화 한방 기능성식품, 노인용 한방화장품, 노인성질환한약제제개발
	농업	고령친화귀농교육, 전원형고령친화 농업테마타운, 은퇴농장
2차: 6대 산업 (15개 품목)	교통	저상버스, 고령자 감응 첨단신호기, 형광표지판
	식품	특수의료용도식품, 건강기능식품
	의약품	신경계용약, 순환계용약, 대사성 의약품
	장묘	화장 및 납골용품, 웰엔딩준비 및 체험교실, 개장 및 이장서비스
	의류	건강보조 스마트웨어, 건강개선용 레저스포츠웨어, 체형보정용 이너웨어
	교육	일자리 교육 및 훈련

출처: 저출산고령사회위원회/보건복지부, 고령친화산업 활성화전략(2006); 고재욱 외(2010), 재인용.

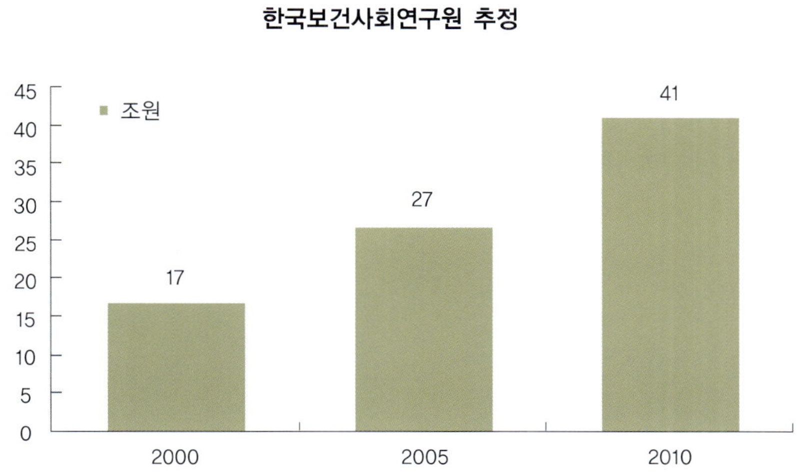

[그림 16-2] 우리나라 실버산업의 규모

출처: 한국보건사회연구원(2010). https://www.kihasa.re.kr/

한편, 이미 미국에선 이러한 실버 케어 스타트업이 발돋움하고 있다. 노인 돌보미 매칭 서비스 스타트업 아너(Honor)는 돌보미의 서비스 경력과 전문기술, 언어 등을 분석해 적합한 노인에게 연결시켜 줌으로써 노인 맞춤형 서비스를 제공한다. 또 노인의 모국어가 영어가 아닌 경우 모국어에 맞는 돌보미를 매칭시켜 주기도 한다. 아너는 지난해 주요 벤처투자자 안드레센 호로위츠와 최대 맛집 리뷰 사이트 업체 옐프 등으로부터 2000만 달러(약 239억원) 투자를 유치했다. 이에 따라 앞으로는 부족한 노인의료서비스를 채워줄 '실버 케어' 스타트업이 각광받을 것으로 예상된다. 노인을 상대로 한 범죄나 고독사로 외로이 삶을 마감하는 노인이 늘어남에 따라 노인 돌봄 서비스도 새로운 시장으로 떠오르고 있다. 지난해 미국 실리콘밸리 내 노인 돌봄 관련 서비스 스타트업 수는 약 211개, 평균 기업가치는 약 443만 달러(약 53억원)이다. 경제전문가들은 "실버 케어 분야는 이제 발돋움하는 단계다. 그러나 10년 후에는 해당 시장이 8억, 5800만 달러(약 1조 316억원) 규모로 빠르게 성장할 것"이라고 전망했다.

한 경제전문가에 따르면 "한국은 노인을 위한 복지시스템이 다른 선진국에 비해 미흡하고 사각지대가 많기 때문에 실버 케어 산업은 오히려 국내에서 더 큰 시장이 될 수 있다"며 "고령화가 심화될수록 노인을 위한 헬스 케어와 취미활동을 기반으로 한 창업이 활성화될 것"이라고 전망했다(머니투데이, http://www.mt. co.kr/view).

다음은 실버산업 분야별 현황을 요약하여 정리한 내용이다.

(1) **주거관련분야 :** 영세 노인 및 경제력 있는 건강한 노인 대상에 포함되며, 민간의 유료노인복지시설(유료양로원, 실버타운, 노인아파트, 노인전용주택, 은퇴농장, 실버텔) 등이 해당된다.

[그림 16-3] 영주 다락원 실버텔 & 오산 로뎀 실버텔

출처; http://blog.naver.com/shin5964/220042969925, http://www.rothemsilvertel.co.kr/

[그림 16-4] 용인 삼성노블카운티 실버타운

출처; http://samsungnc.com/

(2) **재가복지서비스 분야 :** 고령인구 증가 및 만성질환 노인 증가, 노인의 가정 내 케어가 어려운 사회 ·경제적 변화 요인으로 인해 노인의 보건 의료서비스 및 수요가 증가하고 있는 추세이다. 가족봉사원파견서비스, 주간보호서비스, 단기보호서비스 등이 해당된다.

(3) **의료관련 분야 :** 고령친화산업 분야에서 의료·요양 서비스가 가장 중요한 분야이며 수요가 매년 늘어날 것으로 전망된다. 이에 해당되는 것은 병원부문(노인전문병원, 요양병원), 건강 및 복지기기 부문(전자혈압계, 저주파치료기, 당뇨측정기, 성인기저귀, 욕창방지용 쿠션, 특수변기, 지팡이, 자동목욕기, 마사지기) 등이 해당된다.

(4) **여가활동 분야 :** 고령자들이 경제적 여유로 여가에 대한 뚜렷한 소비특성을 지니고 있으며, 수요가 점차 증가하고 있기 때문에 여가 발전을 위한 방안 마련이 시급하며, 고령자 취업, 고령자 교육(노인대학, 노인교실), 고령자 조직의 활성화 요구(각종 노인클럽; 골프, 승마, 낚시, 게이트볼, 연극, 국악) 등이 있다.

(5) **생활관련 분야 :** 의류부문, 식품부문, 생활용품 부문 등이다.

(6) **금융관련 분야 :** 아직까지는 금융상품에 대한 이용도가 낮고, 금융상품리스크에 대한 불안으로 활성화되지 못하고 있는 상황이며, 국민연금, 금융기관의 노후 관련 연금, 각종 보장보험, 자산관리 등이 있다.

(7) **복지용품 분야 :** 장애 고령자가 재활을 위해 필요한 용품을 의미하며, 활동보조용품 및 기기, 재가간호용품, 물리치료용품 등이 포함된다.

〈표 16-2〉 우리나라 실버시장의 분야별 규모 예측

(단위: 십억 원, 1990년 불변가격)

구 분	점유율 (%)	1996		2000		2005		2010	
		65+	60+	65+	60+	65+	60+	65+	60+
주거관련	26.2	2,742	4,380	4,127	6,492	6,623	9,898	9,659	14,118
보건 · 의료	22.1	2,312	3,695	3,481	5,476	5,586	8,349	8,147	11,909
여가활동	27.5	2,877	4,597	4,331	6,814	6,951	10,389	10,137	14,819
교육	1.7	177	284	267	421	429	642	626	916
관광 등	25.8	2,700	4,313	4,064	6,393	6,522	9,747	9,511	13,903
생활관련	24.2	2,532	4,045	3,811	5,996	6,117	9,142	8,920	13,040
의류	6.1	638	1,019	960	1,511	1,542	2,304	2,248	3,287
식품 등	18.1	1,894	3,026	2,851	4,485	4,575	6,838	6,672	9,753
합 계	100.0	10,463	16,717	15,750	24,778	25,277	37,778	36,863	53,886

출처: 한국보건사회연구원, 정우진

5) 고령친화산업의 과제 및 발전방안

첫째, 고령친화산업 수요 증가에 따른 신뢰성 있는 통계생산 및 정부의 산업정책 수립을 위한 정보 제공이 필요하다.

둘째, 선정된 전략품목 및 활성화 과제에 대한 범부처적 협력체계 마련이 필요하다. 고령친화산업은 새롭게 태어난 산업이라기보다는 고령자를 대상으로 한 부분들이 하나의 산업 영역으로 분류된 것으로 범부처적 협력을 통해서만이 미래성장동력산업으로 발전할 수 있다.

셋째, 고령친화산업 전반에 대한 산업체 지원 및 정책수립을 위해서는 지속적인 실태파악이 필요하다.

실버산업의 활성화 방안으로는 중앙 지방정부와 민간의 역할분담과 실버산업의 경영철학과 전문인력 확보에 주력을 해야 할 것이다.

다음은 국무조정실(2013)의 '창조경제_보건, 고령친화산업을 미래성장산업으로 육성'의 내용을 요약한 것이다.

다양한 보건 · 고령친화산업 육성의 필요성에 공감한 정부에서도 중장기 사업으로 '실버

의료기기 핵심기술개발(KIST)', '생활지원 지능 로봇 개발(KIST)', 단기사업으로 '실버의류 실용화기반구축', '유니버설디자인기반구축' 등을 클러스트구축사업으로 '의료기기 테크노벨리', '고령친화사업지역클러스트', '고령화 u-health care 센터' 구축사업을 지원하는 등 장·단기 기술개발 및 산업클러스트 구축을 추진하고 있다.

또한 고령친화도, 투자유발효과 등을 감안하여 산업전략부문을 8대 분야로 구분하고 다시 시장성, 국제경쟁력, 공공성 등을 고려하여 19개 품목을 지정하여 전략적으로 육성하고 있다.

다음은 보건·고령친화산업 전략품목(국무조정실)에 대한 내용이다.

〈표 16-3〉 **보건·고령친화산업 전략품목**

부 문	전 략 품 목
요양산업	재가요양서비스
기기산업	간호지원 및 실내외 이동지원시스템, 한방의료기기, 재택/원격진단/진료 및 휴대형 다기능 건강정보시스템
정보산업	홈케어, 정보통신보조기기, 노인용 컨텐츠
여가산업	고령친화휴양단지
금융산업	역보기지제도, 자산관리서비스
주택산업	고령자용 주택개조, 실비고령자용 임대주택
한방산업	항노화 한방기능성식품, 한방보건관광, 노인용 한방화장품, 노인성질환 한약제 개발
농 업	전원형 고령친화농업테마타운, 고령친화귀농교육, 은퇴농장

출처: 국무조정실, 41대 총리 발자취, http://pmoblog.tistory.com/735

앞으로 실버산업은 노인인구의 증가, 질 높은 서비스를 원하는 다양한 욕구 상승, 사회환경의 변화로 활발하게 발전할 것으로 전망된다. 60세 노인인구 대상으로 하면 2000년대 약 25조 원, 2010년대 약 54조 원으로 증가하여 연평균 9.0%의 성장률을 나타낼 것이다(박귀영 외, 2012).

결론적으로 보건·고령친화산업의 발전을 위한 과제는 다음과 같다.

첫째, 단기적으로 정부와 고령자를 연결하는 보건·고령친화산업을 활성화시킬 수 있도록 관련 지원제도의 수립과 국가연구개발사업의 확대, 창업지원 그리고 전문인력 양성에 매진하여야 한다.

둘째, 장기적으로는 다양하며 우수한 보건・고령친화 상품 및 서비스를 개발하고 상품화하여 국산화 및 수입대체를 실현시키고 궁극적으로 수출산업화 국가로 도약할 수 있는 시책을 마련하여야 한다.

셋째, 제도 및 기술개발 측면에서 선진국형 보건・고령친화산업을 정착시키고 국제 경쟁력 강화 및 국민의 삶의 질 향상에 기여할 수 있는 전략산업으로서 육성될 수 있도록 지원제도를 강화하여야 할 것이다(국무조정실, 2013).

2. 노인복지의 전망과 과제

1) 고령사회에 따른 사회적 변화의 전망

고령사회에 따른 사회적 변화의 추이는 다음과 같다.

첫째, 고령인구 구성의 변화와 둘째, 가족부양능력의 변화, 셋째, 산업・경제구조의 변화, 넷째, 문화・여가 욕구의 증대, 다섯째, 노년공학의 발달 등으로 요약할 수 있다.

즉, 노인의 학력과 경제력 향상 및 부양의지 감소, 여가활동, 사회참여의 증가가 예상되며, 건강상의 문제(노인성 질환 등)로 독립생활을 영위하지 못하는 고령인구가 증가하며, 반면 노인교육에 대한 욕구는 증대할 것이다. 또한, 시장경제의 큰 소비자층이 구성되고, 투표권을 가진 다수집단으로 정부와 정당에 정치적 압력을 행사할 수 있는 권력을 가지게 된다.

2) 노인복지의 과제

향후 노인복지의 과제는 다음과 같다.

(1) **노인종합복지관의 확대설치** : 지역노인의 복지욕구 충족을 위한 서비스 제공을 하기 위해 노인인구수에 비례하여 노인복지관을 설치・운영하여야 한다.

(2) **주민자치센터 노인프로그램의 활성화** : 주민자치센터 프로그램도 평생학습사회 도래와 발맞추어 진행되어야 한다. 노인교육이 여가나 오락 차원이 아닌 평생교육의 일

환으로 인식되어 적극적인 참여를 유도해야 할 것이다.

(3) **재원조달방안으로 노인복지기금의 설치 :** 노인복지의 획기적 발전을 위해서는 노인복지특별기금의 설치가 필요하다.

(4) **정책입안 체계화 :** 체계적 정책입안 마련을 위한 장기대책을 수립하기 위해 '노인생활대책위원회'를 설치한다.

(5) **노인관련연구활성화 :** 노인문제해결을 위해 노인 관련 연구소들을 통합하여 한국의 노인문제에 대한 실질적인 연구와 대책을 마련해야 한다(ex 일본의 동경도노인종합연구소, 미국의 국립노화연구소 등).

(6) **정부와 민간의 제휴 :** 노인을 위한 고령친화산업을 육성하여 가족의 문제만으로 해결할 수 없는 노인문제를 가족, 지역사회, 국가, 기업이 공동으로 해결하도록 노력해야 한다.

(7) **노인의 의식개선 :** 노인의 사회참여에 대한 사회적 격려와 지원이 필요하며, 노인교육을 담당할 전문가의 배출과 노인권익운동을 전개할 활동가의 훈련이 필요하다.

(8) **노인복지정보화시스템 구축 :** 오프라인과 온라인을 병행한 교육을 마련하고 네트워크를 활용하여 정보화 시스템을 구축한다.

(9) **노인의 소득보장 ;** 중・고령층의 안전한 근로환경을 조정하는 방안 마련을 통하여 지속적 근로활동을 통한 노후소득보장대책을 추진해야 한다.

(10) **노인의료보장정책의 개선 :** 노인의료보장과 의료서비스에 과감히 투자하고, 적절한 의료정책을 마련해야 한다. 즉, 노인 건강을 위한 건강교육 및 건강상담을 위한 보건교육사업을 국가적 프로그램으로 정착시켜 노인 건강을 위한 사회적 여건이 마련되어야 한다.

따라서 노인복지의 새로운 패러다임을 구축하고, 연령주의의 배제 및 노인부양의 현실적합성을 인지하여 노인 욕구와의 정합성(整合性)을 적용하는 한편, 노인복지서비스의 통합성·전문성을 정착시켜야 할 것이다.

학습 실천과제

1. 실버산업 혹은 고령친화산업과 노인복지와의 관계에 대하여 각자 탐색해 봅시다.
2. 우리나라의 실버산업의 특징과 방향에 대하여 토론해 봅시다.
3. 우리나라의 노인복지의 현황과 과제에 대하여 논의해 봅시다.

부록

[부록-1] 노인복지법

[부록-2] ADL 평가도구표

부록1

노인복지법

법제처30 국가법령정보센터노인복지법

[시행 2016.1.1.] [법률 제13646호, 2015.12.29., 일부개정]

보건복지부(노인정책과) 044-202-3452

제1장 총칙

제1조(목적) 이 법은 노인의 질환을 사전예방 또는 조기발견하고 질환상태에 따른 적절한 치료·요양으로 심신의 건강을 유지하고, 노후의 생활안정을 위하여 필요한 조치를 강구함으로써 노인의 보건복지증진에 기여함을 목적으로 한다.

제1조의2(정의) 이 법에서 사용하는 용어의 정의는 다음과 같다. 〈개정 2007.1.3., 2011.8.4.〉

1. "부양의무자"라 함은 배우자(사실상의 혼인관계에 있는 자를 포함한다)와 직계비속 및 그 배우자(사실상의 혼인관계에 있는 자를 포함한다)를 말한다.
2. "보호자"라 함은 부양의무자 또는 업무·고용 등의 관계로 사실상 노인을 보호하는 자를 말한다.
3. "치매"란 「치매관리법」 제2조제1호에 따른 치매를 말한다.
4. "노인학대"라 함은 노인에 대하여 신체적·정신적·정서적·성적 폭력 및 경제적 착취 또는 가혹행위를 하거나 유기 또는 방임을 하는 것을 말한다.

[본조신설 2004.1.29.]

제1조의2(정의) 이 법에서 사용하는 용어의 정의는 다음과 같다. 〈개정 2007.1.3., 2011.8.4.,

2015.12.29.〉

1. "부양의무자"라 함은 배우자(사실상의 혼인관계에 있는 자를 포함한다)와 직계비속 및 그 배우자(사실상의 혼인관계에 있는 자를 포함한다)를 말한다.
2. "보호자"라 함은 부양의무자 또는 업무・고용 등의 관계로 사실상 노인을 보호하는 자를 말한다.
3. "치매"란 「치매관리법」 제2조제1호에 따른 치매를 말한다.
4. "노인학대"라 함은 노인에 대하여 신체적・정신적・정서적・성적 폭력 및 경제적 착취 또는 가혹행위를 하거나 유기 또는 방임을 하는 것을 말한다.
5. "노인학대관련범죄"란 보호자에 의한 65세 이상 노인에 대한 노인학대로서 다음 각 목의 어느 하나에 해당되는 죄를 말한다.
   가. 「형법」 제2편제25장 상해와 폭행의 죄 중 제257조(상해, 존속상해), 제258조(중상해, 존속중상해), 제260조(폭행, 존속폭행)제1항・제2항, 제261조(특수폭행) 및 제264조(상습범)의 죄
   나. 「형법」 제2편제28장 유기와 학대의 죄 중 제271조(유기, 존속유기)제1항・제2항, 제273조(학대, 존속학대)의 죄
   다. 「형법」 제2편제29장 체포와 감금의 죄 중 제276조(체포, 감금, 존속체포, 존속감금), 제277조(중체포, 중감금, 존속중체포, 존속중감금), 제278조(특수체포, 특수감금), 제279조(상습범), 제280조(미수범) 및 제281조(체포・감금등의 치사상)(상해에 이르게 한 때에만 해당한다)의 죄
   라. 「형법」 제2편제30장 협박의 죄 중 제283조(협박, 존속협박)제1항・제2항, 제284조(특수협박), 제285조(상습범)(제283조의 죄에만 해당한다) 및 제286조(미수범)의 죄
   마. 「형법」 제2편제32장 강간과 추행의 죄 중 제297조(강간), 제297조의2(유사강간), 제298조(강제추행), 제299조(준강간, 준강제추행), 제300조(미수범), 제301조(강간등 상해・치상), 제301조의2(강간등 살인・치사), 제305조의2(상습범)(제297조, 제297조의2, 제298조부터 제300조까지의 죄에 한정한다)의 죄
   바. 「형법」 제2편제33장 명예에 관한 죄 중 제307조(명예훼손), 제309조(출판물등에 의한 명예훼손) 및 제311조(모욕)의 죄
   사. 「형법」 제2편제36장 주거침입의 죄 중 제321조(주거・신체 수색)의 죄
   아. 「형법」 제2편제37장 권리행사를 방해하는 죄 중 제324조(강요) 및 제324조의5(미수범)(제324조의 죄에만 해당한다)의 죄

자. 「형법」 제2편제39장 사기와 공갈의 죄 중 제350조(공갈) 및 제352조(미수범)(제350조의 죄에만 해당한다)의 죄

차. 「형법」 제2편제42장 손괴의 죄 중 제366조(재물손괴등)의 죄

카. 제55조의2, 제55조의3제1항, 제55조의4제1호, 제59조의2의 죄

타. 가목부터 차목까지의 죄로서 다른 법률에 따라 가중처벌되는 죄

[본조신설 2004.1.29.]

[시행일 : 2016.12.30.] 제1조의2

제2조(기본이념) ① 노인은 후손의 양육과 국가 및 사회의 발전에 기여하여 온 자로서 존경받으며 건전하고 안정된 생활을 보장받는다.

② 노인은 그 능력에 따라 적당한 일에 종사하고 사회적 활동에 참여할 기회를 보장받는다.

③ 노인은 노령에 따르는 심신의 변화를 자각하여 항상 심신의 건강을 유지하고 그 지식과 경험을 활용하여 사회의 발전에 기여하도록 노력하여야 한다.

제3조(가족제도의 유지·발전) 국가와 국민은 경로효친의 미풍양속에 따른 건전한 가족제도가 유지·발전되도록 노력하여야 한다.

제4조(보건복지증진의 책임) ① 국가와 지방자치단체는 노인의 보건 및 복지증진의 책임이 있으며, 이를 위한 시책을 강구하여 추진하여야 한다.

② 국가와 지방자치단체는 제1항의 규정에 의한 시책을 강구함에 있어 제2조에 규정된 기본이념이 구현되도록 노력하여야 한다.

③ 노인의 일상생활에 관련되는 사업을 경영하는 자는 그 사업을 경영함에 있어 노인의 보건복지가 증진되도록 노력하여야 한다.

제5조(노인실태조사) ① 보건복지부장관은 노인의 보건 및 복지에 관한 실태조사를 3년마다 실시하고 그 결과를 공표하여야 한다. 〈개정 2008.2.29., 2010.1.18.〉

② 보건복지부장관은 제1항에 따른 실태조사를 위하여 관계 기관·법인·단체·시설의 장에게 필요한 자료의 제출 또는 의견의 진술을 요청할 수 있다. 이 경우 관계 기관·법인·단체·시설의 장은 정당한 사유가 없으면 그 요청에 따라야 한다.〈신설 2015.1.28.〉

③ 제1항의 규정에 따른 조사의 방법과 내용 등에 관하여 필요한 사항은 보건복지부령으로 정한다.〈개정 2008.2.29., 2010.1.18., 2015.1.28.〉

[본조신설 2007.1.3.]

제6조(노인의 날 등) ① 노인에 대한 사회적 관심과 공경의식을 높이기 위하여 매년 10월 2일을 노인의 날로, 매년 10월을 경로의 달로 한다.

② 부모에 대한 효사상을 앙양하기 위하여 매년 5월 8일을 어버이날로 한다.

③ 삭제〈2011.8.4.〉

제6조(노인의 날 등) ① 노인에 대한 사회적 관심과 공경의식을 높이기 위하여 매년 10월 2일을 노인의 날로, 매년 10월을 경로의 달로 한다.

② 부모에 대한 효사상을 앙양하기 위하여 매년 5월 8일을 어버이날로 한다.

③ 삭제〈2011.8.4.〉

④ 범국민적으로 노인학대에 대한 인식을 높이고 관심을 유도하기 위하여 매년 6월 15일을 노인학대예방의 날로 지정하고, 국가와 지방자치단체는 노인학대예방의 날의 취지에 맞는 행사와 홍보를 실시하도록 노력하여야 한다.〈신설 2015.12.29.〉

[시행일 : 2016.12.30.] 제6조

제6조의2(홍보영상의 제작?배포?송출) ① 보건복지부장관은 노인학대의 예방과 방지, 노인학대의 위해성, 신고방법 등에 관한 홍보영상을 제작하여 「방송법」 제2조제23호의 방송편성책임자에게 배포하여야 한다.

② 보건복지부장관은 「방송법」 제2조제3호가목의 지상파방송사업자에게 같은 법 제73조제4항에 따라 대통령령으로 정하는 비상업적 공익광고 편성비율의 범위에서 제1항의 홍보영상을 채널별로 송출하도록 요청할 수 있다.

③ 보건복지부장관은 「방송법」 제2조제12호의 전광판방송사업자에게 같은 법 제73조제4항에 따라 대통령령으로 정하는 비상업적 공익광고 편성비율의 범위에서 제1항의 홍보영상을 전광판으로 송출하도록 요청할 수 있다.

④ 제2항에 따른 지상파방송사업자와 제3항에 따른 전광판방송사업자는 제1항의 홍보영상 외에 독자적인 홍보영상을 제작하여 송출할 수 있다. 이 경우 보건복지부장관에게 필요

한 협조 및 지원을 요청할 수 있다.
[본조신설 2015.12.29.]

[시행일 : 2016.12.30.] 제6조의2

제7조(노인복지상담원) ① 노인의 복지를 담당하게 하기 위하여 특별자치도와 시·군·구(자치구를 말한다. 이하 같다)에 노인복지상담원을 둔다. 〈개정 2007.8.3.〉
② 노인복지상담원의 임용 또는 위촉, 직무 및 보수 등에 관하여 필요한 사항은 대통령령으로 정한다.〈개정1999.2.8.〉

제8조(노인전용주거시설) 국가 또는 지방자치단체는 노인의 주거에 적합한 기능 및 설비를 갖춘 주거용시설의 공급을 조장하여야 하며, 그 주거용시설의 공급자에 대하여 적절한 지원을 할 수 있다.

제2장 삭제 〈2007.4.25.〉

제9조 삭제 〈2007.4.25.〉

제10조 삭제 〈2007.4.25.〉

제11조 삭제 〈2007.4.25.〉

제12조 삭제 〈2007.4.25.〉

제13조 삭제 〈2007.4.25.〉

제14조 삭제 〈2007.4.25.〉

제15조 삭제 〈2007.4.25.〉

제16조 삭제 〈2007.4.25.〉

제17조 삭제 〈2007.4.25.〉

제18조 삭제 〈2007.4.25.〉

제19조 삭제 〈2007.4.25.〉

제20조 삭제 〈2007.4.25.〉

제21조 삭제 〈2007.4.25.〉

제22조 삭제 〈2007.4.25.〉

제3장 보건 · 복지조치

제23조(노인사회참여 지원) ① 국가 또는 지방자치단체는 노인의 사회참여 확대를 위하여 노인의 지역봉사 활동기회를 넓히고 노인에게 적합한 직종의 개발과 그 보급을 위한 시책을 강구하며 근로능력있는 노인에게 일할 기회를 우선적으로 제공하도록 노력하여야 한다.

② 국가 또는 지방자치단체는 노인의 지역봉사 활동 및 취업의 활성화를 기하기 위하여 노인지역봉사기관, 노인취업알선기관 등 노인복지관계기관에 대하여 필요한 지원을 할 수 있다.

제23조의2(노인일자리전담기관의 설치 · 운영 등) ① 노인의 능력과 적성에 맞는 일자리지원사업을 전문적 · 체계적으로 수행하기 위한 전담기관(이하 "노인일자리전담기관"이라 한다)은 다음 각 호의 기관으로 한다. 〈개정2011.4.7.〉

1. 노인인력개발기관: 노인일자리개발 · 보급사업, 조사사업, 교육 · 홍보 및 협력사업, 프로그램인증 · 평가사업 등을 지원하는 기관

2. 노인일자리지원기관: 지역사회 등에서 노인일자리의 개발·지원, 창업·육성 및 노인에 의한 재화의 생산·판매 등을 직접 담당하는 기관
3. 노인취업알선기관: 노인에게 취업 상담 및 정보를 제공하거나 노인일자리를 알선하는 기관

② 국가 또는 지방자치단체는 노인일자리전담기관을 설치·운영하거나 그 운영의 전부 또는 일부를 법인·단체 등에 위탁할 수 있다.〈신설 2011.4.7.〉

③ 노인일자리전담기관의 설치·운영 또는 위탁에 관하여 필요한 사항은 대통령령으로 정한다.〈개정 2011.4.7.〉

④ 제1항제2호의 노인일자리지원기관의 시설 및 인력에 관한 기준 등은 보건복지부령으로 정한다.〈신설 2013.6.4.〉

[본조신설 2005.7.13.]

제24조(지역봉사지도원 위촉 및 업무) ① 국가 또는 지방자치단체는 사회적 신망과 경험이 있는 노인으로서 지역봉사를 희망하는 경우에는 이를 지역봉사지도원으로 위촉할 수 있다.

② 제1항의 규정에 의한 지역봉사지도원의 업무는 다음 각호와 같다.〈개정 2015.1.28.〉
1. 국가 또는 지방자치단체가 행하는 업무중 민원인에 대한 상담 및 조언
2. 도로의 교통정리, 주·정차단속의 보조, 자연보호 및 환경침해 행위단속의 보조와 청소년 선도
3. 충효사상, 전통의례 등 전통문화의 전수교육
4. 문화재의 보호 및 안내

   4의2. 노인에 대한 교통안전 및 교통사고예방 교육
5. 기타 대통령령이 정하는 업무

제25조(생업지원) 국가 또는 지방자치단체 기타 공공단체가 설치·운영하는 공공시설안에 식료품·사무용품·신문 등 일상생활용품의 판매를 위한 매점이나 자동판매기의 설치를 허가 또는 위탁할 때에는 65세 이상의 자의 신청이 있는 경우 이를 우선적으로 반영하여야 한다.

제26조(경로우대) ① 국가 또는 지방자치단체는 65세 이상의 자에 대하여 대통령령이 정하는 바에 의하여 국가 또는 지방자치단체의 수송시설 및 고궁·능원·박물관·공원 등의

공공시설을 무료로 또는 그 이용요금을 할인하여 이용하게 할 수 있다.

② 국가 또는 지방자치단체는 노인의 일상생활에 관련된 사업을 경영하는 자에게 65세 이상의 자에 대하여 그 이용요금을 할인하여 주도록 권유할 수 있다.

③ 국가 또는 지방자치단체는 제2항의 규정에 의하여 노인에게 이용요금을 할인하여 주는 자에 대하여 적절한 지원을 할 수 있다.

제27조(건강진단 등) ① 국가 또는 지방자치단체는 대통령령이 정하는 바에 의하여 65세 이상의 자에 대하여 건강진단과 보건교육을 실시할 수 있다. 이 경우 보건복지부령으로 정하는 바에 따라 성별 다빈도질환 등을 반영하여야 한다. 〈개정 2015.1.28.〉

② 국가 또는 지방자치단체는 제1항의 규정에 의한 건강진단 결과 필요하다고 인정한 때에는 그 건강진단을 받은 자에 대하여 필요한 지도를 하여야 한다.

제27조의2(홀로 사는 노인에 대한 지원) ① 국가 또는 지방자치단체는 홀로 사는 노인에 대하여 방문요양서비스 등의 서비스와 안전확인 등의 보호조치를 취하여야 한다.

② 제1항의 서비스 및 보호조치의 구체적인 내용 등에 관하여는 보건복지부장관이 정한다.

[본조신설 2007.8.3.]

제28조(상담 · 입소 등의 조치) ① 보건복지부장관, 특별시장 · 광역시장 · 도지사 · 특별자치도지사(이하 "시 · 도지사"라 한다), 시장 · 군수 · 구청장(자치구의 구청장을 말한다. 이하 같다)은 노인에 대한 복지를 도모하기 위하여 필요하다고 인정한 때에는 다음 각 호의 조치를 하여야 한다. 〈개정1999.2.8., 2007.8.3., 2008.2.29., 2010.1.18.〉

1. 65세 이상의 자 또는 그를 보호하고 있는 자를 관계공무원 또는 노인복지상담원으로 하여금 상담 · 지도하게 하는 것
2. 65세 이상의 자로서 신체적 · 정신적 · 경제적 이유 또는 환경상의 이유로 거택에서 보호받기가 곤란한 자를 노인주거복지시설 또는 재가노인복지시설에 입소시키거나 입소를 위탁하는 것
3. 65세 이상의 자로서 신체 또는 정신상의 현저한 결함으로 인하여 항상 보호를 필요로 하고 경제적 이유로 거택에서 보호받기가 곤란한 자를 노인의료복지시설에 입소시키거나 입소를 위탁하는 것

② 보건복지부장관, 시 · 도지사 또는 시장 · 군수 · 구청장(이하 "복지실시기관"이라 한다)은 65

세 미만의 자에 대하여도 그 노쇠현상이 현저하여 특별히 보호할 필요가 있다고 인정할 때에는 제1항 각호의 조치를 할 수 있다.〈개정2008.2.29., 2010.1.18.〉

③ 복지실시기관은 제1항 또는 제2항의 규정에 의하여 입소조치된 자가 사망한 경우에 그 자에 대한 장례를 행할 자가 없을 때에는 그 장례를 행하거나 당해 시설의 장으로 하여금 그 장례를 행하게 할 수 있다.

제29조 삭제 〈2011.8.4.〉

제29조의2 삭제 〈2011.8.4.〉

제30조(노인재활요양사업) ① 국가 또는 지방자치단체는 신체적·정신적으로 재활요양을 필요로 하는 노인을 위한 재활요양사업을 실시할 수 있다.

② 제1항의 노인재활요양사업의 내용 및 기타 필요한 사항은 보건복지부령으로 정한다.〈개정 2008.2.29., 2010.1.18.〉

제4장 노인복지시설의 설치·운영

제31조(노인복지시설의 종류) 노인복지시설의 종류는 다음 각호와 같다. 〈개정 2004.1.29., 2013.6.4.〉

1. 노인주거복지시설
2. 노인의료복지시설
3. 노인여가복지시설
4. 재가노인복지시설
5. 노인보호전문기관
6. 제23조의2제1항제2호의 노인일자리지원기관

제31조의2(「사회복지사업법」에 따른 신고와의 관계) 제33조제2항, 제35조제2항, 제37조제2항 및 제39조제2항에 따라 노인복지시설의 설치신고를 한 경우 「사회복지사업법」 제34조제2항에 따른 사회복지시설 설치신고를 한 것으로 본다. 〈개정 2011.6.7.〉

[본조신설 2007.8.3.]

제32조(노인주거복지시설) ① 노인주거복지시설은 다음 각 호의 시설로 한다.〈개정 2007.8.3., 2015.1.28.〉

1. 양로시설 : 노인을 입소시켜 급식과 그 밖에 일상생활에 필요한 편의를 제공함을 목적으로 하는 시설
2. 노인공동생활가정 : 노인들에게 가정과 같은 주거여건과 급식, 그 밖에 일상생활에 필요한 편의를 제공함을 목적으로 하는 시설
3. 노인복지주택 : 노인에게 주거시설을 임대하여 주거의 편의·생활지도·상담 및 안전관리 등 일상생활에 필요한 편의를 제공함을 목적으로 하는 시설

② 노인주거복지시설의 입소대상·입소절차·입소비용 및 임대 등에 관하여 필요한 사항은 보건복지부령으로 정한다.〈개정 2007.8.3., 2008.2.29., 2010.1.18., 2015.1.28.〉

③ 노인복지주택의 설치·관리 및 공급 등에 관하여 이 법에서 규정된 사항을 제외하고는 「주택법」의 관련규정을 준용한다.〈신설 1999.2.8., 2003.5.29., 2007.8.3.〉

제32조(노인주거복지시설) ① 노인주거복지시설은 다음 각 호의 시설로 한다.〈개정 2007.8.3., 2015.1.28.〉

1. 양로시설 : 노인을 입소시켜 급식과 그 밖에 일상생활에 필요한 편의를 제공함을 목적으로 하는 시설
2. 노인공동생활가정 : 노인들에게 가정과 같은 주거여건과 급식, 그 밖에 일상생활에 필요한 편의를 제공함을 목적으로 하는 시설
3. 노인복지주택 : 노인에게 주거시설을 임대하여 주거의 편의·생활지도·상담 및 안전관리 등 일상생활에 필요한 편의를 제공함을 목적으로 하는 시설

② 노인주거복지시설의 입소대상·입소절차·입소비용 및 임대 등에 관하여 필요한 사항은 보건복지부령으로 정한다.〈개정2007.8.3., 2008.2.29., 2010.1.18., 2015.1.28.〉

③ 노인복지주택의 설치·관리 및 공급 등에 관하여 이 법에서 규정된 사항을 제외하고는 「주택법」 및 「공동주택관리법」의 관련규정을 준용한다.〈신설 1999.2.8., 2003.5.29., 2007.8.3., 2015.8.11.〉

[시행일 : 2016.8.12.] 제32조

제33조(노인주거복지시설의 설치) ① 국가 또는 지방자치단체는 노인주거복지시설을 설치할 수 있다.

② 국가 또는 지방자치단체외의 자가 노인주거복지시설을 설치하고자 하는 경우에는 특별자치도지사·시장·군수·구청장(이하 "시장·군수·구청장"이라 한다)에게 신고하여야 한다.〈개정 2005.3.31., 2007.8.3.〉

③ 노인주거복지시설의 시설, 인력 및 운영에 관한 기준과 설치신고, 설치·운영자가 준수하여야 할 사항, 그 밖에 필요한 사항은 보건복지부령으로 정한다.〈개정 1999.2.8., 2007.8.3., 2008.2.29., 2010.1.18.〉

제33조의2(노인복지주택의 입소자격 등) ① 노인복지주택에 입소할 수 있는 자는 60세 이상의 노인(이하 "입소자격자"라 한다)으로 한다. 다만, 다음 각 호의 어느 하나에 해당하는 경우에는 입소자격자와 함께 입소할 수 있다.〈개정 2015.1.28.〉

1. 입소자격자의 배우자
2. 입소자격자가 부양을 책임지고 있는 19세 미만의 자녀·손자녀

② 노인복지주택을 설치하거나 설치하려는 자는 노인복지주택을 입소자격자에게 임대하여야 한다.〈개정 2015.1.28.〉

③ 제2항에 따라 노인복지주택을 임차한 자는 해당 노인주거시설을 입소자격자가 아닌 자에게 다시 임대할 수 없다.〈개정 2015.1.28.〉

④ 삭제〈2015.1.28.〉

⑤ 시장·군수·구청장은 지역 내 노인 인구, 노인주거복지시설의 수요와 공급실태 및 노인복지주택의 효율적인 이용 등을 고려하여 노인복지주택의 공급가구수와 가구별 건축면적(주거의 용도로만 쓰이는 면적에 한한다)을 일정규모 이하로 제한할 수 있다.

⑥ 제33조제2항에 따라 노인복지주택을 설치한 자는 당해 노인복지주택의 전부 또는 일부 시설을 시장·군수·구청장의 확인을 받아 대통령령으로 정하는 자에게 위탁하여 운영할 수 있다.

[본조신설 2007.8.3.]

제33조의3 삭제 〈2015.1.28.〉

제34조(노인의료복지시설) ① 노인의료복지시설은 다음 각 호의 시설로 한다.〈개정 2007.8.3.〉

1. 노인요양시설 : 치매·중풍 등 노인성질환 등으로 심신에 상당한 장애가 발생하여 도움을 필요로 하는 노인을 입소시켜 급식·요양과 그 밖에 일상생활에 필요한 편의를 제공함을 목적으로 하는 시설
2. 노인요양공동생활가정 : 치매·중풍 등 노인성질환 등으로 심신에 상당한 장애가 발생하여 도움을 필요로 하는 노인에게 가정과 같은 주거여건과 급식·요양, 그 밖에 일상생활에 필요한 편의를 제공함을 목적으로 하는 시설
3. 삭제〈2011.6.7.〉

② 노인의료복지시설의 입소대상·입소비용 및 입소절차와 설치·운영자의 준수사항 등에 관하여 필요한 사항은 보건복지부령으로 정한다.〈개정 2007.8.3., 2008.2.29., 2010.1.18.〉

제35조(노인의료복지시설의 설치) ① 국가 또는 지방자치단체는 노인의료복지시설을 설치할 수 있다.

② 국가 또는 지방자치단체외의 자가 노인의료복지시설을 설치하고자 하는 경우에는 시장·군수·구청장에게 신고하여야 한다.〈개정 2005.3.31., 2011.6.7.〉

③ 노인의료복지시설의 시설, 인력 및 운영에 관한 기준과 설치신고 및 설치허가 등에 관하여 필요한 사항은 보건복지부령으로 정한다.〈개정 1999.2.8., 2007.4.11., 2008.2.29., 2010.1.18., 2011.6.7.〉

④ 삭제〈2011.6.7.〉

제36조(노인여가복지시설) ① 노인여가복지시설은 다음 각 호의 시설로 한다.〈개정 2007.8.3.〉

1. 노인복지관 : 노인의 교양·취미생활 및 사회참여활동 등에 대한 각종 정보와 서비스를 제공하고, 건강증진 및 질병예방과 소득보장·재가복지, 그 밖에 노인의 복지증진에 필요한 서비스를 제공함을 목적으로 하는 시설
2. 경로당 : 지역노인들이 자율적으로 친목도모·취미활동·공동작업장 운영 및 각종 정보교환과 기타 여가활동을 할 수 있도록 하는 장소를 제공함을 목적으로 하는 시설
3. 노인교실 : 노인들에 대하여 사회활동 참여욕구를 충족시키기 위하여 건전한 취미생활·노인건강유지·소득보장 기타 일상생활과 관련한 학습프로그램을 제공함을 목적으로 하는 시설
4. 삭제〈2011.6.7.〉

② 노인여가복지시설의 이용대상 및 이용절차 등에 관하여 필요한 사항은 보건복지부령으로 정한다.〈개정 2008.2.29., 2010.1.18.〉

제37조(노인여가복지시설의 설치) ① 국가 또는 지방자치단체는 노인여가복지시설을 설치할 수 있다.

② 국가 또는 지방자치단체외의 자가 노인여가복지시설을 설치하고자 하는 경우에는 시장·군수·구청장에게 신고하여야 한다.

③ 국가 또는 지방자치단체는 경로당의 활성화를 위하여 지역별·기능별 특성을 갖춘 표준모델 및 프로그램을 개발·보급하여야 한다.〈신설 2011.6.7.〉

④ 노인여가복지시설의 시설, 인력 및 운영에 관한 기준과 설치신고 등에 관하여 필요한 사항은 보건복지부령으로 정한다.〈개정 1999.2.8., 2008.2.29., 2010.1.18., 2011.6.7.〉

제37조의2(경로당에 대한 양곡구입비 등의 보조) ① 국가 또는 지방자치단체는 경로당에 대하여 예산의 범위에서 「양곡관리법」에 따른 정부관리양곡 구입비의 전부 또는 일부를 보조할 수 있다.

② 국가 또는 지방자치단체는 예산의 범위에서 경로당의 냉난방 비용의 전부 또는 일부를 보조할 수 있다.

[본조신설 2012.2.1.]

제37조의3(경로당에 대한 공과금 감면) ① 「전기사업법」에 따른 전기판매사업자, 「전기통신사업법」에 따른 전기통신사업자 및 「도시가스사업법」에 따른 도시가스사업자는 경로당에 대하여 각각 전기요금·전기통신요금 및 도시가스요금을 감면할 수 있다.

② 「수도법」에 따른 수도사업자(수도사업자가 지방자치단체인 경우에는 해당 지방자치단체의 장을 말한다)는 경로당에 대하여 수도요금을 감면할 수 있다.

[본조신설 2012.2.1.]

제38조(재가노인복지시설) ① 재가노인복지시설은 다음 각 호의 어느 하나 이상의 서비스를 제공함을 목적으로 하는 시설을 말한다.

1. 방문요양서비스 : 가정에서 일상생활을 영위하고 있는 노인(이하 "재가노인"이라 한다)으로서 신체적·정신적 장애로 어려움을 겪고 있는 노인에게 필요한 각종 편의

를 제공하여 지역사회 안에서 건전하고 안정된 노후를 영위하도록 하는 서비스

2. 주·야간보호서비스 : 부득이한 사유로 가족의 보호를 받을 수 없는 심신이 허약한 노인과 장애노인을 주간 또는 야간 동안 보호시설에 입소시켜 필요한 각종 편의를 제공하여 이들의 생활안정과 심신기능의 유지·향상을 도모하고, 그 가족의 신체적·정신적 부담을 덜어주기 위한 서비스
3. 단기보호서비스 : 부득이한 사유로 가족의 보호를 받을 수 없어 일시적으로 보호가 필요한 심신이 허약한 노인과 장애노인을 보호시설에 단기간 입소시켜 보호함으로써 노인 및 노인가정의 복지증진을 도모하기 위한 서비스
4. 방문 목욕서비스 : 목욕장비를 갖추고 재가노인을 방문하여 목욕을 제공하는 서비스
5. 그 밖의 서비스 : 그 밖에 재가노인에게 제공하는 서비스로서 보건복지부령이 정하는 서비스

② 제1항에 따른 재가노인복지시설의 이용대상·비용부담 및 이용절차 등에 관하여 필요한 사항은 보건복지부령으로 정한다.〈개정 2010.1.18.〉

[전문개정 2007.8.3.]

제39조(재가노인복지시설의 설치) ① 국가 또는 지방자치단체는 재가노인복지시설을 설치할 수 있다.

② 국가 또는 지방자치단체외의 자가 재가노인복지시설을 설치하고자 하는 경우에는 시장·군수·구청장에게 신고하여야 한다.

③ 재가노인복지시설의 시설, 인력 및 운영에 관한 기준과 설치신고 등에 관하여 필요한 사항은 보건복지부령으로 정한다.〈개정 1999.2.8., 2008.2.29., 2010.1.18.〉

제39조의2(요양보호사의 직무·자격증의 교부 등) ① 노인복지시설의 설치·운영자는 보건복지부령으로 정하는 바에 따라 노인 등의 신체활동 또는 가사활동 지원 등의 업무를 전문적으로 수행하는 요양보호사를 두어야 한다.〈개정 2008.2.29., 2010.1.18.〉

② 요양보호사가 되려는 사람은 제39조의3에 따라 요양보호사를 교육하는 기관(이하 "요양보호사교육기관"이라 한다)에서 교육과정을 마치고 시·도지사가 실시하는 요양보호사 자격시험에 합격하여야 한다.〈개정 2010.1.25.〉

③ 시·도지사는제2항에 따라 요양보호사 자격시험에 합격한 사람에게 요양보호사 자격증을 교부하여야 한다.〈개정 2010.1.25.〉

④ 시·도지사는 제2항에 따라 요양보호사 자격시험에 응시하고자 하는 사람과 제3항에 따라 자격증을 교부 또는 재교부 받고자 하는 사람에게 보건복지부령으로 정하는 바에 따라 수수료를 납부하게 할 수 있다.〈신설 2010.1.25.〉

⑤ 요양보호사의 교육과정, 요양보호사 자격시험 실시 및 자격증 교부 등에 관하여 필요한 사항은 보건복지부령으로 정한다.〈개정 2010.1.25.〉

[전문개정 2007.8.3.]

제39조의3(요양보호사교육기관의 지정 등) ① 시·도지사는 요양보호사의 양성을 위하여 보건복지부령으로 정하는 지정기준에 적합한 시설을 요양보호사교육기관으로 지정·운영하여야 한다. 〈개정 2010.1.25.〉

② 시·도지사는 요양보호사교육기관이 다음 각 호의 어느 하나에 해당하는 경우 사업의 정지를 명하거나 그 지정을 취소할 수 있다. 다만, 제1호에 해당하는 경우 지정을 취소하여야 한다.〈신설 2010.1.25.〉

1. 거짓이나 그 밖의 부정한 방법으로 요양보호사교육기관으로 지정을 받은 경우
2. 제1항에 따른 지정기준에 적합하지 아니하게 된 경우
3. 교육과정을 1년 이상 운영하지 아니하는 경우
4. 정당한 사유 없이 제42조에 따른 보고 또는 자료제출을 하지 아니하거나 거짓으로 한 경우 또는 조사·검사를 거부·방해하거나 기피한 경우

③ 시·도지사는 제2항에 따라 지정취소를 하는 경우 청문을 실시하여야 한다.〈신설 2010.1.25.〉

④ 제1항에 따른 요양보호사교육기관의 지정절차, 제2항에 따른 행정처분의 세부적인 기준 및 절차 등에 관하여 필요한 사항은 보건복지부령으로 정한다.〈개정 2010.1.25.〉

[전문개정 2007.8.3.]

[제목개정 2010.1.25.]

제39조의4(긴급전화의 설치 등) ① 국가및 지방자치단체는 노인학대를 예방하고 수시로 신고를 받을 수 있도록 긴급전화를 설치하여야 한다.

② 제1항의 규정에 의한 긴급전화의 설치·운영에 관하여 필요한 사항은 대통령령으로 정한다.

[본조신설 2004.1.29.]

제39조의5(노인보호전문기관의 설치 등) ① 국가는 지역 간의 연계체계를 구축하고 노인학대를 예방하기 위하여 다음 각 호의 업무를 담당하는 중앙노인보호전문기관을 설치·운영하여야 한다. 〈개정 2015.12.29.〉

1. 노인인권보호 관련 정책제안
2. 노인인권보호를 위한 연구 및 프로그램의 개발
3. 노인학대 예방의 홍보, 교육자료의 제작 및 보급
4. 노인보호전문사업 관련 실적 취합, 관리 및 대외자료 제공
5. 지역노인보호전문기관의 관리 및 업무지원
6. 지역노인보호전문기관 상담원의 심화교육
7. 관련 기관 협력체계의 구축 및 교류
8. 노인학대 분쟁사례 조정을 위한 중앙노인학대사례판정위원회 운영
9. 그 밖에 노인의 보호를 위하여 대통령령으로 정하는 사항

② 학대받는 노인의 발견·보호·치료 등을 신속히 처리하고 노인학대를 예방하기 위하여 다음 각 호의 업무를 담당하는 지역노인보호전문기관을 특별시·광역시·도·특별자치도(이하 "시·도"라 한다)에 둔다.〈개정 2015.12.29.〉

1. 노인학대 신고전화의 운영 및 사례접수
2. 노인학대 의심사례에 대한 현장조사
3. 피해노인 및 노인학대자에 대한 상담
4. 피해노인가족 관련자와 관련 기관에 대한 상담
5. 상담 및 서비스제공에 따른 기록과 보관
6. 일반인을 대상으로 한 노인학대 예방교육
7. 노인학대행위자를 대상으로 한 재발방지 교육
8. 노인학대사례 판정을 위한 지역노인학대사례판정위원회 운영 및 자체사례회의 운영
9. 그 밖에 노인의 보호를 위하여 보건복지부령으로 정하는 사항

③ 보건복지부장관 및 시·도지사는 노인학대예방사업을 목적으로 하는 비영리법인을 지정하여 제1항에 따른 중앙노인보호전문기관과 제2항에 따른 지역노인보호전문기관의 운영을 위탁할 수 있다.

④ 제1항에 따른 중앙노인보호전문기관과 제2항에 따른 지역노인보호전문기관의 설치기준과 운영, 상담원의 자격과 배치기준 및 제3항에 따른 위탁기관의 지정 등에 필요한 사항은 대통령령으로 정한다.

[전문개정 2011.6.7.]

제39조의6(노인학대 신고의무와 절차 등) ① 누구든지 노인학대를 알게 된 때에는 노인보호전문기관 또는 수사기관에 신고할 수 있다. 〈개정 2007.4.11.〉

② 다음 각호의 1에 해당하는 자는 그 직무상 노인학대를 알게 된 때에는 즉시 노인보호전문기관 또는 수사기관에 신고하여야 한다. 〈개정 2011.6.7.〉

1. 의료법 제3조제1항의 의료기관에서 의료업을 행하는 의료인
2. 제31조에 따른 노인복지시설의 장과 그 종사자 및 제7조에 따른 노인복지상담원
3. 「장애인복지법」 제58조의 규정에 의한 장애인복지시설에서 장애노인에 대한 상담·치료·훈련 또는 요양업무를 수행하는 사람
4. 「가정폭력방지 및 피해자보호 등에 관한 법률」 제5조 및 제7조에 따른 가정폭력관련 상담소 및 가정폭력피해자 보호시설의 장과 그 종사자
5. 「사회복지사업법」 제14조에 따른 사회복지전담공무원 및 같은 법 제34조에 따른 사회복지관, 부랑인 및 노숙인보호를 위한 시설의 장과 그 종사자
6. 「노인장기요양보험법」 제31조에 따른 장기요양기관 및 제32조에 따른 재가장기요양기관의 장과 그 종사자
7. 「119구조·구급에 관한 법률」 제10조에 따른 119구급대의 구급대원
8. 「건강가정기본법」 제35조에 따른 건강가정지원센터의 장과 그 종사자

③ 신고인의 신분은 보장되어야 하며 그 의사에 반하여 신분이 노출되어서는 아니된다.

④ 관계 중앙행정기관의 장은 제2항 각 호의 어느 하나에 해당하는 사람의 자격취득 교육과정이나 보수교육 과정에 노인학대 예방 및 신고의무와 관련된 교육 내용을 포함하도록 하여야 한다. 〈신설 2012.10.22.〉

⑤ 제4항에 따른 교육 내용·시간 및 방법 등에 관하여 필요한 사항은 보건복지부령으로 정한다. 〈신설 2012.10.22.〉

[본조신설 2004.1.29.]

[제목개정 2012.10.22.]

제39조의6(노인학대 신고의무와 절차 등) ① 누구든지 노인학대를 알게 된 때에는 노인보호전문기관 또는 수사기관에 신고할 수 있다. 〈개정 2007.4.11.〉

② 다음 각호의 1에 해당하는 자는 그 직무상 노인학대를 알게 된 때에는 즉시 노인보호전

문기관 또는 수사기관에 신고하여야 한다. 〈개정 2011.6.7., 2015.12.29.〉

1. 의료법 제3조제1항의 의료기관에서 의료업을 행하는 의료인 및 의료기관의 장
2. 제27조의2에 따른 방문요양서비스나 안전확인 등의 서비스 종사자, 제31조에 따른 노인복지시설의 장과 그 종사자 및 제7조에 따른 노인복지상담원
3. 「장애인복지법」 제58조의 규정에 의한 장애인복지시설에서 장애노인에 대한 상담 · 치료 · 훈련 또는 요양업무를 수행하는 사람
4. 「가정폭력방지 및 피해자보호 등에 관한 법률」 제5조 및 제7조에 따른 가정폭력 관련 상담소 및 가정폭력피해자 보호시설의 장과 그 종사자
5. 「사회복지사업법」 제14조에 따른 사회복지전담공무원 및 같은 법 제34조에 따른 사회복지관, 부랑인 및 노숙인보호를 위한 시설의 장과 그 종사자
6. 「노인장기요양보험법」 제31조에 따른 장기요양기관 및 제32조에 따른 재가장기요양기관의 장과 그 종사자
7. 「119구조 · 구급에 관한 법률」 제10조에 따른 119구급대의 구급대원
8. 「건강가정기본법」 제35조에 따른 건강가정지원센터의 장과 그 종사자
9. 「다문화가족지원법」 제12조에 따른 다문화가족지원센터의 장과 그 종사자
10. 「성폭력방지 및 피해자보호 등에 관한 법률」 제10조에 따른 성폭력피해상담소 및 같은 법 제12조에 따른 성폭력피해자보호시설의 장과 그 종사자
11. 「응급의료에 관한 법률」 제36조에 따른 응급구조사
12. 「의료기사 등에 관한 법률」 제1조의2제1호에 따른 의료기사

③ 신고인의 신분은 보장되어야 하며 그 의사에 반하여 신분이 노출되어서는 아니된다.

④ 관계 중앙행정기관의 장은 제2항 각 호의 어느 하나에 해당하는 사람의 자격취득 교육과정이나 보수교육 과정에 노인학대 예방 및 신고의무와 관련된 교육 내용을 포함하도록 하여야 한다. 〈신설 2012.10.22.〉

⑤ 제4항에 따른 교육 내용 · 시간 및 방법 등에 관하여 필요한 사항은 보건복지부령으로 정한다. 〈신설 2012.10.22.〉

[본조신설 2004.1.29.]

[제목개정 2012.10.22.]

[시행일 : 2016.12.30.] 제39조의6

제39조의7(응급조치의무 등) ①제39조의6의 규정에 의하여 노인학대신고를 접수한 노인보호전문기관의 직원이나 사법경찰관리는 지체없이 노인학대의 현장에 출동하여야 한다. 이 경우 노인보호전문기관의 장이나 수사기관의 장은 서로 동행하여 줄 것을 요청할 수 있고, 그 요청을 받은 때에는 정당한 사유가 없으면 소속 직원이나 사법경찰관리를 현장에 동행하도록 하여야 한다. 〈개정 2015.1.28.〉

② 제1항에 따라 출동한 노인보호전문기관의 직원이나 사법경찰관리는 피해자를 보호하기 위하여 신고된 현장에 출입하여 관계인에 대하여 조사를 하거나 질문을 할 수 있다. 이 경우 노인보호전문기관의 직원은 피해노인의 보호를 위한 범위에서만 조사 또는 질문을 할 수 있다.〈신설 2015.1.28.〉

③ 제2항에 따라 출입, 조사 또는 질문을 하는 노인보호전문기관의 직원이나 사법경찰관리는 그 권한을 표시하는 증표를 지니고 이를 관계인에게 보여주어야 한다.〈신설 2015.1.28.〉

④ 제2항에 따라 조사 또는 질문을 하는 노인보호전문기관의 직원이나 사법경찰관리는 피해자·신고자·목격자 등이 자유롭게 진술할 수 있도록 노인학대행위자로부터 분리된 곳에서 조사하는 등 필요한 조치를 하여야 한다.〈신설 2015.1.28.〉

⑤ 제1항의 규정에 의하여 현장에 출동한 자는 학대받은 노인을 노인학대행위자로부터 분리하거나 치료가 필요하다고 인정할 때에는 노인보호전문기관 또는 의료기관에 인도하여야 한다.〈개정 2015.1.28.〉

⑥ 누구든지 정당한 사유 없이 노인학대 현장에 출동한 자에 대하여 현장조사를 거부하거나 업무를 방해하여서는 아니 된다.〈신설2011.6.7., 2015.1.28.〉

[본조신설 2004.1.29.]

제39조의7(응급조치의무 등) ① 제39조의6의 규정에 의하여 노인학대신고를 접수한 노인보호전문기관의 직원이나 사법경찰관리는 지체없이 노인학대의 현장에 출동하여야 한다. 이 경우 노인보호전문기관의 장이나 수사기관의 장은 서로 동행하여 줄 것을 요청할 수 있고, 그 요청을 받은 때에는 정당한 사유가 없으면 소속 직원이나 사법경찰관리를 현장에 동행하도록 하여야 한다. 〈개정 2015.1.28.〉

② 제1항에 따라 출동한 노인보호전문기관의 직원이나 사법경찰관리는 피해자를 보호하기 위하여 신고된 현장에 출입하여 관계인에 대하여 조사를 하거나 질문을 할 수 있다. 이 경우 노인보호전문기관의 직원은 피해노인의 보호를 위한 범위에서만 조사 또는 질문을 할 수 있다.〈신설 2015.1.28.〉

③ 제2항에 따라 출입, 조사 또는 질문을 하는 노인보호전문기관의 직원이나 사법경찰관리는 그 권한을 표시하는 증표를 지니고 이를 관계인에게 보여주어야 한다.〈신설 2015.1.28.〉

④ 제2항에 따라 조사 또는 질문을 하는 노인보호전문기관의 직원이나 사법경찰관리는 피해자·신고자·목격자 등이 자유롭게 진술할 수 있도록 노인학대행위자로부터 분리된 곳에서 조사하는 등 필요한 조치를 하여야 한다.〈신설 2015.1.28.〉

⑤ 제1항의 규정에 의하여 현장에 출동한 자는 학대받은 노인을 노인학대행위자로부터 분리하거나 치료가 필요하다고 인정할 때에는 노인보호전문기관 또는 의료기관에 인도하여야 한다.〈개정 2015.1.28.〉

⑥ 누구든지 정당한 사유 없이 노인학대 현장에 출동한 자에 대하여 현장조사를 거부하거나 업무를 방해하여서는 아니 된다.〈신설2011.6.7., 2015.1.28.〉

⑦ 국가 및 지방자치단체는 제39조의5에 따른 노인보호전문기관의 장이 학대받은 노인의 보호, 치료 등의 업무를 수행함에 있어서 피해노인, 그 보호자 또는 노인학대행위자에 대한 신분조회 등 필요한 조치의 협조를 요청할 경우 정당한 사유가 없으면 이에 적극 협조하여야 한다.〈신설 2015.12.29.〉

⑧ 제7항의 신분조회 요청 절차·범위 등에 관한 사항은 대통령령으로 정한다.〈신설 2015.12.29.〉

[본조신설 2004.1.29.]

[시행일 : 2016.12.30.] 제39조의7

제39조의8(보조인의 선임 등) ① 학대받은 노인의 법정대리인, 직계친족, 형제자매, 노인보호전문기관의 상담원 또는 변호사는 노인학대사건의 심리에 있어서 보조인이 될 수 있다. 다만, 변호사가 아닌 경우에는 법원의 허가를 받아야 한다.

② 법원은 학대받은 노인을 증인으로 신문하는 경우 본인·검사 또는 노인보호전문기관의 신청이 있는 때에는 본인과 신뢰관계에 있는 자의 동석을 허가할 수 있다.

③ 수사기관이 학대받은 노인을 조사하는 경우에도 제1항 및 제2항의 절차를 준용한다.

[본조신설 2004.1.29.]

제39조의9(금지행위) 누구든지 다음 각호의 1에 해당하는 행위를 하여서는 아니된다.

1. 노인의 신체에 폭행을 가하거나 상해를 입히는 행위

2. 노인에게 성적 수치심을 주는 성폭행·성희롱 등의 행위
3. 자신의 보호·감독을 받는 노인을 유기하거나 의식주를 포함한 기본적 보호 및 치료를 소홀히 하는 방임행위
4. 노인에게 구걸을 하게 하거나 노인을 이용하여 구걸하는 행위
5. 노인을 위하여 증여 또는 급여된 금품을 그 목적외의 용도에 사용하는 행위

[본조신설 2004.1.29.]

제39조의10(실종노인에 관한 신고의무 등) ① 누구든지 정당한 사유 없이 사고 등의 사유로 인하여 보호자로부터 이탈된 노인(이하 "실종노인"이라 한다)을 경찰관서 또는 지방자치단체의 장에게 신고하지 아니하고 보호하여서는 아니 된다. 〈개정 2013.6.4.〉

② 제31조에 따른 노인복지시설(「사회복지사업법」 제2조제4호에 따른 사회복지시설 및 사회복지시설에 준하는 시설로서 인가·신고 등을 하지 아니하고 노인을 보호하는 시설을 포함한다. 이하 "보호시설"이라 한다)의 장 또는 그 종사자는 그 직무를 수행하면서 실종노인임을 알게 된 때에는 지체 없이 보건복지부령으로 정하는 신상카드를 작성하여 지방자치단체의 장과 제3항제2호의 업무를 수행하는 기관의 장에게 제출하여야 한다.〈개정 2011.8.4.〉

③ 보건복지부장관은 실종노인의 발생예방, 조속한 발견과 복귀를 위하여 다음 각 호의 업무를 수행하여야 한다. 이 경우 보건복지부장관은 노인복지 관련 법인이나 단체에 그 업무의 전부 또는 일부를 위탁할 수 있다.

1. 실종노인과 관련된 조사 및 연구
2. 실종노인의 데이터베이스 구축·운영
3. 그 밖에 실종노인의 보호 및 지원에 필요한 사항

④ 경찰청장은 실종노인의 조속한 발견과 복귀를 위하여 다음 각 호의 사항을 시행하여야 한다.〈신설 2011.6.7., 2013.6.4.〉

1. 실종노인에 대한 신고체계의 구축 및 운영
2. 그 밖에 실종노인의 발견과 복귀를 위하여 필요한 사항
3. 삭제〈2013.6.4.〉

⑤ 삭제〈2013.6.4.〉

[본조신설 2007.8.3.]

[종전 제39조의10은 제39조의11로 이동〈2007.8.3.〉]

제39조의11(조사 등) ① 보건복지부장관, 시·도지사 또는 시장·군수·구청장은 필요하다

고 인정하는 때에는 관계공무원 또는 노인복지상담원으로 하여금 노인복지시설과 노인의 주소·거소, 노인의 고용장소 또는 제39조의9의 금지행위를 위반할 우려가 있는 장소에 출입하여 노인 또는 관계인에 대하여 필요한 조사를 하거나 질문을 하게 할 수 있다.

② 경찰청장, 시·도지사 또는 시장·군수·구청장은 실종노인의 발견을 위하여 필요한 때에는 보호시설의 장 또는 그 종사자에게 필요한 보고 또는 자료제출을 명하거나 소속 공무원으로 하여금 보호시설에 출입하여 관계인 또는 노인에 대하여 필요한 조사 또는 질문을 하게 할 수 있다.〈신설 2007.8.3.〉

③ 제1항 및 제2항의 경우 관계공무원, 노인복지상담원은 그 권한을 표시하는 증표를 지니고 이를 노인 또는 관계인에게 내보여야 한다.〈개정 2007.8.3.〉

④ 제3항에 따른 증표의 내용·형식 등에 관하여 필요한 사항은 보건복지부령으로 정한다.〈개정 2007.8.3.〉

[본조신설 2004.1.29.]

[제39조의10에서 이동, 종전의 제39조의11은 제39조의12로 이동〈2007.8.3.〉]

제39조의11(조사 등) ①보건복지부장관, 시·도지사 또는 시장·군수·구청장은 필요하다고 인정하는 때에는 관계공무원 또는 노인복지상담원으로 하여금 노인복지시설과 노인의 주소·거소, 노인의 고용장소 또는 제39조의9의 금지행위를 위반할 우려가 있는 장소에 출입하여 노인 또는 관계인에 대하여 필요한 조사를 하거나 질문을 하게 할 수 있다.

② 경찰청장, 시·도지사 또는 시장·군수·구청장은 실종노인의 발견을 위하여 필요한 때에는 보호시설의 장 또는 그 종사자에게 필요한 보고 또는 자료제출을 명하거나 소속 공무원으로 하여금 보호시설에 출입하여 관계인 또는 노인에 대하여 필요한 조사 또는 질문을 하게 할 수 있다.〈신설 2007.8.3.〉

③ 제1항 및 제2항의 경우 관계공무원, 노인복지상담원은 그 권한을 표시하는 증표 및 조사기간, 조사범위, 조사담당자, 관계 법령 등 보건복지부령으로 정하는 사항이 기재된 서류를 지니고 이를 노인 또는 관계인에게 내보여야 한다.〈개정 2007.8.3., 2015.12.29.〉

④ 제1항 및 제2항에 따른 조사 또는 질문의 절차·방법 등에 관하여는 이 법에서 정하는 사항을 제외하고는 「행정조사기본법」에서 정하는 바에 따른다.〈개정 2015.12.29.〉

[본조신설 2004.1.29.]

[제39조의10에서 이동, 종전의 제39조의11은 제39조의12로 이동〈2007.8.3.〉]

[시행일 : 2016.6.30.] 제39조의11

제39조의12(비밀누설의 금지) 이 법에 의한 학대노인의 보호와 관련된 업무에 종사하였거나 종사하는 자는 그 직무상 알게 된 비밀을 누설하지 못한다.
[본조신설 2004.1.29.]
[제39조의11에서 이동 〈2007.8.3.〉]

제39조의13(요양보호사의 결격사유) 다음 각 호의 어느 하나에 해당하는 사람은 요양보호사가 될 수 없다. 〈개정2015.1.28.〉
1. 「정신보건법」 제3조제1호에 따른 정신질환자. 다만, 전문의가 요양보호사로서 적합하다고 인정하는 사람은 그러하지 아니하다.
2. 마약·대마 또는 향정신성의약품 중독자
3. 피성년후견인
4. 금고 이상의 형을 선고받고 그 형의 집행이 종료되지 아니하였거나 그 집행을 받지 아니하기로 확정되지 아니한 사람
5. 법원의 판결에 따라 자격이 정지 또는 상실된 사람
6. 요양보호사의 자격이 취소된 날부터 1년이 경과되지 아니한 사람

[본조신설 2010.1.25.]

제39조의14(요양보호사 자격의 취소) ① 시·도지사는 요양보호사가 다음 각 호의 어느 하나에 해당하는 경우 그 자격을 취소할 수 있다. 다만, 제1호부터 제3호까지의 경우 자격을 취소하여야 한다.
1. 제39조의13 각 호의 어느 하나에 해당하게 된 경우
2. 제39조의9를 위반하여 제55조의2부터 제55조의4까지의 규정에 따른 처벌을 받은 경우
3. 거짓이나 그 밖의 부정한 방법으로 자격증을 취득한 경우
4. 영리를 목적으로 노인 등에게 불필요한 요양서비스를 알선·유인하거나 이를 조장한 경우
5. 자격증을 대여·양도 또는 위조·변조한 경우

② 시·도지사는 제1항에 따라 요양보호사의 자격을 취소하는 경우 청문을 실시하여야 한다.
③ 제1항의 자격취소의 절차 등에 관하여 필요한 사항은 보건복지부령으로 정한다.

[본조신설 2010.1.25.]

제39조의15(노인학대 등의 통보) ① 사법경찰관리는 노인 사망 및 상해사건, 가정폭력 사건 등에 관한 직무를 행하는 경우 노인학대가 있었다고 의심할만한 사유가 있는 때에는 노인보호전문기관에 그 사실을 통보하여야 한다.

② 제1항의 통보를 받은 노인보호전문기관은 피해노인 보호조치 등 필요한 조치를 하여야 한다.

[본조신설 2015.12.29.]

[시행일 : 2016.6.30.] 제39조의15

제39조의16(노인학대행위자에 대한 상담·교육 등의 권고) 노인보호전문기관의 장은 노인학대행위자에 대하여 상담·교육 및 심리적 치료 등 필요한 지원을 받을 것을 권고할 수 있다.

[본조신설 2015.12.29.]

제39조의17(노인관련기관의 취업제한 등) ① 노인학대관련범죄로 형 또는 치료감호를 선고받아 확정된 사람(이하 "노인학대관련범죄전력자"라 한다)은 그 확정된 때부터 형 또는 치료감호의 전부 또는 일부의 집행이 종료(종료된 것으로 보는 경우를 포함한다)되거나 집행을 받지 아니하기로 확정된 후 10년까지의 기간 동안 다음 각 호의 어느 하나에 해당하는 시설 또는 기관(이하 "노인관련기관"이라 한다)을 운영하거나 노인관련기관에 취업 또는 사실상 노무를 제공할 수 없다.

1. 제31조의 노인복지시설
2. 「노인장기요양보험법」 제31조에 따른 장기요양기관 및 같은 법 제32조에 따른 재가장기요양기관
3. 「가정폭력방지 및 피해자보호 등에 관한 법률」 제4조의6의 긴급전화센터, 같은 법 제5조의 가정폭력 관련 상담소 및 같은 법 제7조의2의 가정폭력피해자 보호시설
4. 「건강가정기본법」 제35조의 건강가정지원센터
5. 「다문화가족지원법」 제12조의 다문화가족지원센터
6. 「성폭력방지 및 피해자보호 등에 관한 법률」 제10조의 성폭력피해상담소 및 같은 법 제12조의 성폭력피해자보호시설 및 같은 법 제18조의 성폭력피해자통합지원센터

7. 「의료법」 제3조의 의료기관
8. 「장애인복지법」 제58조의 장애인복지시설
9. 「정신보건법」 제3조에 따른 정신보건시설 및 같은 법 제13조의2에 따른 정신보건센터

② 제1항 각 호의 노인관련기관의 설치 신고·인가·허가 등을 관할하는 행정기관의 장(이하 이 조에서 "관할행정기관의 장"이라 한다)은 노인관련기관을 운영하려는 자에 대하여 본인의 동의를 받아 관계 기관의 장에게 노인학대관련범죄 전력 조회를 요청하여야 한다.

③ 노인관련기관의 장은 그 기관에 취업 중이거나 사실상 노무를 제공 중인 사람 또는 취업하려 하거나 사실상 노무를 제공하려는 사람에 대하여 노인학대관련범죄 전력을 확인하여야 한다. 이 경우 본인의 동의를 받아 관계 기관의 장에게 노인학대관련범죄 전력 조회를 요청하여야 한다.

④ 관할행정기관의 장은 노인학대관련범죄전력자가 제1항을 위반하여 노인관련기관을 운영하거나 노인관련기관에 취업 또는 사실상 노무를 제공하고 있는지를 직접 또는 관계 기관 조회 등의 방법으로 점검·확인하여야 한다.

⑤ 관할행정기관의 장은 제1항을 위반하여 노인관련기관이 운영 중이면 해당 노인관련기관의 장에게 그 기관의 폐쇄를 요구하여야 하며, 제1항을 위반하여 취업하거나 사실상 노무를 제공하고 있는 사람이 있으면 해당 노인관련기관의 장에게 그의 해임을 요구하여야 한다.

⑥ 관할행정기관의 장은 노인관련기관의 장이 정당한 사유 없이 제5항에 따른 폐쇄요구를 거부하거나 3개월 이내에 요구사항을 이행하지 아니하는 경우에는 대통령령으로 정하는 바에 따라 해당 노인관련기관을 폐쇄하거나 그 허가·인가 등을 취소하거나 관계 행정기관의 장에게 이를 요구할 수 있다.

⑦ 제2항 및 제3항에 따라 노인학대관련범죄 전력 조회를 요청받은 관계 기관의 장은 정당한 사유가 없으면 이에 따라야 한다.

⑧ 제2항 및 제3항에 따른 노인학대관련범죄 전력 조회의 요청 절차·범위 등에 관한 사항은 대통령령으로 정한다.

[본조신설 2015.12.29.]

[시행일 : 2016.12.30.] 제39조의17

제39조의18(위반사실의 공표) ① 보건복지부장관, 시·도지사 또는 시장·군수·구청장은

제39조의9의 금지행위로 제60조에 따른 처벌을 받은 법인 등이 운영하는 시설에 대하여 그 위반행위, 처벌내용, 해당 법인 또는 시설의 명칭, 대표자 성명, 시설장 성명(대표자와 동일인이 아닌 경우만 해당한다) 및 그 밖에 다른 시설과의 구별에 필요한 사항으로서 대통령령으로 정하는 사항을 공표할 수 있다. 이 경우 공표 여부를 결정할 때에는 그 위반행위의 동기, 정도, 횟수 및 결과 등을 고려하여야 한다.

② 보건복지부장관, 시・도지사 또는 시장・군수・구청장은 제39조의14에 따른 처분을 받거나 제55조의2・제55조의3 또는 제55조의4에 따른 처벌을 받은 자로서 제39조의9에 따른 금지행위로 노인의 생명을 해치거나 신체 또는 정신에 중대한 피해를 입힌 노인복지시설의 장과 종사자에 대하여 법 위반 이력과 명단, 그 밖에 대통령령으로 정하는 사항을 공표할 수 있다. 이 경우 공표여부를 결정할 때에는 그 위반행위의 동기, 정도, 횟수 및 결과 등을 고려하여야 한다.

③ 보건복지부장관, 시・도지사 또는 시장・군수・구청장은 제1항 및 제2항에 따른 공표를 실시하기 전에 공표대상자에게 그 사실을 통지하여 소명자료를 제출하거나 출석하여 의견진술을 할 수 있는 기회를 부여하여야 한다.

④ 제1항 및 제2항에 따른 공표의 절차・방법, 그 밖에 필요한 사항은 대통령령으로 정한다.

[본조신설 2015.12.29.]

[시행일 : 2016.12.30.] 제39조의18

제40조(변경・폐지 등) ① 제33조제2항의 규정에 의하여 노인주거복지시설을 설치한 자 또는 제35조제2항의 규정에 의하여 노인의료복지시설을 설치한 자가 그 설치신고사항중 보건복지부령이 정하는 사항을 변경하거나 그 시설을 폐지 또는 휴지하고자 할 때에는 대통령령이 정하는 바에 의하여 시장・군수・구청장에게 미리 신고하여야 한다. 〈개정 1999.2.8., 2005.3.31., 2008.2.29., 2010.1.18., 2011.6.7.〉

② 삭제〈2011.6.7.〉

③ 제37조제2항에 의하여 노인여가복지시설을 설치한 자 또는 제39조제2항의 규정에 의하여 재가노인복지시설을 설치한 자가 그 설치신고사항중 보건복지부령이 정하는 사항을 변경하거나 그 시설을 폐지 또는 휴지하고자 할 때에는 대통령령이 정하는 바에 의하여 시장・군수・구청장에게 미리 신고하여야 한다.〈개정1999.2.8., 2008.2.29., 2010.1.18.〉

④ 삭제〈2010.1.25.〉

[제목개정 1999.2.8.]

제40조(변경 · 폐지 등) ① 제33조제2항의 규정에 의하여 노인주거복지시설을 설치한 자 또는 제35조제2항의 규정에 의하여 노인의료복지시설을 설치한 자가 그 설치신고사항중 보건복지부령이 정하는 사항을 변경하거나 그 시설을 폐지 또는 휴지하고자 할 때에는 대통령령이 정하는 바에 의하여 시장 · 군수 · 구청장에게 미리 신고하여야 한다. 〈개정 1999.2.8., 2005.3.31., 2008.2.29., 2010.1.18., 2011.6.7.〉

② 삭제〈2011.6.7.〉

③ 제37조제2항에 의하여 노인여가복지시설을 설치한 자 또는 제39조제2항의 규정에 의하여 재가노인복지시설을 설치한 자가 그 설치신고사항중 보건복지부령이 정하는 사항을 변경하거나 그 시설을 폐지 또는 휴지하고자 할 때에는 대통령령이 정하는 바에 의하여 시장 · 군수 · 구청장에게 미리 신고하여야 한다.〈개정1999.2.8., 2008.2.29., 2010.1.18.〉

④ 삭제〈2010.1.25.〉

⑤ 노인주거복지시설의 장, 노인의료복지시설의 장, 노인여가복지시설의 장 또는 재가노인복지시설의 장은 해당 시설을 폐지 또는 휴지하는 경우에는 보건복지부령으로 정하는 바에 따라 해당 시설을 이용하는 사람이 다른 시설을 이용할 수 있도록 조치계획을 수립하고 이행하는 등 시설 이용자의 권익을 보호하기 위한 조치를 취하여야 한다.〈신설 2015.12.29.〉

⑥ 시장 · 군수 · 구청장은 제1항 또는 제3항에 따라 노인복지시설의 폐지 또는 휴지의 신고를 받은 경우 해당 시설의 장이 제5항에 따른 시설 이용자의 권익을 보호하기 위한 조치를 취하였는지 여부를 확인하는 등 보건복지부령으로 정하는 조치를 하여야 한다.〈신설 2015.12.29.〉

[제목개정 1999.2.8.]

[시행일 : 2016.6.30.] 제40조제5항, 제40조제6항

제41조(수탁의무) 제32조제1항의 규정에 의한 양로시설, 노인공동생활가정 및 노인복지주택, 제34조제1항의 규정에 의한 노인요양시설 및 노인요양공동생활가정 또는 제38조제1항의 규정에 의한 재가노인복지시설을 설치 · 운영하는 자가 복지실시기관으로부터 제28조제1항제2호 및 제3호, 동조제2항 또는 제3항의 규정에 의하여 노인의 입소 · 장례를 위

탁받은 때에는 정당한 이유없이 이를 거부하여서는 아니된다. 〈개정 2007.8.3.〉

제42조(감독) ①복지실시기관은 제31조의 규정에 의한 노인복지시설 또는 제39조의3제1항에 따른 요양보호사교육기관을 설치·운영하는 자로 하여금 당해 시설 또는 사업에 관하여 필요한 보고를 하게 하거나 관계공무원으로 하여금 당해 시설 또는 사업의 운영상황을 조사하게 하거나 장부 기타 관계서류를 검사하게 할 수 있다. 〈개정 1999.2.8., 2007.8.3.〉

② 제31조의 규정에 의한 노인복지시설을 설치·운영하는 자는 보건복지부령이 정하는 바에 따라 매년도 입소자 또는 이용자 현황 등에 관한 자료를 복지실시기관에 제출하여야 한다.〈신설 1999.2.8., 2008.2.29., 2010.1.18.〉

③ 제1항의 규정에 의하여 조사·검사를 행하는 자는 그 권한을 표시하는 증표를 지니고 이를 관계인에게 내보여야 한다.

제43조(사업의 정지 등) ①시·도지사 또는 시장·군수·구청장은 노인주거복지시설, 노인의료복지시설 또는 제23조의2제1항제2호의 노인일자리지원기관이 다음 각 호의 어느 하나에 해당하는 때에는 1개월의 범위에서 사업의 정지 또는 폐지를 명할 수 있다. 〈개정 1999.2.8., 2005.3.31., 2007.8.3., 2010.1.25., 2013.6.4., 2013.8.13.〉

1. 제23조의2제4항, 제33조제3항 또는 제35조제3항에 따른 시설 등에 관한 기준에 미달하게 된 때
2. 제41조의 규정에 위반하여 수탁을 거부한 때
3. 정당한 이유없이 제42조의 규정에 의한 보고 또는 자료제출을 하지 아니하거나 허위로 한 때 또는 조사·검사를 거부·방해하거나 기피한 때
4. 제46조제5항의 규정에 위반한 때
5. 삭제〈2007.8.3.〉

② 시장·군수·구청장은 노인여가복지시설 또는 재가노인복지시설이 다음 각 호의 어느 하나에 해당하는 때에는 1개월의 범위에서 사업의 정지 또는 폐지를 명할 수 있다.〈개정 1999.2.8., 2007.8.3., 2013.8.13.〉

1. 제37조제3항 또는 제39조제3항의 시설 등에 관한 기준에 미달하게 된 때
2. 제41조의 규정에 위반하여 수탁을 거부한 때(재가노인복지시설의 경우에 한한다)
3. 정당한 이유없이 제42조의 규정에 의한 보고 또는 자료제출을 하지 아니하거나 허

위로 한 때 또는 조사·검사를 거부·방해하거나 기피한 때

4. 제46조제7항의 규정에 위반한 때

5. 삭제〈2007.8.3.〉

③ 제1항 내지 제2항의 규정에 의한 행정처분의 세부적인 기준은 위반의 정도 등을 참작하여 보건복지부령으로 정한다.〈개정2008.2.29., 2010.1.18.〉

제43조(사업의 정지 등) ① 시·도지사 또는 시장·군수·구청장은 노인주거복지시설, 노인의료복지시설 또는 제23조의2제1항제2호의 노인일자리지원기관이 다음 각 호의 어느 하나에 해당하는 때에는 1개월의 범위에서 사업의 정지 또는 폐지를 명할 수 있다. 〈개정 1999.2.8., 2005.3.31., 2007.8.3., 2010.1.25., 2013.6.4., 2013.8.13.〉

1. 제23조의2제4항, 제33조제3항 또는 제35조제3항에 따른 시설 등에 관한 기준에 미달하게 된 때
2. 제41조의 규정에 위반하여 수탁을 거부한 때
3. 정당한 이유없이 제42조의 규정에 의한 보고 또는 자료제출을 하지 아니하거나 허위로 한 때 또는 조사·검사를 거부·방해하거나 기피한 때
4. 제46조제5항의 규정에 위반한 때
5. 삭제〈2007.8.3.〉

② 시장·군수·구청장은 노인여가복지시설 또는 재가노인복지시설이 다음 각 호의 어느 하나에 해당하는 때에는 1개월의 범위에서 사업의 정지 또는 폐지를 명할 수 있다.〈개정 1999.2.8., 2007.8.3., 2013.8.13.〉

1. 제37조제3항 또는 제39조제3항의 시설 등에 관한 기준에 미달하게 된 때
2. 제41조의 규정에 위반하여 수탁을 거부한 때(재가노인복지시설의 경우에 한한다)
3. 정당한 이유없이 제42조의 규정에 의한 보고 또는 자료제출을 하지 아니하거나 허위로 한 때 또는 조사·검사를 거부·방해하거나 기피한 때
4. 제46조제7항의 규정에 위반한 때
5. 삭제〈2007.8.3.〉

③ 시·도지사 또는 시장·군수·구청장은 노인주거복지시설 또는 노인의료복지시설이 제1항에 따라 사업이 정지 또는 폐지되거나 노인여가복지시설 또는 재가노인복지시설이 제2항에 따라 사업이 정지 또는 폐지되는 경우에는 해당 시설의 이용자를 다른 시설로 옮기도록 하는 등 시설 이용자의 권익을 보호하기 위하여 필요한 조치를 하여야 한다.〈신설

2015.12.29.〉

④ 제1항 내지 제2항의 규정에 의한 행정처분의 세부적인 기준은 위반의 정도 등을 참작하여 보건복지부령으로 정한다.〈개정2008.2.29., 2010.1.18., 2015.12.29.〉

[시행일 : 2016.6.30.] 제43조제3항

제44조(청문) 시장·군수·구청장은 제43조의 규정에 의한 사업의 폐지를 명하고자 하는 경우에는 청문을 실시하여야 한다. 〈개정2005.3.31.〉

제5장 비용

제45조(비용의 부담) ① 삭제 〈2007.4.25.〉

② 다음 각 호의 어느 하나에 해당하는 비용은 대통령령이 정하는 바에 따라 국가 또는 지방자치단체가 부담한다.〈개정 2005.7.13., 2011.4.7.〉

1. 제23조의2제2항에 따른 노인일자리전담기관의 설치·운영 또는 위탁에 소요되는 비용
2. 제27조 및 제28조의 규정에 따른 건강진단 등과 상담·입소 등의 조치에 소요되는 비용
3. 제33조제1항·제35조제1항·제37조제1항 및 제39조제1항의 규정에 따른 노인복지시설의 설치·운영에 소요되는 비용

제46조(비용의 수납 및 청구) ① 제27조 및 제28조의 규정에 의한 복지조치에 필요한 비용을 부담한 복지실시기관은 당해 노인 또는 그 부양의무자로부터 대통령령이 정하는 바에 의하여 그 부담한 비용의 전부 또는 일부를 수납하거나 청구할 수 있다.

② 부양의무가 없는 자가 제28조의 규정에 의한 복지조치에 준하는 보호를 행하는 경우 즉시 그 사실을 부양의무자 및 복지실시기관에 알려야 한다.

③ 제2항의 보호를 행한 자는 부양의무자에게 보호비용의 전부 또는 일부를 청구할 수 있다.

④ 제1항 또는 제3항의 규정에 의한 부담비용의 청구 등에 관하여 필요한 사항은 보건복지부령으로 정한다.〈개정 2008.2.29., 2010.1.18.〉

⑤ 제32조제1항에 따른 양로시설, 노인공동생활가정 및 노인복지주택, 제34조제1항에 따른 노인요양시설 및 노인요양공동생활가정을 설치한 자는 그 시설에 입소하거나 그 시설을 이용하는 「국민기초생활 보장법」 제7조제1항제1호에 따른 생계급여 수급자 또는 같은 항 제3호에 따른 의료급여 수급자외의 자로부터 그에 소요되는 비용을 수납하고자 할 때에는 시장・군수・구청장에게 신고하여야 한다. 다만, 보건복지부령이 정한 비용수납 한도액의 범위 안에서 수납할 때에는 그러하지 아니하다.〈개정 1999.2.8., 2005.3.31., 2007.8.3., 2008.2.29., 2010.1.18., 2015.12.29.〉

⑥ 삭제〈1999.2.8.〉

⑦ 제36조제1항의 규정에 의한 노인여가복지시설 또는 제38조제1항의 규정에 의하여 재가노인복지시설을 설치한 자 또는 편의를 제공하는 자가 그 시설을 이용하는 자로부터 그에 소요되는 비용을 수납하고자 할 때에는 미리 시장・군수・구청장에게 신고하여야 한다.

제47조(비용의 보조) 국가 또는 지방자치단체는 대통령령이 정하는 바에 의하여 노인복지시설의 설치・운영에 필요한 비용을 보조할 수 있다.

제48조(유류물품의 처분) 복지실시기관 또는 노인복지시설의 장은 제28조제3항의 규정에 의한 장례를 행함에 있어서 사망자가 유류한 금전 또는 유가증권을 그 장례에 필요한 비용에 충당할 수 있으며, 부족이 있을 때에는 유류물품을 처분하여 그 대금을 이에 충당할 수 있다.

제49조(조세감면) 제31조의 규정에 의한 노인복지시설에서 노인을 위하여 사용하는 건물・토지 등에 대하여는 조세감면규제법 등 관계법령이 정하는 바에 의하여 조세 기타 공과금을 감면할 수 있다. 〈개정 2007.4.25.〉

제6장 보칙

제50조(심사청구 등) ① 노인 또는 그 부양의무자는 이 법에 의한 복지조치에 대하여 이의가 있을 때에는 당해 복지실시기관에 심사를 청구할 수 있다.

② 복지실시기관은 제1항의 심사청구를 받은 때에는 30일 이내에 이를 심사・결정하여 청구인에게 통보하여야 한다.

③ 제2항의 심사·결정에 이의가 있는 자는 그 통보를 받은 날부터 90일 이내에 행정심판을 제기할 수 있다.〈개정 1999.2.8.〉

④ 제46조제3항의 규정에 의하여 부양의무자가 부담하여야 할 보호비용에 대하여 보호를 행한 자와 부양의무자 사이에 합의가 이루어지지 아니하는 경우로서 시장·군수·구청장은 당사자로부터 조정요청을 받은 경우에는 이를 조정할 수 있다.〈개정 2004.1.29.〉

⑤ 시장·군수·구청장은 제4항의 조정을 위하여 필요하다고 인정하는 경우 부양의무자에게 소득·재산 등에 관한 자료의 제출을 요구할 수 있다.

제51조(노인복지명예지도원) ①복지실시기관은 양로시설, 노인공동생활가정, 노인복지주택, 노인요양시설 및 노인요양공동생활가정의 입소노인의 보호를 위하여 노인복지명예지도원을 둘 수 있다. 〈개정 2007.8.3.〉

② 노인복지명예지도원의 위촉방법·업무범위 등 기타 필요한 사항은 대통령령으로 정한다.

제52조 삭제 〈1999.2.8.〉

제53조(권한의 위임·위탁) ① 보건복지부장관 또는 시·도지사는 이 법에 의한 권한의 일부를 대통령령이 정하는 바에 의하여 각각 시·도지사 또는 시장·군수·구청장에게 위임할 수 있다. 〈개정 2008.2.29., 2010.1.18.〉

② 보건복지부장관, 시·도지사 또는 시장·군수·구청장은 이 법에 의한 업무의 일부를 대통령령이 정하는 바에 의하여 법인 또는 단체에 위탁할 수 있다.〈개정 2008.2.29., 2010.1.18.〉

제54조(국·공유재산의 대부 등) 국가 또는 지방자치단체는 노인보건복지관련 연구시설이나 사업의 육성을 위하여 필요하다고 인정하는 경우에는 국유재산법 또는 지방재정법의 규정에 불구하고 국·공유재산을 무상으로 대부하거나 사용·수익하게 할 수 있다.

제55조(「건축법」에 대한 특례) ① 이 법에 의한 재가노인복지시설, 노인공동생활가정 및 노인요양공동생활가정은 「건축법」 제19조의 규정에 불구하고 단독주택 또는 공동주택에 설치할 수 있다. 〈개정 2007.8.3., 2008.3.21.〉

② 이 법에 의한 노인복지주택의 건축물의 용도는 건축관계법령에 불구하고 노유자시설로 본다.〈신설 1999.2.8., 2007.8.3.〉

[제목개정 2007.8.3.]

제7장 벌칙

제55조의2(벌칙) 제39조의9제1호(상해에 한한다)의 행위를 한 자는 7년 이하의 징역 또는 2천만원 이하의 벌금에 처한다.

[본조신설 2004.1.29.]

제55조의3(벌칙) 다음 각 호의 어느 하나에 해당하는 자는 5년 이하의 징역 또는 1천500만원 이하의 벌금에 처한다.

1. 제39조의9제1호(폭행에 한한다)부터 제4호까지에 해당하는 행위를 한 자
2. 제39조의10제1항을 위반하여 정당한 사유 없이 신고하지 아니하고 실종노인을 보호한 자

[전문개정 2007.8.3.]

제55조의3(벌칙) ① 제39조의9제1호(폭행에 한정한다)부터 제4호까지에 해당하는 행위를 한 자는 5년 이하의 징역 또는 3천만원 이하의 벌금에 처한다.

② 다음 각 호의 어느 하나에 해당하는 자는 5년 이하의 징역 또는 1천500만원 이하의 벌금에 처한다.

1. 제39조의7제2항 또는 제5항에 따른 업무를 수행 중인 노인보호전문기관의 직원에 대하여 폭행 또는 협박하거나 위계 또는 위력으로써 그 업무를 방해한 자
2. 제39조의10제1항을 위반하여 정당한 사유 없이 신고하지 아니하고 실종노인을 보호한 자

③ 단체 또는 다중의 위력을 보이거나 위험한 물건을 휴대하고 제2항제1호의 죄를 범하여 노인보호전문기관의 직원을 상해에 이르게 한 때에는 3년 이상의 유기징역에 처한다. 사망에 이르게 한 때에는 무기 또는 5년 이상의 징역에 처한다.

[전문개정 2015.12.29.]

[시행일 : 2016.12.30.] 제55조의3

제55조의4(벌칙) 다음 각 호의 어느 하나에 해당하는 자는 3년 이하의 징역 또는 1천만원

이하의 벌금에 처한다.

1. 제39조의9제5호에 해당하는 행위를 한 자
2. 위계 또는 위력을 행사하여 제39조의11제2항에 따른 관계 공무원의 출입 또는 조사를 거부하거나 방해한 자

[전문개정 2007.8.3.]

제56조(벌칙) ① 제33조의2제2항을 위반하여 입소자격자 아닌 자에게 노인복지주택을 임대한 자는 2년 이하의 징역에 처하거나 위법하게 임대한 세대의 수에 1천만원을 곱한 금액 이하의 벌금에 처한다. 〈개정 2015.1.28.〉

② 삭제〈2015.1.28.〉

[전문개정 2007.8.3.]

제56조의2(벌칙) 제33조의2제3항을 위반하여 임대한 자는 1년 이하의 징역 또는 1천만원 이하의 벌금에 처한다. 〈개정 2015.1.28.〉

1. 삭제〈2015.1.28.〉
2. 삭제〈2015.1.28.〉

[본조신설 2007.8.3.]

제57조(벌칙) 다음 각호의 1에 해당하는 자는 1년 이하의 징역 또는 300만원 이하의 벌금에 처한다. 〈개정 2007.8.3., 2010.1.25., 2011.6.7.〉

1. 제33조제2항·제35조제2항·제37조제2항 또는 제39조제2항에 따른 신고를 하지 아니하고 양로시설·노인공동생활가정·노인복지주택·노인요양시설·노인요양공동생활가정·노인여가복지시설 또는 재가노인복지시설을 설치하거나 운영한 자
2. 제39조의3제1항에 따른 지정을 받지 아니하고 요양보호사교육기관을 설치하거나 운영한 자
3. 제39조의6제3항에 따른 신고인의 신분 보호 및 신원 노출 금지 의무를 위반한 자
4. 제39조의11의 규정을 위반하여 직무상 알게된 비밀을 누설한 자

[전문개정 2004.1.29.]

제57조(벌칙) ① 다음 각 호의 어느 하나에 해당하는 자는 1년 이하의 징역 또는 500만원 이

하의 벌금에 처한다.

1. 제39조의6제3항에 따른 신고인의 신분 보호 및 신원 노출 금지 의무를 위반한 자
2. 제39조의12를 위반하여 직무상 알게 된 비밀을 누설한 자

② 다음 각 호의 어느 하나에 해당하는 자는 1년 이하의 징역 또는 300만원 이하의 벌금에 처한다.

1. 제33조제2항, 제35조제2항, 제37조제2항 또는 제39조제2항에 따른 신고를 하지 아니하고 양로시설·노인공동생활가정·노인복지주택·노인요양시설·노인요양공동생활가정·노인여가복지시설 또는 재가노인복지시설을 설치하거나 운영한 자
2. 제39조의3제1항에 따른 지정을 받지 아니하고 요양보호사교육기관을 설치하거나 운영한 자
3. 정당한 사유 없이 제40조제5항에 따라 권익보호조치를 하지 아니한 자

[전문개정 2015.12.29.]

[시행일 : 2016.6.30.] 제57조제2항제3호

[시행일 : 2016.12.30.] 제57조

제58조 삭제 〈2007.4.25.〉

제59조(벌칙) 제41조를 위반하여 수탁을 거부한 자는 50만원 이하의 벌금에 처한다. 〈개정 2007.8.3.〉

1. 삭제〈2007.8.3.〉
2. 삭제〈2007.8.3.〉

제59조의2(가중처벌) 상습적으로 또는 제31조에 따른 노인복지시설 종사자가 제55조의2, 제55조의3제1항 또는 제55조의4제1호의 죄를 범한 경우 각 그 죄에서 정한 형의 2분의 1까지 가중한다.

[본조신설 2015.12.29.]

[시행일 : 2016.12.30.] 제59조의2

제60조(양벌규정) 법인의 대표자나 법인 또는 개인의 대리인, 사용인, 그 밖의 종업원이 그

법인 또는 개인의 업무에 관하여 제55조의2 · 제55조의3 · 제56조 · 제57조 또는 제59조의 위반행위를 하면 그 행위자를 벌하는 외에 그 법인 또는 개인에게도 해당 조문의 벌금형을 과(科)한다. 다만, 법인 또는 개인이 그 위반행위를 방지하기 위하여 해당 업무에 관하여 상당한 주의와 감독을 게을리하지 아니한 경우에는 그러하지 아니하다. 〈개정 2015.1.28.〉

[전문개정 2010.1.25.]

제61조 삭제 〈2007.4.25.〉

제61조의2(과태료) ① 제39조의11제2항에 따른 명령을 위반하여 보고 또는 자료제출을 하지 아니하거나 거짓으로 보고하거나 거짓 자료를 제출한 자 또는 정당한 사유 없이 관계 공무원의 출입 또는 조사 · 질문을 거부 · 기피 · 방해하거나 거짓의 답변을 한 자에게는 500만원 이하의 과태료를 부과한다.

② 제39조의6제2항을 위반하여 노인학대를 신고하지 아니한 사람에게는 300만원 이하의 과태료를 부과한다. 〈신설 2012.10.22.〉

③ 다음 각 호의 어느 하나에 해당하는 자는 200만원 이하의 과태료를 부과한다. 〈개정 2011.6.7., 2012.10.22., 2015.1.28.〉

1. 제39조의7제6항을 위반하여 현장조사를 거부하거나 업무를 방해한 자
2. 제39조의10제2항을 위반하여 신상카드를 제출하지 아니한 자
3. 제40조를 위반하여 신고하지 아니하고 노인복지시설을 폐지 또는 휴지한 자

④ 제1항부터 제3항까지의 규정에 따른 과태료는 대통령령으로 정하는 바에 따라 보건복지부장관, 시 · 도지사, 시장 · 군수 · 구청장이 부과 · 징수한다. 〈개정 2012.10.22.〉

⑤ 삭제 〈2012.10.22.〉

⑥ 삭제 〈2012.10.22.〉

[본조신설 2007.8.3.]

제61조의2(과태료) ① 다음 각 호의 어느 하나에 해당하는 자에게는 500만원 이하의 과태료를 부과한다. 〈개정 2015.12.29.〉

1. 제39조의11제2항에 따른 명령을 위반하여 보고 또는 자료제출을 하지 아니하거나 거짓으로 보고하거나 거짓 자료를 제출한 자

2. 제39조의6제2항을 위반하여 노인학대를 신고하지 아니한 사람

② 삭제〈2015.12.29.〉

③ 다음 각 호의 어느 하나에 해당하는 자는 200만원 이하의 과태료를 부과한다.〈개정 2011.6.7., 2012.10.22., 2015.1.28.〉

1. 삭제〈2015.12.29.〉
2. 제39조의10제2항을 위반하여 신상카드를 제출하지 아니한 자
3. 제40조를 위반하여 신고하지 아니하고 노인복지시설을 폐지 또는 휴지한 자

④ 제1항부터 제3항까지의 규정에 따른 과태료는 대통령령으로 정하는 바에 따라 보건복지부장관, 시·도지사, 시장·군수·구청장이 부과·징수한다.〈개정 2012.10.22.〉

⑤ 삭제〈2012.10.22.〉

⑥ 삭제〈2012.10.22.〉

[본조신설 2007.8.3.]

[시행일 : 2016.12.30.] 제61조의2

제62조 삭제 〈2015.1.28.〉

부칙 〈제13646호,2015.12.29.〉

제1조(시행일) 이 법은 공포 후 1년이 경과한 날부터 시행한다. 다만, 제39조의5제1항·제2항 및 제39조의16의 개정규정은 공포한 날부터 시행하고, 제39조의11, 제39조의15, 제40조제5항·제6항, 제43조제3항 및 제57조제2항제3호의 개정규정은 공포 후 6개월이 경과한 날부터 시행하며, 제46조제5항의 개정규정은 2016년 1월 1일부터 시행한다.

제2조(노인학대 신고의무에 관한 적용례) 제39조의6제2항의 개정규정은 이 법 시행 후 최초로 발생하는 노인학대의 경우부터 적용한다.

제3조(위반사실의 공표에 관한 적용례) 제39조의18의 개정규정은 이 법 시행 후 최초의 위반행위부터 적용한다.

제4조(이용자 권익보호조치에 관한 적용례) 제40조제5항·제6항 및 제43조제3항의 개정규정은 같은 개정규정 시행 후 최초로 폐지·휴지하거나 사업의 정지 또는 폐지명령을 받

은 노인복지시설부터 적용한다.

제5조(취업제한 등에 관한 경과조치) ① 이 법 시행 당시 노인관련기관을 운영하고 있는 사람으로서 이 법 시행 전의 행위로 제39조의17제1항의 개정규정에 해당하게 된 사람에 대하여는 해당 기관을 운영할 때까지는 같은 개정규정을 적용하지 아니한다.

② 이 법 시행 당시 노인관련기관에 취업 또는 사실상 노무를 제공하고 있는 사람으로서 이 법 시행 전의 행위로 제39조의17제1항의 개정규정에 해당하게 된 사람에 대하여는 해당 기관에 취업 또는 사실상 노무제공을 종료할 때까지는 같은 개정규정을 적용하지 아니한다.

부록2

ADL 평가도구표

ADL 평가도구

입소번호		성 명		성 별	남 / 여	나 이	세
보유질환		면 접 일	/ /	입 소 일	/ /	조사자	

문항	구 분	점수	내 용	점 수	
				입소전	입소후
1	**대소변**	⓪ ① ② ④ ⑤	- 화장실을 완벽하게 사용할 수 있으며, 실금 현상이 전혀 없다. - 대소변을 볼 때 도움이 필요하며 가끔은 실금 현상이 있다. - 1주일에 1회 이상 수면중 대소변을 지리기도 한다. - 1주일에 1회 이상 낮시간에 대소변을 지리기도 한다. - 대소변을 전혀 조절하지 못한다.		
2	**식 사**	⓪ ① ② ④ ⑤	- 도움 없이 혼자서 먹을 수 있다. - 식사중이나 특별한 음식을 먹을 때 약간의 도움이 필요하거나 식후위생을 누군가 도와주어야 한다. - 다른 사람의 중등고의 도움을 받아 식사하며 지저분하게 식사한다. - 모든 식사를 다른 사람이 많이 도와주어야 한다. - 스스로는 식사하지 못해 다른 사람이 먹여주어야 한다.		
3	**복 장**	⓪ ① ② ④ ⑤	- 스스로 입고 벗을 수 있으며 자신의 옷장에서 옷을 고를 수 있다. - 옷을 미리 골라져 있다면 입고 벗을 수 있다. - 미리 준비된 옷이라도 다른 사람이 약간 도와 주어야 입을 수 있다. - 다른 사람이 옷을 입을 때 많이 도와주어야 하는데, 협조할 수 있다. - 전혀 스스로는 옷을 입을 수 없으며, 다른 사람이 사람이 입혀줄 때도 있다.		

<table>
<tr><th rowspan="2">문항</th><th rowspan="2">구 분</th><th rowspan="2">점수</th><th rowspan="2">내 용</th><th colspan="2">점 수</th></tr>
<tr><th>입소전</th><th>입소후</th></tr>
<tr><td rowspan="5">4</td><td rowspan="5">**몸 치 장 (단정함, 머리손톱, 얼굴)**</td><td>⓪</td><td>- 다른 사람의 도움 없이도 항상 단정하게 옷입고 몸치장을 할 수 있다.</td><td rowspan="5"></td><td rowspan="5"></td></tr>
<tr><td>①</td><td>- 적절한 몸치장을 스스로 할 수 있으나 면도 같은 것들은 도움을 필요로 한다.</td></tr>
<tr><td>②</td><td>- 몸치장에 다른 사람들의 도움과 규칙적인 감독을 필요로 한다.</td></tr>
<tr><td>④</td><td>- 다른 사람들이 전적으로 몸치장을 도와주어야 하는데 일단 몸치장을 한 다음에는 깨끗하게 유지할 수 있다.</td></tr>
<tr><td>⑤</td><td>- 몸치장을 하고 유지하는데 다른 사람들이 적극적으로 도와주어야 한다.</td></tr>
<tr><td rowspan="5">5</td><td rowspan="5">**보 행**</td><td>⓪</td><td>- 시내를 걸어 다닐수 있다.</td><td rowspan="5"></td><td rowspan="5"></td></tr>
<tr><td>①</td><td>- 집안이나 동네를 걸어다닐 수 있다.</td></tr>
<tr><td>②</td><td>- 다른 사람의 도움을 받거나 walker, wheelchair 등을 이용하여 움직일 수 있다.</td></tr>
<tr><td>④</td><td>- 의자나 휠체어에 앉아 있을 수는 있는데 다른 사람의 도움 없이 움직일 수 없다.</td></tr>
<tr><td>⑤</td><td>- 하루의 반이상을 침대에 누운 상태로 지낸다.</td></tr>
<tr><td rowspan="5">6</td><td rowspan="5">**목욕하기**</td><td>⓪</td><td>- 스스로 도움 없이 목욕할 수 있다.</td><td rowspan="5"></td><td rowspan="5"></td></tr>
<tr><td>①</td><td>- 탕에 들어가고 나오는 것을 도와주면 혼자 목욕할 수 있다</td></tr>
<tr><td>②</td><td>- 얼굴과 손은 쉽게 씻지만 몸의 나머지 부분은 씻지 않는다.</td></tr>
<tr><td>④</td><td>- 스스로 씻지는 못하나 다른 사람들이 목욕시킬 때 협조는 할 수 있다.</td></tr>
<tr><td>⑤</td><td>- 스스로 씻으려는 노력을 전혀 하지 않으며 다른 사람들이 씻어주려 해도 저항한다.</td></tr>
<tr><td colspan="3">**총 점**</td><td></td><td></td><td></td></tr>
</table>

IADL 평가도구

입소번호		성 명		성 별	남 / 여	나 이	세
보유질환		면 접 일	/ /	입 소 일	/ /	조사자	

문항	구 분	점수	내 용	점 수	
				입소전	입소후
1	**전화사용**	①	- 자신이 스스로 전화번호를 눌러 전화를 거는 등 전화기를 사용한다.		
		②	- 몇몇의 잘 아는 전화번호에만 전화를 건다.		
		③	- 전화를 받을 수 있으나 전화를 걸지는 못한다.		
		④	- 자신이 스스로는 전화를 사용하지 못한다.		
2	**물건사기**	①	- 모든 물건을 독자적으로 구입할 수 있다.		
		②	- 제한된 수의 물건만 독자적으로 구입할 수 있다.		
		③	- 어떤 물건 구입도 도와주어야만 할 수 있다.		
		④	- 물건 구입을 전혀 할 수 없다.		
3	**식사준비**	①	- 독자적으로 실시를 계획하고 준비하고 적절하게 상을 차릴수 있다.		
		②	- 음식재료를 주면 적절하게 음식을 준비할 수 있다.		
		③	- 다른 사람이 식사를 준비해 주고 상을 차려 주어야 한다.		
		④	- 적용대상이 아님, 음식 준비를 해본 적이 없음		
4	**가 사**	①	- 가사일을 혼자 할 수 있고 때로 힘든 일인 경우는 가족의 도움을 받기 한다.		
		②	- 간단한 일을 할 수 있으나 깨끗하게 하기는 힘들어 한다.		
		③	- 모든 가사일에 다른 사람의 도움을 필요로 한다.		
		④	- 적용대상이 아님, 가사일을 해본 적이 없음		
5	**세 탁**	①	- 적용대상이 아님, 세탁일을 해본 적이 없음		
		②	- 자신의 세탁은 완벽하게 할수 있다.		
		③	- 작은 물건 예컨대 양말이나 스타킹은 세탁할 수 있다.		
		④	- 모든 세탁은 다른 사람이 해주어야 한다.		
6	**교통수단 이 용**	①	- 혼자서 대중교통수단을 이용하거나 직접 운전할 수 있다.		
		②	- 스스로 택시를 이용할수 있으나 다른 교통수단을 이용하지는 못한다.		
		③	- 다른 사람이 동반하거나 도와주면 대중 교통수단을 이용할 수 있다.		
		④	- 다른 사람의 도움을 받아야만 택시나 다른 제한된 교통수단을 이용할 수 있다.		

<table>
<tr><th rowspan="2">문항</th><th rowspan="2">구 분</th><th rowspan="2">점수</th><th rowspan="2">내 용</th><th colspan="2">점 수</th></tr>
<tr><th>입소전</th><th>입소후</th></tr>
<tr><td>7</td><td>약물복용
의
자 율 성</td><td>①
②
③
④</td><td>- 스스로 책임지고 정확한 시간에 정확한 용량의 약을 복용할 수 있다.
- 각각의 약을 미리 준비해주면 책임지고 복용할 수 있다.
- 각각의 약을 준비해 주고 일러주면 혼자서 약을 복용할 수 있다.
- 전적으로 다른 사람의 도움을 받아 약을 보관할 수 있다.</td><td></td><td></td></tr>
<tr><td>8</td><td>재산관리
능 력</td><td>①
②
③
④</td><td>- 적용대상이 아님, 재산을 관리해본 적이 없다.
- 재산을 스스로 관리할 수 있고, 수입을 모을 수 있다.
- 그날 그날의 물건 구입은 할 수 있으나, 은행 일이나 큰 돈 관리는 다른 사람의 도움을 필요로 한다.
- 돈을 관리할 수 있다.</td><td></td><td></td></tr>
</table>

건강수준 평가도구

입소번호		성 명		성 별	남 / 여	나 이	세
보유질환		면 접 일	/ /	입 소 일	/ /	조사자	

문항	구 분	점수	내 용	점 수	
				입소전	입소후
1	치 매	⓪ ① ②	- 치매증상 없음 - 경증(mild): 기억력장애, self caer 가능, 지남력, 방향감각 저하 - 중증(moderate): 실금현상, 의사소통 장애 실인증		
2	편마비	⓪ ① ②	- 편마비 없음 - 편마비 있고, 의료보조기구를 사용하여 앉거나 이동할 수 있음 - 편마비로 인하여, 의료보조기구를 사용하여 앉거나 이동하기에 힘이 많이 듬		
3	당 뇨	⓪ ① ②	- 당뇨 없음 - 부종증상, 약물투여 - 당뇨로 인한 합병증		
4	심부전증	⓪ ① ②	- 심부전증 없음 - 부종증상, 약물투여 - 혈액투석을 하고 있음		
5	관절염	⓪ ① ②	- 관절염 없음. - 계단을 오르내리기에 어려움을 느끼고, 소염제 및 약물을 복용하고 있음 - 보행이 많이 어려움		
6	시 력	⓪ ① ②	- 신문을 봄 - 안경을 사용해도 잘 보이지 않음, 신문의 큰 활자만 봄 - 신문의 큰 활자도 흐릿하게 보이지 않음		
7	청 력	⓪ ① ②	- 일상생활이 지장이 없음 - 큰소리로 이해해야 하고, 보청기 사용이 생활에 도움이 됨 - 난청으로 인해 보청기를 사용해도 들리지 않음		
8	욕 창	⓪ ① ②	- 욕창이 없음 - 지금은 욕창이 없지만, 욕창으로 고생한 적이 있다. - 욕창이 있다.		
9	고혈압	⓪ ① ②	- 고혈압 없음 - 혈압약을 복용하고 있다. - 약물 복용중이며, 과거 뇌졸중으로 쓰러진 경험이 있다.		

시설적응을 위한 사회성 측정(1)

입소번호		성　명		성　별	남 / 여	나 이	세
보유질환		면 접 일	/ /	입 소 일	/ /	조사자	

문항	구 분	점수	내　용	점 수	
				입소전	입소후
1	**협　동**	① ② ③ ④ ⑤	- 무슨 일이든지 먼저 스스로 협조하신다. - 권유를 하면 협조하신다. - 기분에 따라 협조하신다. - 협조하고자 하는 의지가 거의 없으시다. - 무감각하다.		
2	**봉　사**	① ② ③ ④ ⑤	- 타인을 도와주는 일이 종종 있다. - 권유를 하면 흔쾌히 도와주신다. - 기준에 따라 도움을 주신다. - 자기가 맡은 역할을 거의 하지 않는다. - 무감각하다.		
3	**역할수행**	① ② ③ ④ ⑤	- 자기 일이나 책임에 대해서 솔선하여 수행하신다. - 권유하면 수행하신다. - 기분에 따라 역할을 수행한다. - 자기가 맡은 역할을 거의 하지 않는다. - 무감각하다.		
4	**대인관계 (사귐)**	① ② ③ ④ ⑤	- 시설 내 어르신들과 대화를 많이 나누신다. - 몇몇 특정한 분들과만 대화를 나누신다. - 스테이션이나 방에서 혼자 계시는 시간이 많으시다. - 다른 사람이 말을 걸어도 대화를 회피하신다. - 무감각하다.		
5	**관계형성**	① ② ③ ④ ⑤	- 직원이나 외부인을 보면 항상 먼저 인사하신다. - 직원이나 외부인이 인사를 하면 함께 인사하신다. - 직원이나 외분인이 인사를 하면 함께 할 것을 권유하면 인사한다. - 직원이나 외부인이 인사해도 반응이 없다. - 무감각하다.		
6	**프로그램 수　용 (참여도)**	① ② ③ ④ ⑤	- 시설내 각종 프로그램에 적극적으로 참여하신다. - 권유를 하면 참여하신다. - 기분에 따라 참여하신다. - 프로그램에 거의 참여하지 않는다. - 무감각하다.		
7	**주위정리 정　돈**	① ② ③ ④ ⑤	- 스스로 주위를 늘 깔끔하게 정리정돈 하신다. - 스스로 가끔 주위를 정리정돈 하신다. - 권유를 하면 정리정돈을 하신다. - 주위환경에 관심이 거의 없고, 오히려 어지럽힌다. - 무감각하다.		

시설적응을 위한 사회성 측정(2)

입소번호		성　명		성　별	남 / 여	나 이	세
보유질환		면 접 일	/ /	입 소 일	/ /	조사자	

문항	구 분	점수	내　용	점 수	
				입소전	입소후
1	우　울	① ② ③ ④	- 없다. - 전혀 웃지 않고, 무감동한 상태 - 이유 없이 가끔 운다. - 반나절은 운다.		
2	성적일탈	① ② ③ ④	- 없다. - 종종 음란한 눈빛을 하고 성적인 농담을 한다. - 자위행위를 한다. - 부적절한 이성과 성적행위를 한다.		
3	의　심	① ② ③ ④	- 없다. - 가족이나 수발자에 대한 의심을 하고, 가끔 험담을 한다. - 가족 혹은 수발자에 대한 의심으로 언어적 공격을 한다. - 가족 혹은 수발자에 대한 의심으로 케어를 거부 또는 공격한다.		
4	망　상	① ② ③ ④	- 없다. - 자신의 망상을 타인에게 알리고 호소한다. - 현실과 괴리현상을 겪는다. - 망상과 관련된 대상에 대한 신체적 거부 및 공격을 취한다.		
5	섭식장애	① ② ③ ④	- 없다. - 식사거부 - 계속적으로 식사를 요구하고, 도식적인 행동을 취한다 - 이식(먼지, 배설물 등)		
6	수면장애	① ② ③ ④	- 정상적인 수면활동을 취한다. - 밤에 자주 깨어나고 쉽게 잠들지 못한다. - 낮잠이 바뀌어 밤에는 계속 깨어 활동한다. - 낮에 낮잠을 조금 자고 계속 깨어 활동한다.		

문항	구 분	점수	내 용	점 수	
				입소전	입소후
7	**뒤짐, 훔침 쌓아둠**	① ② ③ ④	- 없다. - 부적절한 물건을 부적절한 장소에 두었다고 지적하면 곧 시정한다. - ②과 같은 일이 1일 1~2회 있고 행동수정을 싫어한다. - ②과 같은 일이 1일 3회 이상 있고, 행동수정 시 완강한 거부 혹은, 언어신체적으로 공격한다.		
8	**공 격 성**	① ② ③ ④	- 없다. - 공격성을 타인에게 표출하지 않고, 벽을 두거나 바닥을 친다. - 욕설을 자주 한다. - 1일 수회 욕설을 하고, 위협적인 행동을 한다.		
9	**배 회**	① ② ③ ④	- 배회증상 없다. - 낮 혹은 밤에 조금 배회한다. 말리면 곧 멈춘다. - 낮 혹은 밤에 많이 배회를 하고 다른 사람이 말려도 멈추지 않는다. - 하루종일 배회를 하고 다른사람이 말려도 멈추지 않는다.		
10	**언 어**	① ② ③ ④	- 언어 사용 시 문제없다. - 함구 - 언어장애로 인하여 의사소통이 어렵다. - 물건이름을 잊고 손자녀, 수발자에 대한 적절한 호칭을 잊거나 반복적으로 질문한다.		

참고문헌

강용규・이종복・임옥빈・류동수・조당호(2015). 노인복지론. 공동체.

경상북도교육정보센터. http://www.geic.kr/

기영화(2007). 노인교육의 실제. 학지사.

김기태・성명옥・박봉길・이은희・최송식・최희경・박미진(2009). 노인복지론. 공동체.

김기홍(2003). 노동시장과 연계한 중・고령자 평생학습모델개발연구.

김남선・김미령・박성복・이옥분・정일환・한상철(2007). 노인교육개론. 형설출판사.

김미혜 외(2001). 재가노인의 우울증 예방프로그램 개발과 효과성 연구. 한국사회복지학, 44.

김애순(2004). 성인발달과 생애설계. (주)시그마프레스.

김영숙・서경현(2002). 생활환경에 따른 한국노인들의 생활만족과 우울수준. 노인복지학 겨울호.

김욱・김정현・박현식・조성희(2012). 노인복지론. 양서원.

김태현(1994). 노년학. 교문사.

고수현・윤선오(2015). 노인복지론. 양서원.

고재욱・황진수(2010). 노인복지론. 양서원.

국민건강보험공단(2013)

국민연금공단. http://csa.nps.or.kr/

국무조정실. http://pmoblog.tistory.com/735

권중돈(2004). 노인복지론. 양서원.

노인복지과정(2011). 보건복지부. 한국보건복지인력개발원, 79.

노인심리상담연구원. http://cafe.daum.net/tntedu/

머니투데이. http://www.mt. co.kr/view

박귀영・안우상・오현숙・정왕용・허영숙(2010). 노인복지론. 양서원.

박석돈・박순미(2008). 노인복지론. 양서원.

박선태・최병태・서보준・송은희・김극명・신성일・이은경(2015). 노인복지론. 공동체.

박성희(2011). 노인교육론. 양서원.

박재간・손홍숙・서경석・박정희・이호선・최정윤・백상창・손화희・박충선(2006). 노인상담론. 공동체.

박차상・정상양・임희경・유용식・이현주(2011). 케어복지론. 학지사.

박차상・김옥희・엄기욱・이경남・정상양・배창진(2006). 한국노인복지론. 학지사.

배기효・박귀영(2015). 노인복지론. 양서원.

보건복지부. 요양보험운영과, 2015. http://www.mw.go.kr/

신윤희(1999). 한국노인복지제도에 관한 시대사적 연구. 동국대학교 불교대학원 사회복지학석사학위논문.

심의보・이민표・장우심・박성금・배극수・신창원・오호진・육도수・정상규・정윤태・허호(2012). 노인복지론. 양서원.

안홍순(2014). 노인복지론. 공동체.

양옥남・김혜경・김미숙・정순돌(2014). 노인복지론. 공동체.

원석조(2013). 노인복지론. 공동체.

이경희・서화정(2002). 개호기술. 학문사.

이근홍(2008). 케어매니지먼트. 공동체.

이근홍(1999). 케이스매니지먼트. 대학출판사.

이승협(2006). 고령사회의 노인소득보장에 관한 연구-지역노동시장 실태조사결과를 중심으로-. 사회복지정책, 27. 201-223.

이신영(2010). 성공적 노화 인식에 관한 성별 비교 연구. 젠더와 문화, 3(1).

이은희(2013). 신노인복지론. 학지사.

이태희・오현숙・이명원・조당호(2014). 케어복지론. 공동체.

이향란(2012). 고령자의 평생학습 참여 동기와 활동적 노화 간의 구조적 관계. 경북대학교 대학원 박사학위논문.

이향란(2013). 고령자의 생산적 활동, 자아존중감, 주관적 안녕감에 따른 성공적 노화. 대구한의대학교 사회복지학박사논문.

이향란(2016). 평생교육개론. 공동체.

이해영(2014). 케어복지개론. 양서원.

임병우(2007). 노인복지론. 드라프트.

장인협・최성재(2003). 노인복지학. 서울대학교 출판부.

지 윤(1987). 한국사회복지제도에 관한연구. 문교부학술연구논집, 9.

조소영・이창석・김경호(1997). 노인시설관리론. 학문사.

중앙노인보호전문기관. http://noinboho.or.kr/index.html/

최성재・최일섭(1995). 사회문제와 사회복지. 나남출판.

최 신(1989). 한국노인복지사업의 역사적 고찰. 부산대학교 대학원 석사학위논문.

통계청(2001). 2001 고령자통계.

통계청(2004). 2004 고령자통계.

통계청(2006). 장래인구추계.

통계청(2008). 인구주택 총 조사. 사회통계국 인구동향. http://www.kosis.kr/

한국임상사회사업학회(2004).

한국보건사회연구원. https://www.kihasa.re.kr/

한국요양보호사협회. http://www.caremanager.or.kr/

한정란(2003). 교육노년학. 학지사.

해피엔딩. 웰다잉과 장례. http://blog.daum.net/jjdupi/3675347

현외성(2015). 노인복지학 신론. 양서원.

홍현방(2005). 생산활동 수준이 성공적인 노화에 미치는 영향. 한국노인복지학[노인복지연구], 가을호. http://blog.naver.com/mcse1/80130932666

Baltes, P. B. & Baltes, M. M.(1993). *Successful Aging-perspectives from the Behavioral Sciences.* NY: Cambridge University Press. 1993.

Birren, J. E.(1959). "Principles of Research on Aging". In J. E. Birren(Ed.). *Handbook of Aging and the Individual.* Chicago: University of Chicago Press. 3-42.

Cowgil, D. O. & Holmes, L. D.(1972). *Aging and Modernization.* New York: Appleton-century-crofts.

Freund, A. M., & Baltes, P. B.(1998). Selection, optimization and compensation asstrateges of life management. *Psychology and Aging,* 13(4), 531-543.

Havighurst. R. J., & Albrecht. R.(1953). *Older People.* New York: Longmans Green & Co.

Hutchison, T., Morrison, P., & Mikhailivich, K.(2006). A Review of the Literature on Active Aging. Prepared for the Australian Government Department of Health and Ageing by the Health Part Research Centre for Health Promotion and Wellbeing. University of Canberra.

Langrandm Paul(1970). Introduction to Lifelong Education. Paris. UNESCO.

Marshal. V. W.(1999). "Analyzing social theories of aging". In V. L. Bengtson and K. W. Schaire(Eds.). *Handbook of theories of Aging*(434-458). NY : Springer Publishing Company.

Marx, K.(1967). *Capital : a critique of political economy.* New York International Publishers.

Matthews, S. H.(1979). *Social world of old women.* Beaverly Hills. CA : Sage.

McInnis-Dittrich, K.(2005). *Social work with elders : a biopsychosocialapproach to assessment and intervention*(2nd ed.). Boston: person Education.

McIntosh, J. L.(1995). "Suicide prevention in Elderly(age 65-99)". *Suicide &Life-Threatening behavior.* New Work Spring, 25(1). 180-188.

McIntire, M., & Angel, C.(1981). "The texonomy of suicide and self-poisoning". In C. Wells and J. Stuart(Eds.). *Self-destructive behavior in child and adolescents* (224-249). New York : Van Nostrand Reinhold.

McLaughlin, D., & Jensen, C.(1993). "Poverty among older Americans : the plight of non-metropolitan elders". *Journals of Gerontology,* 48, S44-S54.

Mckenzie, J. F. Pinger, R.R., & Kotecki, J. E(2007). *An introduction to community health.* Boston. MA:Jones & Bartlett Publishers.

Mead, G. H.(1934). *Mind, Self, and Society.* Chicago: University of Chicago Press.

Miller, J.(1996). "Family, state and personal responsibility ; the changing balance for lone mothers in the UK." *Feminist Review,* 48, 24–40.

Moody, H. R(1993). "Overview : what is critical gerontology and why is it impor tant?". In T. R. Cole, W. A. Achenbaum, P. L. Jakobi, & R. Kasten ba um(Eds.), Voices and *visions : towards a critical gerontology* (19–40).

New York : Springer. (2005). Religion, spirituality, and aging : a social work pers pective. Binghamton. N.Y.: The Haworth Press Inc.

Morgan, S. P., & Hirosima, K.(1983). "The persitence of extended family residence in Japan". *American Sociological Review,* 48, 269–281.

Morrow–Howell, N., Hingerlon, J., & Sherraden, M.(2001). *Productive aging concepts & challenges.* Baltimore: Johns Hopkins.

Mosher–Ashgley, P.M., & P. W. Barrett.(1977). *A Life worth living : practical strategies for reducing depression in older adults.* Baltimore. MD: Health Services Press.

McIntire, M,. & Angle, C.(1981). "The taxonomy of suicide and self–poisoning". In C. Wells & J. Stuart(Eds.). *Self–destructive behavior in child and adolescents*(224–249). New Work: Van Nostrand Reinhold.

MuMulin, J. A., & Marshall, V. V.(2001). *"Agism, age relations, and garment industry work in Montreal". The Gerontologist,* 41(1), 111–122.

Myles, J.(2002). "A new social contract for the elderly?". In G. Esping–Anderson, D. Gallie, A. Hemerijck & J. Myles(Eds.). *Why we need a new welfare state*(130–172). Oxford: Oxford University Press.

Nakashima, M.(2003). *Psychosocial and spiritual well–being among terminally ill older adults.* Doctoral dissertation. University of Kansas.

Neimeyer, R. A.(1994). *Death anxiety handbook : research, intrumentation and application.* Wachington D.C.: Taylor & Francis.

Nelson, T.D.(2002). *Agism : Streotyping and prejudice against older persons.* London: MIT Press.

Neugarten, B. L., & havinghurst, R. J.(1961). The measurement of life satisfaction. *Journal of Gerontology,* 16, pp. 134–142.

Pilling, D.(1992). *Approaches to Case Management for people with Disabilities.* London: Jessica Lingsley Publishers.

Sheafor, B. W. Horejsi, C. R., & Horejsi, G. A.(1998). *Techniques and Guidelines for Social Work Practice.* Boston: Allyn & Bacon.

Weil, M., & Karls,J.(1985). *Care Management in Human Service Practice.* San Francisco: Jossey–Bass.

찾아보기

인명

내용

(ㅇ)

저자 소개

이향란(李香蘭)

kasamy@hanmail.net

■ 학력

- 대구한의대학교 사회복지학박사(노인의료복지전공)
- 대구대학교 교육학석사(평생교육 전공)
- 경북대학교 교육학박사(평생교육 전공)

■ 약력

현 • 대구한의대학교 노인의료복지대학원 교수
- 국제사이버대학교 외래교수
- 한국노인의료복지학회 이사
- 한국노년교육학회 정회원
- 한국평생교육학회 정회원
- 영남평생교육학회 이사
- 대한지방자치학회 정회원
- 한국HR(인력개발)학회 정회원
- (주)휴넷 원격교육원 컨텐츠 개발,운영교수(사회복지)

전 • 대구한의대학교 중등특수교육과 교수
- 경북대학교 외래교수(교육학)
- 대신대학교 외래교수(사회복지)
- 성덕대학교 겸임교수(사회복지)
- 하늘과 땅 노인복지센터 소장
- 한국능률협회 원격교육원 컨텐츠 개발, 운영교수(노인교육)
- 성균관원격교육원 컨텐츠 개발, 운영교수(사회복지)

■ 연구 논문, 발표

- 노인평생교육프로그램 활성화방안에 관한 연구(교육학석사논문)
- 고령자의 평생학습 참여동기와 활동적 노화 간의 구조적 관계(교육학박사논문)
- 고령자의 생산적활동, 자아존중감, 주관적 안녕감에 따른 성공적 노화(사회복지학박사논문)
- 여성평생학습자의 자기주도적 학습준비도와 학습몰입에서 메타인지의 역할 (한국평생교육학회)
- 다문화 학습동아리의 구조적 공백에서 브로셔의 역할(한국평생교육학회)
- 고령자의 생산적 활동이 성공적 노화에 미치는 영향(한국노인의료복지학회)
- 고령자의 평생학습 참여동기가 활동적 노화에 미치는 영향(한국노인의료복지학회)
- 교원의 퇴직준비교육프로그램 참여욕구에 미치는 영향에 관한 연구(한국노인의료복지학회)
- 지역평생학습도시의 주민참여 실태에 따른 평생학습 발전모색(대한지방자치학회)
- 평생교육사 자격과정의 교육효과 인식도 및 전공진로와의 관계성 탐색(한국평생교육학회)
- 지역사회시니어 평생학습 공동체의 해피에이징 요인(한국평생교육학회, 영남평생교육학회)

■ 기타 수상경력 및 활동

- 대구대학교 평생교육사 최우수상, 공로상(2003. 12.)
- 동의대학교 노인평생교육 특별상(2004. 12.)
- 월간신춘문예 신인작가상 수상(시 부문), 2005. 2.
- KBS 아침마당 출연(언제나 청춘); 2012. 12.
- MBC 생방송 전국시대 출연(웃음복지); 2007. 5.
- 월간 인재개발 명강사 30선 등재(2012. 12.)
- 대한민국 명강사 제14호, 강사다상 수상 : (사)한국평생교육강사연합회, 2005. 12)

新노인복지론

1판 1쇄 인쇄 — 2016년 7월 25일
1판 1쇄 발행 — 2016년 7월 30일

저　　자 - 이 향 란
발 행 인 - 강 철 원
발 행 처 - 양 성 원
주　　소 - 경기도 파주시 월롱산로 71(야동동)
전　　화 - 031-946-3861(代)
팩　　스 - 031-946-3864
이 메 일 - tnwpub@naver.com
출판등록 - 2015년 8월 31일 제 2015-000211 호

ISBN 979-11-87118-46-6

정가 18,000원